人民法院案例选

CHINA LAW REPORT

2024 年　第 11 辑　总第 201 辑

最高人民法院中国应用法学研究所 / 编

人民法院出版社

图书在版编目（CIP）数据

人民法院案例选. 总第201辑 / 最高人民法院中国应用法学研究所编. -- 北京 : 人民法院出版社, 2025. 6. -- ISBN 978-7-5109-4437-6

Ⅰ. D920.5

中国国家版本馆CIP数据核字第20259Y5C42号

人民法院案例选　2024年第11辑（总第201辑）

最高人民法院中国应用法学研究所　编

责任编辑　唐　佳
出版发行　人民法院出版社
地　　址　北京市东城区东交民巷27号（100745）
电　　话　(010) 67550629（责任编辑）　67550558（发行部查询）
　　　　　　65223677（读者服务部）
客服QQ　2092078039
网　　址　http://www.courtbook.com.cn
E-mail　courtpress@sohu.com
印　　刷　河北鑫兆源印刷有限公司
经　　销　新华书店

开　　本　787毫米×1092毫米　1/16
字　　数　286千字
印　　张　15
版　　次　2025年6月第1版　2025年6月第1次印刷
书　　号　ISBN 978-7-5109-4437-6
定　　价　66.00元

《人民法院案例选》编审委员会

出版说明

"一个案例胜过一打文件。"案例是司法状况的真实反映，是法官智慧和经验的凝结，是法学研究和法治宣传的生动教材。《人民法院案例选》创办于1991年，以新近裁判生效案例为主要刊载对象，是最高人民法院最早的案例研究连续出版物，也是我国改革开放以后出版时间最早、延续时间最长、出版册数最多的案例研究书籍。自创办以来，《人民法院案例选》始终坚持"反映审判面貌，交流司法经验，启发办案思考，促进理论提升"的编选方针，从一个侧面真实记载了人民法院审判工作的发展轨迹，展示了不同时期人民法院审判工作的特点和取得的巨大成就，受到了学术界与实务界的普遍关注和喜爱，在全国法院、社会各界乃至国际上都产生了广泛影响，取得了良好声誉，得到了广泛认可，成为中国应用法学研究所乃至最高人民法院的品牌性连续出版物。

《人民法院案例选》包括"案例精析"和"专题策划"两大版块，以"案例精析"为主要部分。主要特点有二：一是以最新司法实务中的前沿、典型、疑难案件为主要刊载对象，及时反映司法实践中出现的前沿、热点、疑难问题，集中体现人民法院对上述案件在证据采信、事实认定、裁判形成以及说理论证、矛盾纠纷源头预防多元化解等方面的最新探索成果。与人民法院案例库、指导性案例相比，案例选更多关注一线法官们对前沿、典型、疑难乃至争议性案件的司法探索和理论思考，不仅是各级法院法官展现司法智慧、交流探索司法经验的良好平台，也是人民法院案例库、指导性案例的重要来源，可为人民法院案例库及时发现、提供并积累更多鲜活的案例素材。二是内容相对齐全，重点相对突出。每个案例包括正副标题、关键词、裁判要旨、相关法条、案件索引、基本案情、裁判结果、裁判理由、案例注解九个部分，与案件相关的内容较为齐全，其中案例注解部分为重点和核心。案例注解一般由案件承办法官亲自撰写，或聚焦案件中争议的法律问题，或专注于裁判方法和理念的阐释，是办案法官对裁判结果的理论证成和内心确信的逻辑展示，是对裁判要旨、裁判理由或者裁判背景的理论解析和政策说明，是法官办案时深刻思考、灵光闪现抑或困惑纠结、反复权衡的真切记载，对于启发读者思考，特别是类案办理者的思考，具有重要的参考、启发、借鉴作用。

《人民法院案例选》三十多年的发展和影响力的不断扩大，得益于广大读者和法官的大力支持和厚爱，我们表示衷心的感谢。由于水平有限，刊物在编辑过程中存在的不当之处，敬祈批评指正。

编　者

二〇二四年十月

目录　/ CONTENTS

一、专题策划·海事海商保险

二、案例精析

刑　事

民　事

商　事

知识产权

行政与国家赔偿

一、专题策划·海事海商保险

【编者按】 海事法院是我国专门人民法院之一，是审理海事和海商案件的专门法院。自1984年设立第一批海事法院以来，经过40年的发展，我国已经成为世界上海事审判机构最多最齐全，海事案件数量最多、类型最丰富的国家。海事审判在维护国家海洋权益、保护海洋生态环境、促进海洋经济高质量发展、保障海洋强国建设方面肩负重要责任，发挥了重要作用。

在海事法院成立40周年之际，我们组稿本期海事海商保险专题案例，本期案例共有四篇，涵盖海上定值保险的保险赔款计算规则、英国《协会游艇保险条款》并入我国保险合同的效力审查、财产保险合同（船舶保险）约定受益人的效力认定及裁判规则、海上保险因果关系的判定思路与规则体系，为进一步解决海事海商保险领域法律适用的重难点问题、统一类似案件的裁判标准提供了清晰、明确的裁判思路参考。

某船务公司诉某某保险公司海上、通海水域保险合同纠纷案

——财产保险中受益人约定的效力认定及裁判规则

关键词：商事　财产保险　受益人　效力　利他合同

【裁判要旨】

财产保险合同中的受益人约定具有法律效力，受益人的诉讼地位、实体权利，可以参照《民法典》第五百二十二条的规定处理。

【相关法条】

《中华人民共和国民法典》

第五百二十二条　当事人约定由债务人向第三人履行债务，债务人未向第三人履行债务或者履行债务不符合约定的，应当向债权人承担违约责任。

法律规定或者当事人约定第三人可以直接请求债务人向其履行债务，第三人未在合理期限内明确拒绝，债务人未向第三人履行债务或者履行债务不符合约定的，第三人可以请求债务人承担违约责任；债务人对债权人的抗辩，可以向第三人主张。

《中华人民共和国海商法》

第二百二十一条　被保险人提出保险要求，经保险人同意承保，并就海上保险合同的条款达成协议后，合同成立。保险人应当及时向被保险人签发保险单或者其他保险单证，并在保险单或者其他保险单证中载明当事人双方约定的合同内容。

《中华人民共和国合同法》

第六十四条①　当事人约定由债务人向第三人履行债务的，债务人未向第

① 对应《民法典》第五百二十二条第一款：“当事人约定由债务人向第三人履行债务，债务人未向第三人履行债务或者履行债务不符合约定的，应当向债权人承担违约责任。”

三人履行债务或者履行债务不符合约定，应当向债权人承担违约责任。

《最高人民法院关于审理海上保险纠纷案件若干问题的规定》

第四条 保险人知道被保险人未如实告知海商法第二百二十二条第一款规定的重要情况，仍收取保险费或者支付保险赔偿，保险人又以被保险人未如实告知重要情况为由请求解除合同的，人民法院不予支持。

【案件索引】

一审：武汉海事法院（2022）鄂72民初847号（2022年12月30日）

二审：湖北省高级人民法院（2023）鄂民终197号（2023年3月8日）

【基本案情】

原告某船务公司诉称：根据某某保险公司2017年9月27日签发的811022017340523××××59号沿海内河船舶保险单（以下简称59号保险单），某某保险公司承保某船务公司所属中某轮船舶一切险，保险期限自2017年9月28日0时起至2018年9月27日24时止。2018年3月3日约3时40分，自Q地装载煤炭26600吨的中某轮航行至W地水域时，当班大管轮听到一声异响，检查发现增压器和排气管连接处有黑烟冒出，6缸进排气阀间隙增大。于是大管轮将主机手动停车，机舱人员吊缸头检查发现进气阀碎裂，增压器严重受损。事故发生后，中某轮无增压器低速航行至S港修理厂，将受损的增压器换新。2018年3月15日，主机试车正常，16日6时30分备车开航，约12时50分主机发生飞车事故。飞车导致主机各缸缸头、进排气阀、活塞头、连杆大端轴瓦、进排气阀顶杆顶升机构、增压器、主机底部减震器等，均不同程度受损。某船务公司因事故损害产生的合理修理费约2209000元人民币。某船务公司向某某保险公司提出保险索赔，某某保险公司对保险责任没有异议，同意赔付某船务公司，但以要请示总公司和其聘请的保险公估公司未出最终评估报告为由，没有实际赔付保险金。根据某某保险公司2018年9月12日签发的811022018340523××××58号沿海内河船舶保险单（以下简称58号保险单），某某保险公司承保某船务公司所属中某轮船舶一切险，保险期限自2018年9月28日0时起至2019年9月27日24时止。2019年2月18日约11时45分，自T港装载焦炭22000吨的中某轮，在前往B港途中，途经M市附近海域时，机舱传出一声异响，并伴随主机处有黑烟冒出。船员对主机检查发现，主机第9缸2只进气阀和1只排气阀断裂。事故导致第9缸缸头、活塞、缸套、连杆瓦、气阀、气阀摇臂等破损，增压器转子、喷嘴环等受损。

2019年3月13日20时15分，自B港装载黄沙约27000吨的中某轮前往W1地，在途经D地附近时，主机第7缸4只气阀断裂。事故导致第7缸缸头、活塞、缸套、连杆瓦、气阀、气阀摇臂等破损，增压器转子、喷嘴环等受损。事故产生修理费等损失共计564600元。某船务公司向某某保险公司提出保险索赔，某某保险公司对保险责任没有异议，同意赔付某船务公司，但以要请示总公司和其聘请的保险公估公司未出最终评估报告为由，没有实际赔付保险金。某船务公司提起本案诉讼，请求法院判令某某保险公司向某船务公司支付中某轮船舶保险赔款2773600元及其利息（自起诉之日起至实际付款之日止，按全国银行间同业拆借中心公布的一年期贷款市场报价利率计算）。

被告某某保险公司辩称：（1）本案时效早已届满，某船务公司依法丧失胜诉权。（2）某船务公司声称的事故不属于保险责任范围，某某保险公司无须承担保险赔偿责任。（3）某船务公司将中某轮光船出租给Z公司，未提前通知某某保险公司且未办理改批手续，保险合同自动解除。（4）某船务公司无保险利益，无权向保险人请求赔偿保险金。（5）某船务公司已将其保险金请求权转让给受益人某农商行，某船务公司无权向某某保险公司索赔保险金。（6）退一步讲，某船务公司索赔金额是错误且不合理的。

法院经审理查明：中某轮系某船务公司建造的一艘近海航区多用途船，采用一台四川某公司制造的船用主机，于2017年9月15日建造完工。2017年9月25日，某船务公司取得中某轮船舶所有权。2017年9月26日、27日，该轮办理了抵押登记，登记的抵押人为某船务公司，抵押权人为某农商行。2017年9月28日，该轮办理了光船租赁登记，登记的出租人为某船务公司，租赁人为某航公司。

2017年9月15日，某船务公司就中某轮向某某保险公司投保。某某保险公司接受投保，并签发59号保险单，载明：投保人、被保险人为某船务公司，船舶名称中某轮，保险金额8000万元，保险期限自2017年9月28日0时起至2018年9月27日24时止；适用条款为《某某保险股份有限公司船舶保险条款》；承保险别为船舶一切险；本保单第一受益人为某农商行。《某某保险股份有限公司船舶保险条款》载明：该保险的保险标的是船舶，包括其船壳、救生艇、机器、设备、仪器、索具、燃料和物料；全损险承保由于船长、船员和引水员、修船人员及租船人的疏忽行为所造成的保险船舶的全损；一切险承保全损险条款所述原因造成保险船舶的全损和部分损失以及下列责任和费用等。在该保险期间内，中某轮主机发生故障受损。四川某公司技术人员现场检查分析认为，该事故导致的主机维修费用需2209000万元。

2018年9月10日，某船务公司再次就中某轮向某某保险公司投保，某某保险公司接受了投保并签发了58号保险单。58号保险单除载明的保险期间为

2018 年 9 月 28 日 0 时起至 2019 年 9 月 27 日 24 时止外，其他内容与 59 号保险单一致。在该保险期间内，中某轮主机先后两次发生事故受损，维修费用 564600 元。

上述事故发生后，某船务公司向某某保险公司提出保险索赔，但某某保险公司未予理赔。

2022 年 10 月 21 日，某检验公司检验师根据某船务公司人员转述的事故情况，出具《中某轮主机机损事故原因分析报告》，认为上述中某轮主机事故是由于船员管理或操作主机不当、管理柴油机存在疏忽所致。

【裁判结果】

武汉海事法院于 2022 年 12 月 30 日作出（2022）鄂 72 民初 847 号民事判决：驳回某船务公司的诉讼请求。

宣判后，某某保险公司不服，提起上诉。湖北省高级人民法院于 2023 年 3 月 8 日作出（2023）鄂民终 197 号民事裁定：对某某保险公司的上诉按自动撤回上诉处理。

【裁判理由】

法院生效裁判认为：某船务公司系案件的适格原告。某某保险公司提出的某船务公司已将保险金请求权转让给受益人某农商行，无权向其索赔保险金，不是本案适格原告的抗辩意见不能成立。第一，某某保险公司的抗辩意见，缺乏法律依据。首先，案涉保险对于受益人的指定，并不构成保险金请求权的转让。《合同法》第五章就合同的变更和转让作了规定，按照该章的规定，债权转让应由债权人与受让人就债权转让达成合意。然而，本案中并无证据证明某船务公司与某农商行就案涉保险合同项下保险金债权或者保险合同的转让达成了合意。其次，案涉保险中受益人的指定，不适用《保险法》的相关规定。《海商法》未就海上保险合同关系中是否可指定“受益人”作出规定。《保险法》第十八条第三款规定：“受益人是指人身保险合同中由被保险人或者投保人指定的享有保险金请求权的人。投保人、被保险人可以为受益人。”由该款规定可知，《保险法》调整的指定受益人仅限于人身保险合同关系，不包括财产保险合同关系。案涉船舶保险系财产保险，故本案中有关受益人的指定，不能直接适用《保险法》中指定受益人权利、义务的规定进行调整，并以此认定某船务公司将保险金请求权转让给了某农商行。第二，案涉保险对于受益人的指定是否具有法律效力，如何确定相应权利义务关系。如前所述，财产保险中并无受益人相关规定，但《海商法》《保险法》并未禁止在船舶保险中就保险受益人作出约定。在民商事活动中，实行“法不禁止即自由”原则。案涉保险单中约定由某农商行作为保险受益人，并不违反法律的禁止性规定，该约定依法有效，对合同当事人具有约束力。故问题的关键在于，该约定对于合同当事人权利与义务的影响。《合同法》第六十四条规定：“当事人约定由债务人向第三人履行债务的，债务人未向第三人履行债务或者履行债务不符合约定，应当向债权人承担违约责任。”但该条的规定是否赋予了第三人对债务人的债权请求权，存在争议。对于该项制度，《民法典》第五百二十二条作了进一步的规定。该条第一款规定：“当事人约定由债务人向第三人履行债务，债务人未向第三人履行债务或者履行债务不符合约定的，应当向债权人承担违约责任。”第二款规定：“法律规定或者当事人约定第三人可以直接请求债务人向其履行债务，第三人未在合理期限内明确拒绝，债务人未向第三人履行债务或者履行债务不符合约定的，第三人可以请求债务人承担违约责任；债务人对债权人的抗辩，可以向第三人主张。”从该项制度的立法沿革来看，第三人能否享有请求权，应当依据法律规定或者当事人约定确定，如法律规定或者当事人约定没有赋予第三人对债务人的请求权，则第三人不享有请求权。对于案涉受益人某农商行是否享有保险金请求权，法律没有规定，某船务公司、某某保险公司也未作约定，故某农商行并不享有保险金请求权，案涉保险的保险金请求权仍归被保险人某船务公司享有。因此，某某保险公司提出的某船务公司不享有保险金请求权的抗辩意见，不符合前述法律规定的精神。

从保险业实践来看，财产保险合同中约定的受益人，主要为财产的抵押权人，其目的在于使得保险人在保险事故发生后，将相应保险金支付给抵押权人，防止被保险人乃至保险人损害其抵押权的实现，是对《保险法》中受益人制度的借鉴。若认为抵押权人取得保险金请求权，则根据权利义务相一致原则，抵押权人在索赔保险金时，也应当履行相应的义务。例如，不论是《海商法》第二百五十一条，还是《保险法》第二十二条，均要求保险金索赔方向保险人提供与确认保险事故的性质、损失程度等有关的证明和资料。但现实中，抵押权人并不直接占管作为抵押物的保险标的，通常无法履行提供此类证明和资料的义务。即财产保险的受益人行使保险金请求权，往往缺乏客观条件，容易导致该权利落空，并不符合在财产保险中约定受益人的初衷。故某某保险公司的该项抗辩意见，也缺乏客观的现实基础。据此，法院认定某船务公司享有保险金请求权，系本案的适格原告。但因某船务公司的起诉超过海上保险合同的诉讼时效期间，法院驳回了其诉讼请求。

【案例注解】

本案系一宗涉及船舶保险受益人、被保险人的如实告知义务以及诉讼时效的海上、通海水域船舶保险合同纠纷案件。在财产保险合同中约定受益人，实践中呈现越来越多的态势，但对于该约定对相关方权利义务的影响，法律、司法解释并无规定，故有必要在现行法律框架下对此予以厘定。

一、船舶保险受益人约定的根源与现状

（一）船舶保险受益人约定的根源

船舶保险有关受益人的约定，与以船舶作为抵押物的资金融通密不可分。其现实根源在于，抵押权人为了防止船舶发生事故，尤其是船舶全损、推定全损之类的重大事故后，作为债务人、担保人的被保险人从保险人处获得保险赔偿金即放弃对船舶的施救、修理，导致船舶价值降低，乃至隐匿、转移保险赔偿金，拒绝偿还债务或承担担保责任，导致抵押权人的抵押权无法实现。当船舶作为抵押物时，抵押权人一般要求抵押人为船舶投保，并留存保险单作为抵押人履行该项义务的证明，同时也起到一定程度上了解、控制保险赔偿款的作用。但随着保险实践的发展，如电子保单的推广、抵押人有意规避以保险单正本主张权利等，抵押权人发现单纯留存保险单正本并不能达到其预期目的。近年来，越来越多的抵押权人放弃了此前采取的控制保险单正本的做法，转而要求投保人、被保险人与保险人订立保险合同时，在特别约定中将其列为保险合同的“受益人”或“第一受益人”。保险人接受投保后，通常在保险单上记载“本保单第一受益人为×××”或“本保险受益人为×××”等。抵押权人希冀通过将其指定为保险合同受益人的方式，使得保险人承担向其支付保险赔偿金的义务，降低其抵押权不能实现的风险。此外，在实践中，光船租赁、融资租赁业务中，出租人往往也要求承租人在船舶保险合同中将其指定为受益人，其逻辑与船舶抵押一致。

（二）立法、司法现状

在立法层面。《海商法》未就海上保险合同关系中是否可指定受益人作出规定。《保险法》中有关受益人的规定见于第十八条第三款：“受益人是指人身保险合同中由被保险人或者投保人指定的享有保险金请求权的人。投保人、被保险人可以为受益人。”该款在体系上虽然属于保险合同章的一般规定，但从词句意义来看，其调整范围仅限于人身保险合同关系，而不包含财产保险合同关系。相关司法解释也未就财产保险合同中能否指定受益人、受益人的权利义务等作出规定。

在保险实务与司法实践中，由于法律规定的空白，各方对于财产保险中受益人约定的效力、处理规则也存在争议。

在效力方面。有观点认为该约定无效，理由主要在于：（1）受益人系人身保险的特有概念，在财产保险中约定受益人不符合法律规定；[①]（2）违背保险补偿原则；（3）违背公平原则；（4）该约定并非抵押权人实现权利所必须。[②] 有观点认为该约定有效，理由主要在于：（1）法律并不禁止；[③]（2）该约定与财产保险中责任保险的设立初衷相合。[④]

在裁判规则方面。各方对于受益人的诉讼地位、实体权利的意见也分歧较大。对于受益人的诉讼地位，有的认为受益人可以作为原告对保险人提起诉讼，[⑤] 有的认为受益人应当作为无独立请求权的第三人或有独立请求权的第三人。对于受益人的实体权利，主要集中于受益人是否享有保险金请求权，肯定[⑥]、否定[⑦]及附条件享有的观点均广泛存在。

二、财产保险受益人约定的效力

实践中，财产保险受益人以抵押权人占绝大多数，故本文以抵押权人（受益人）、抵押人（被保险人）、保险人三方关系为例，从以下方面对财产保险受益人的约定是否有效进行分析。

1. 受益人系人身保险的特有概念，在财产保险中约定受益人是否符合法律规定。“受益人”作为法律术语，在诸如无因管理（《民法典》第一百二十一条及合同编第二十八章有关条文）、见义勇为（《民法典》第一百八十三条）、信托（《信托法》第二条等）、捐赠（《公益事业捐赠法》第一条等）、

---

① 李毅文：《浅析财产保险合同约定受益人的效力》，载《上海保险》2012 年第 12 期。

② 郑淑梅：《财产保险合同不能约定受益人》，载中国法院网，https：//www. chinacourt. org/article/detail/2013/04/id/940590. shtml，2013 年 4 月 12 日访问。

③ 参见广东省高级人民法院（2017）粤民终 1400 号民事判决书，该判决认为：“货车的所有人罗定市安某建材经营部向被告某财保深圳分公司投保，双方约定某商银行芜湖弋江支行为第一受益人，是当事人的真实意思表示，且也没有违反法律、行政法规的强制性规定，该约定合法有效。”

④ 何建东：《财产保险合同应构建受益人的法律地位》，载《中国保险》2005 年第 6 期。

⑤ 参见最高人民法院（2020）最高法民申 6636 号民事裁定书，该裁定认为：“原判决依法认定顺某公司提起代位权诉讼不能成立，但其作为保险合同受益人基于保险合同法律关系提起本案诉讼主体适格，具有法律依据，并无不当。”

⑥ 参见甘肃省高级人民法院（2020）甘民申 437 号民事裁定书，该裁定认为：“中某信公司作为保险合同的第一受益人，彭某某作为车辆实际所有人（被保险人），在保险事故发生时对保险车辆均具有保险利益，故一、二审法院认定彭某某与中某信公司均有保险利益的请求权，在查明事实的前提下合理分配保险金，充分保护了各个受益人的合法权益，减少了当事人的诉累，不属于违反‘不告不理’原则。”

⑦ 李娟：《“财产保险合同有受益人概念适用”质疑》，载《浙江金融》2009 年第 8 期。

信用证（《最高人民法院关于审理信用证纠纷案件若干问题的规定》）、独立保函(《最高人民法院关于审理独立保函纠纷案件若干问题的规定》）等法律关系中均有规定，并非人身保险的特有概念。在前述法律关系中，受益人虽有一些共通的特点，但其具体权利义务不尽相同。虽然《保险法》仅就人身保险合同中的受益人作了规定，但该法及其他法律也并未禁止在财产保险中指定受益人。在财产保险中指定受益人，并不构成《保险法》《民法典》规定的无效情形。

2. 财产保险受益人的约定是否违反财产保险的损失补偿原则。持肯定观点者认为，因保险事故利益受损的是被保险人而非受益人，财产保险约定受益人，将导致被保险人的损失不能获得填补，而未受损失的受益人从保险事故中获益，违反财产保险的损失补偿原则。本文认为，该种观点并不成立，理由在于：首先，按照该观点的逻辑，除非将保险金支付给被保险人，保险人即使按照指示支付给任何被保险人之外的第三方，均可能导致被保险人的损失不能获得填补，从而使接收保险金的一方无损失而获益。这也意味着，保险金仅能由被保险人本人领取，而不能由被保险人委托的他人代为办理。显然，该观点一方面限制了被保险人的意思自治和合法权利，另一方面也与保险理赔实践严重不符。其次，在抵押物毁损、灭失的情况下，其价值降低或消灭，抵押权无法实现的风险升高，抵押权人同样遭受损失。抵押权人的损失，与抵押人是否及时通过施救、修理恢复抵押物的价值或者承担抵押担保责任密切相关，抵押权人意图通过控制保险金的方式，督促抵押人及时施救、修理恢复抵押物的价值或者承担抵押担保责任，并不违反通常的商业逻辑。最后，保险人将保险金支付给抵押权人后，即使考虑其中最极端的情形，即抵押权人将保险金完全扣留而不返还给抵押人，此时抵押权人对抵押人的相应债权消灭，抵押人也未因此而遭受损失。从实践来看，在抵押担保期间，抵押物发生事故但经施救、修复仍能恢复价值的，抵押权人通常愿意配合被保险人对抵押物进行施救和修理，恢复抵押物的使用。

3. 财产保险受益人的约定是否违背公平原则。本文认为：在抵押物损坏的情况下，其价值必然降低，按照《民法典》第四百零八条的规定，抵押权人此时“有权请求恢复抵押财产的价值，或者提供与减少的价值相应的担保。抵押人不恢复抵押财产的价值，也不提供担保的，抵押权人有权请求债务人提前清偿债务”。此时，抵押权人领取保险金，可以视作抵押人提供的相应担保。在抵押物全损或推定全损的情况下，按照《民法典》第三百九十条的规定，抵押权人有权就保险人支付的保险金优先受偿。抵押权人通过保险合同的约定领取保险金，与其申请法院将抵押人可获得的保险金予以保全，并由法院在强制执行过程中扣划保险金支付给抵押权人在最终结果上并无区别，只是抵押权实现方式的变化，并未对双方的权利义务造成实质性影响，显然不属于对公平原则的违反。

4. 财产保险受益人的约定是否为抵押权人权利实现所必须。持否定观点者认为，该约定的实施导致保险人信誉受损、抵押权人可以申请法院对保险金进行保全、抵押权人可以事先购买其他保险以保证贷款资金安全。本文认为：其一，从实践来看，财产保险合同中受益人的约定一般记载于合同的特别约定中，系保险人、被保险人在保险条款之外所作约定，也是被保险人、受益人基于对保险人信誉的信赖而发生。保险人依据该特别约定支付保险金，是依约履行合同义务的体现，并不会对其信誉造成损害。其二，当抵押物发生保险事故，抵押人未恢复抵押物的价值或承担抵押担保责任时，抵押权人的确可以通过申请法院采取保全措施以维护其权利。但相比较而言，该方式将增加诉累，抬高社会治理成本。其三，抵押权人通过购买保险以保证其债权安全，但该种成本也将转移至抵押人（债务人）处，增加各方经营成本。而通过将抵押权人指定为受益人，使抵押权人在抵押物发生事故、抵押权不能实现的风险显著提升时获得保障，润滑了抵押权人、抵押人之间的风险防范关系，降低了融资成本和社会治理成本，是在市场中自发形成并被各方当事人接受的优解。

综合上述分析，相关财产保险受益人约定无效的观点不能成立。《全国法院民商事审判工作会议纪要》指出："人民法院在审理合同纠纷案件时，要坚持鼓励交易原则，充分尊重当事人的意思自治。要依法审慎认定合同效力。"财产保险中并无受益人相关规定，但相关法律也未禁止在财产保险中就保险受益人作出约定。在民商事活动中，实行"法不禁止即自由"原则。财产保险合同中约定受益人，并不构成法律规定的约定无效情形，不应否定其效力。

三、财产保险约定受益人情形下各方权利义务与司法裁判规则

尽管如上文所述，对于财产保险中有关受益人的约定，不宜径行否定其效力。但该约定能否对保险人、被保险人、受益人的权利义务产生影响，尚不明确。正如目前多数观点所担忧的，《保险法》中关于受益人的规定，仅调整人身保险合同关系，而不包含财产保险合同关系。财产保险合同中受益人的权利义务，若直接套用《保险法》中有关受益人的规定，缺乏法律依据。因此，财产保险合同中的受益人约定如何解释和适用法律，成为处理此类争议的关键。

（一）财产保险合同受益人约定的解释和规范

1. 财产保险合同受益人约定的解释

《民法典》第四百六十六条第一款规定："当事人对合同条款的理解有争议的，应当依据本法第一百四十二条第一款的规定，确定争议条款的含义。"

第一百四十二条第一款规定："有相对人的意思表示的解释，应当按照所使用的词句，结合相关条款、行为的性质和目的、习惯以及诚信原则，确定意思表示的含义。"从"受益人"本身含义来看，受益人即享受、收获一定利益的人。从该约定的目的来看，在合同中加入该条款，系基于被保险人、受益人双方的约定，受益人意图优先于被保险人领取保险金，从而获得控制、管理保险合同项下保险金用途的权利；保险人接受投保人加入该条款的请求，应当受其约束，履行向受益人给付相应利益，即支付保险赔偿或保险金的义务。可见，财产保险受益人本身含义与该约定的目的具有一致性，即赋予受益人收取保险赔偿或保险金的利益。

2. 财产保险受益人的合同地位

从合同订立过程来看，受益人不直接参与保险合同的要约、承诺过程，故不应被视作合同当事人并受合同约束。《海商法》第二百一十六条第一款规定的海上保险合同当事人为保险人与被保险人，《保险法》第十条第一款规定的保险合同当事人为保险人与投保人。受益人作为不同于投保人、被保险人和保险人的一方，显然不属于保险合同的当事人。因此，受益人只能作为保险合同关系的利害关系人。

3. 财产保险受益人的规范适用

财产保险受益人的权利义务，无法直接适用《海商法》《保险法》的规定。《民法典》第四百六十八条规定："非因合同产生的债权债务关系，适用有关该债权债务关系的法律规定；没有规定的，适用本编通则的有关规定，但是根据其性质不能适用的除外。"财产保险受益人约定若产生相关权利义务关系，则属于相关主体之间的财产关系，故可以适用《民法典》合同编通则的有关规定。目前，对于财产保险受益人约定的性质及受益人权利义务的分歧，集中于该约定是属于债权转让还是属于利他合同。

债权转让，是债权人将债权全部或者部分转让给第三人。对于财产保险合同而言，被保险人享有的债权系发生保险事故后对保险人享有的保险金债权，是附条件的债权，当保险事故发生后，相应债权可以确定；保险人支付的保险金、保险赔偿，属于金钱之债，不属于《民法典》第五百四十五条第一款第一项、第三项规定的不得转让的债权；《海商法》《保险法》也未明确禁止保险赔偿金、保险金的转让。因此，在订立保险合同时，当事人未约定不得转让的情况下，被保险人可以将其将来可能享有的债权进行转让，债权转让制度在财产保险合同的被保险人转让保险金请求权情形下具有适用条件。但是，财产保险受益人约定与债权转让制度存在本质上的不契合：其一，根据《民法典》第五百四十六条第一款的规定，债权转让可以依据债权人的单方意思表示而发生效力，并不需要债务人同意。而在财产保险合同中，有关受益人的约定系基于被保险人与保险人的合意成立和生效。仅有被保险人的单方意思表示，不能使受益人约定发生效力。其二，正如前文分析，财产保险受益人的本意，是只享受好处而不负担索赔成本。按照债权转让的模式处理，则受益人自保险合同订立时起，即取得了被保险人对保险人享有的保险金请求权；发生保险事故后，由于被保险人的保险金请求权丧失，受益人需以自己名义独立向保险人提出保险索赔，并负担相应成本。这实际上违背了受益人的本意。

利他合同，是合同当事人为第三人设定合同权利，由第三人取得利益的合同。财产保险合同受益人的约定，使得该财产保险合同成为保险人在保险事故发生后，向保险合同关系之外的"受益人"支付保险金或保险赔偿的合同，符合学理上的利他合同情形。《民法典》第五百二十二条作了规定，故可结合该条的规定，对财产保险受益人的权利义务进行分析。《民法典》第五百二十二条第一款规定："当事人约定由债务人向第三人履行债务，债务人未向第三人履行债务或者履行债务不符合约定的，应当向债权人承担违约责任。"第二款规定："法律规定或者当事人约定第三人可以直接请求债务人向其履行债务，第三人未在合理期限内明确拒绝，债务人未向第三人履行债务或者履行债务不符合约定的，第三人可以请求债务人承担违约责任；债务人对债权人的抗辩，可以向第三人主张。"依据条文可知，前述两款的区别在于第三人对债务人是否享有请求权。如果法律规定或者当事人约定没有赋予第三人对债务人的请求权，则第三人不享有请求权。对于财产保险受益人而言，法律未对其是否享有保险金请求权作出规定，其保险金请求权只能基于保险合同当事人的约定产生。

此处又引出另一实践中的争议，即仅仅记载了受益人的名称，如约定"本保险第一受益人为×××"，但未对受益人是否享有保险金请求权作出约定的情形下，该受益人是否享有保险金请求权。本文认为，若认为受益人在此情形下取得保险金请求权，则根据权利义务相一致原则，受益人在索赔保险金时，也应当履行相应的义务。例如，不论是《海商法》第二百五十一条，还是《保险法》第二十二条，均要求保险金索赔方向保险人提供与确认保险事故的性质、损失程度等有关的证明和资料。但现实中：（1）对被保险人而言，其作为因保险人支付保险金而直接或最终受益的一方，除非事先明确约定，其并不愿意轻易让渡保险金请求权，以免因受益人、保险人的不当行为损害其利益；（2）受益人并不直接占管保险标的，通常无法履行提供此类证明和资料的义务，其行使保险金请求权缺乏客观条件，容易导致该权利落空，并不符合其初衷；（3）从该约定的产生根源来看，受益人只愿意享受受领保险金的好处，并不愿意直接以自己的名义向保险人提出支付保险金的主张，而为此付出额外成本。因此，对于保险合同中仅记载受益人的名称，未就受益人能否向保险人主张保险金作出约定的情形，应当认为该受益人不享有保险金请求权。

通过以上比较分析，可以得出如下结论：(1) 较之于适用《民法典》有关债权转让的规定，适用《民法典》第五百二十二条有关利他合同的规定更加符合财产保险受益人约定的起源和被保险人、受益人的真实意思表示。(2) 适用《民法典》第五百二十二条的规定，在被保险人按照受益人的要求将受益人享有保险金请求权事宜与保险人协商一致时，受益人才享有保险金请求权，否则仅作为保险金受领人，这更符合财产保险受益人这一保险实践中的各方意愿。(3) 仅记载受益人的名称，而未对该受益人是否享有保险金请求权作出明确约定，则该受益人的权利义务，适用《民法典》第五百二十二条第一款的规定；保险合同中明确约定受益人享有保险金请求权时，受益人的权利义务适用《民法典》第五百二十二条第二款的规定。

(二) 涉财产保险受益人案件的审理与裁判规则

在给付保险金或保险赔偿之诉中，依据保险合同是否约定受益人享有保险金请求权不同，被保险人、受益人的诉讼地位和实体权利也存在区分。

1. 诉讼程序方面

当受益人不享有保险金请求权时，保险合同项下保险金请求权只能由被保险人行使，受益人只能作为无独立请求权的第三人参加诉讼，而不能作为共同原告或者有独立请求权的第三人参加诉讼。若被保险人、保险人申请追加受益人为第三人，或者受益人申请作为第三人参加诉讼，则法院应当准许，并通知受益人作为无独立请求权的第三人参加诉讼。若被保险人、保险人、受益人均未提出申请，则法院可以根据审理需要，决定是否依职权通知。结合《民事诉讼法》第五十九条第三款、第一百一十五条以及《最高人民法院关于适用〈中华人民共和国民事诉讼法〉的解释》第一百九十条的规定，当被保险人诉请保险人向其支付而非向受益人支付保险金时，除非被保险人的给付保险金诉请明显不成立，以法院依职权通知受益人作为第三人参加诉讼为宜。当然，若受益人直接诉请保险人向其支付保险金，则由于其不享有请求权，其起诉不符合《民事诉讼法》第一百二十二条的规定，应当驳回其起诉。

当受益人享有保险金请求权时，受益人可以作为原告或与被保险人作为共同原告提起诉讼；受益人也可以在被保险人提起诉讼并请求保险人将保险金支付给自身时，作为有独立请求权的第三人参加诉讼，请求保险人向其支付保险金。当被保险人单独提起诉讼时，若被保险人诉请保险人向被保险人支付保险金，则应当通知受益人，受益人有权申请作为有独立请求权的第三人参加诉讼；若被保险人诉请保险人向受益人支付保险金，则应当通知受益人作为共同原告参加诉讼。

2. 实体权利处理方面

当财产保险合同约定了受益人时，对于被保险人提起诉讼请求保险人支付保险金的，不论被保险人请求向其自身支付还是向受益人支付，法院仅对保险人、被保险人之间的保险合同关系进行审理，确定相应事故是否属于保险事故、保险人应否支付保险金等，并作出判决。

保险事故发生后，被保险人或受益人提起诉讼，请求保险人履行给付保险金义务，并将保险金支付给受益人时，依据被保险人、受益人的请求判令保险人向受益人支付保险金，不存在争议。同时，作为一项利益，受益人有权决定是否放弃全部或部分。受益人对保险合同期间内某次或某几次保险事故的保险金拒绝受领或对相应请求权的放弃，不影响其对保险合同期间内其他事故的保险金的受领或行使请求权。受益人明确表示放弃受领保险金，或者放弃保险金请求权时，被保险人有权请求保险人向其支付保险金。

相对复杂的是，在保险事故发生后，被保险人、保险人一方或者双方请求变更受益人约定，最典型的是在诉讼时请求将保险金支付给被保险人的问题。本文认为，被保险人的此类诉讼请求或保险人的相关抗辩，属于对保险合同（约定的保险金支付对象）的变更，应当结合保险人是否同意、受益人是否享有保险金请求权，分情形处理：

（1）受益人享有保险金请求权

此种情形下，不论保险人是同意被保险人的请求，愿意将保险金支付给被保险人，还是不同意被保险人的请求，主张保险金应支付给受益人，均应当通知受益人作为有独立请求权的第三人参加诉讼。受益人参加诉讼后，可以诉请保险人向其支付保险金。当然，受益人也可不加入由被保险人提起的诉讼，而另行起诉。此时，被保险人、受益人分别提起的诉讼可以合并审理。在处理结果上，法院可驳回被保险人的诉讼请求，判令保险人向受益人支付保险金。

若受益人收到参加诉讼的通知后，既不参加诉讼也不另行提起诉讼，则应视为其放弃参加被保险人提起诉讼的程序性权利，不影响对被保险人提起的诉讼的审理。但是，受益人的此类行为不应视为其放弃了向保险人请求支付保险金的请求权。在约定的受益人受领保险金范围内，受益人的权利优先于被保险人，即使保险人、被保险人均确认将保险金支付给被保险人。

在此之后，受益人仍可另行起诉，请求保险人支付保险金。当然，若此后受益人未在合理期限内提起诉讼，或者相应保险事故的保险金请求权的诉讼时效期间即将届满而受益人经提示仍不提起诉讼时，可以视为受益人拒绝受领并放弃相应请求权，此时对被保险人提起的请求保险人向其支付保险金的诉讼，可以支持。

（2）受益人不享有保险金请求权

被保险人请求向受益人支付保险金，保险人不同意被保险人的请求，认为保险金应支付给被保险人而非受益人的。保险人的抗辩，系对保险合同的变更。由于被保险人系请求将保险金支付给受益人，应当认定保险人、被保险人未就该项变更达成一致合意，故根据《民法典》第五百四十三条的规定，保险人的抗辩不能成立。此时，除非受益人明示拒绝受领保险金，则不论受益人是否作为无独立请求权的第三人参加诉讼，均应当驳回保险人提出的其向被保险人支付保险金的抗辩，并判令保险人将应给付的保险金直接支付给受益人。

受益人不享有保险金请求权，被保险人请求向其支付保险金，保险人同意被保险人的该项请求的。此时，应视作被保险人、保险人就合同项下保险金支付给被保险人达成一致合意，符合《民法典》第五百四十三条的规定。由于不享有保险金请求权的受益人，只能接受或拒绝保险人支付保险金，不享有独立请求权。因此，法院在审理时，可以向被保险人、保险人释明，让其决定是否坚持变更。若被保险人、保险人坚持变更为将保险金支付给被保险人，则应当依据双方的共同意思表示作出判决。这也是受益人为要求被保险人将其保险金请求权在财产保险合同中作明确约定时可能面临的风险。受益人在此情况下，只能通过其与被保险人之间的合同关系寻求救济，而不能主张依据保险合同关系主张权利。

近年来，财产保险实践中约定受益人的现象日趋增加，反映了当事人在市场经济活动中的现实需求。从时间来看，此类约定在提高交易效率、降低市场成本、减轻群众诉累等方面起到了积极作用，但由于规范的空白，也带来了不少争议。在通过立法对此予以明确规范之前，有必要通过司法实践，尽量厘清该约定的性质和裁判规则，减少争议的发生。囿于篇幅限制，本文对此类约定相关问题的分析并不全面，如在船舶、车辆保险中，除财产损失险外，往往还附加有责任保险，保险合同约定的受益人对责任险的保险金能否享有保险金请求权等问题，仍需进一步讨论。司法应当回应现实而不能回避实践。希冀在今后的立法、司法中，对于此类问题能够进一步予以明确，以满足人民群众日益增长的司法需求。

（**一审法院合议庭成员** 邓　毅
二审法院合议庭成员 杨京晶　周丽萍　孙　刚
编写人 湖北省高级人民法院　侯　伟
武汉海事法院　邓　毅
责任编辑 韩　煦
审稿人 刘　敏）

某化工公司诉某保险公司海上保险合同纠纷案

——海上定值保险的特点、特殊性及保险赔款计算规则

关键词：商事　海上货物运输保险　定值保险　保险赔偿　质量损失贬值率

【裁判要旨】

1. 海上货物运输保险合同纠纷案件审理中，确定保险合同是定值保险还是不定值保险，是准确计算保险赔款的关键。如果保单采用定值保险，应以保险合同双方当事人事先约定的保险标的的保险价值作为计算保险赔偿的依据，无须被保险人承担证明保险标的实际价值的举证责任。约定的保险标的的保险价值与保险标的的真实价值可能存在偏差（偏高或者偏低），这种偏差不影响约定的保险价值在保险赔付过程中对保险合同当事人的约束力和对赔偿款计算的终局性效力，但会导致保险人的保险赔偿偏离通常遵循的赔偿实际损失原则。保险人支付的保险赔偿与被保险人实际遭受的损失不完全等同是定值保险的特殊性，缘于定值保险对效率价值的追求，不影响定值保险所具有的合理内核与公平实质。

2. 在定值、足额保险的情况下（不考虑免赔额），保险标的发生全损（或者部分全损），保险赔款为保单上记载的保险金额［或者（受损货物件数或重量/承保货物总件数或总重量）×保险价值］；保险标的的质量受损，采用贬值率法计算保险赔款可以排除货物市价波动的影响，保险赔款＝保险价值×贬值率［贬值率＝（完好货物价值－受损货物价值）/完好货物价值］，并应提取同一时间点的完好货物价值与受损货物价值来确定受损货物的贬值率。

【相关法条】

《中华人民共和国海商法》

第二百一十九条　保险标的的保险价值由保险人与被保险人约定。

保险人与被保险人未约定保险价值的，保险价值依照下列规定计算：

（一）船舶的保险价值，是保险责任开始时船舶的价值，包括船壳、机器、设备的价值，以及船上燃料、物料、索具、给养、淡水的价值和保险费的总和；

（二）货物的保险价值，是保险责任开始时货物在起运地的发票价格或者非贸易商品在起运地的实际价值以及运费和保险费的总和；

（三）运费的保险价值，是保险责任开始时承运人应收运费总额和保险费的总和；

（四）其他保险标的的保险价值，是保险责任开始时保险标的的实际价值和保险费的总和。

【案件索引】

一审：上海海事法院（2017）沪72民初2560号（2018年2月24日）

二审：上海市高级人民法院（2018）沪民终138号（2018年8月9日）

【基本案情】

原告某化工公司诉称：2016年7月，某化工公司向案外人购买了2000吨（±5%）丁二烯，约定贸易术语CFR甲地，货物价格1063.50美元/吨。某化工公司向某保险公司投保了海上货物运输险，约定保险金额为2339692美元。货物到达甲地港时发现受损，某化工公司和某保险公司于2016年8月26日协商一致，同意受损货物作价人民币8100元/吨处理。某化工公司主张8月26日完好丁二烯的市场价格为人民币9400元/吨，据此计算货物的贬损率为13.83%［（9400－8100）/9400］，申请保险理赔款323579.40美元（2339692×13.83%），折合人民币2132646.71元。某保险公司不认可按照贬损率计算保险赔偿，未予理赔，某化工公司遂提起海上保险合同之诉，请求判令某保险公司支付保险赔款人民币2132646.71元及利息损失。

被告某保险公司辩称：某化工公司声称的事故原因属于保单约定的“除外责任”，即货物损失是保险标的的特性、缺陷以及发货人的责任导致，某保险公司不负赔偿责任；某化工公司采用的货损计算方式不合理，其与某保险公司约定的人民币8100元/吨的处理价格为自提价，其主张的人民币9400元/吨的完好货物价格为送到价，未扣除送货运费，并且某化工公司未举证证明损失已经实际发生。

法院经审理查明：2016年7月28日，某保险公司向某化工公司签发海上货物运输保单，记载：被保险人为某化工公司，保险标的/数量为丁二烯/1999.993吨，保险金额为2339692美元，承保险别为海上货物运输保险一切险。7月30日，保单的保险标的丁二烯装载于“ECO LUCIDITY”轮1、2号货舱内（该轮共2个货舱，均没有货物冷却装置），自X国运往中国甲地。

同年8月5日，某化工公司与案外人某公司签订销售合同，约定出售丁二烯1500吨±5%，单价人民币8350元/吨，总价人民币12525000元±5%，交货地点为甲地某码头，交货方式为客户自提，质量要求和技术指标中与本案相关的二聚物指标为最大值1000ppm。

同年8月8日，货物运抵甲地港，报关单记载：货物品名为丁二烯，数量1999.993吨，C&F单价1063.50美元/吨（按当日美元兑人民币汇率1∶6.6615，折合人民币7084.50元/吨），货物总价为2126992.56美元。

根据SGS在装货港出具的货物质量证明书记载，案涉货物关于二聚物的规格标准最大值设定为2000ppm，装货港实测二聚物的含量为596ppm。经SGS在卸货港检验，两个货舱内的货物二聚物指标均为2000ppm以上（国家标准为最大值1000ppm）。

某化工公司发现货物在运输途中受损后随即向某保险公司报案，双方经协商，于2016年8月26日确认，同意某化工公司按每吨人民币8100元（含税自提）收购案涉货物，并承担仓储费用。同日，某化工公司与某公司签署“谅解协议书”，记载：某化工公司按照合同约定应当交付的1500吨丁二烯因产品质量纯度、二聚物均不符合合同约定，确定为异常产品；某公司同意按照约8100元/吨的单价接收该船全部异常产品。一审庭审中，某化工公司和某保险公司一致确认以人民币8100元/吨作为受损货物的实际处理价格。某化工公司提出案涉货物处理时（2016年8月25日、26日）完好丁二烯的市场价格为人民币9400元/吨（送到价格），某保险公司根据公估报告的意见提出案涉货物处理时完好丁二烯的市场价格为人民币8700元/吨（出厂价格）。

双方当事人在二审中确认，案涉保险合同约定的保险标的的保险价值为发票价格（CFR价格）2126992.56美元（单价1063.50美元/吨）加成10%，即2339692美元，与保单上记载的保险金额一致。

【裁判结果】

上海海事法院于2018年2月24日作出（2017）沪72民初2560号民事判决：一、某保险公司应向某化工公司支付保险赔偿金人民币599297.90元并赔偿利息损失；二、对某化工公司的其他诉讼请求不予支持。

宣判后，某化工公司与某保险公司均提出上诉。上海市高级人民法院于

2018年8月9日作出（2018）沪民终138号民事判决：一、变更原审判决主文第一项为：某保险公司向某化工公司支付保险赔偿金人民币1064026.66元，并赔偿利息损失；二、维持一审判决主文第二项。

【裁判理由】

法院生效裁判认为：本案系海上保险合同纠纷。某化工公司为案涉进口货物投保海上货物运输险，某保险公司签发保单，承保险别为海上货物运输一切险，保险标的为1999.993吨丁二烯，被保险人为某化工公司。保险合同双方当事人约定的保险标的的保险价值为发票价格（CFR价格）2126992.56美元加成10%，即2339692美元，与保单记载的保险金额一致，故案涉海上货物运输保险为定值保险。

一审法院关于案涉保险标的的质量受损并非货物本身的自然特性或者发货人的责任导致，不属于一切险的除外责任范围，应当由某保险公司就货损向被保险人某化工公司承担保险赔偿责任的认定正确。

一审法院关于某保险公司应当支付的保险赔偿金额的认定有误。案涉海上货物运输保险为定值保险，一审法院将其当作不定值保险处理有误。即使将案涉海上货物运输保险视为不定值保险，一审法院采用的货损赔偿计算方式也有误。一审法院将受损保险标的区分为两部分，一部分为某化工公司与目的港的某公司签订的预售合同所指向的1575吨（1500吨+5%）丁二烯，另一部分为剩余丁二烯，在计算前一部分货损赔偿额时，系按照目的港的市场价格，即预售合同约定的完好保险标的的价格确定货物的保险价值，与《海商法》第二百一十九条第二款第二项关于应当按照保险责任开始时保险标的的实际价值（CIF价格）确定不定值保险合同的保险价值的规定不相符合，将货物目的港市场价格波动的风险转嫁给了某保险公司。

二审法院认为，在案涉海上货物运输保险为定值、足额保险的情况下（不考虑免赔额），货物在保险事故中质量受损导致货物贬值，在计算保险赔款时为了尽可能排除货物市价波动对计算保险赔款的影响，可采用“保险价值×贬值率”的计算方式。受损货物的“贬值率=（完好货物价值-受损货物价值）/完好货物价值”，应在同一时间点上提取完好货物价值与受损货物价值的数据。关于受损货物价值的认定，在理赔阶段，某化工公司与某保险公司于2016年8月26日协商确定了受损货物在目的港的处理价格为人民币8100元/吨（含税自提），这种协商确定受损货物价值的做法为保险理赔中的常用方式。关于货物处理同时的完好货物价值，考虑到某保险公司主张的价格人民币8700元/吨系剔除了送货运费的自提价格（出厂价格），双方协议确定的受损货物价格人民币8100元/吨亦是自提价格，而某化工公司主张的价格人民币9400元/吨为送到价格，即包含了送货运费，故应采纳某保险公司的主张，将与目的港受损货物对应的目的港完好货物的价格认定为人民币8700元/吨（自提价格）。据此计算，受损货物的贬值率为6.90%［(8700－8100）/8700］。被保险人某化工公司仅就案涉部分货物与案外人某公司签订有预售合同，但保险标的运抵目的港后的用途是对外销售，还是被保险人自行留用，不影响被保险人已经遭受实际损失的客观事实，与保险价值的确定无关，无须将货物区分为有/无预售合同两个部分而分别计算保险赔偿。保险合同约定的全部保险标的保险价值为2339692美元，货物质量受损的保险赔偿额统一按照贬值率方式计算为161438.75美元（2339692×6.90%），折合人民币1064026.66元（按照某化工公司起诉之日，即2017年9月1日美元兑人民币汇率1∶6.5909折算）。综上，一审法院认定的某保险公司应当支付的保险赔偿金额有误，二审法院予以纠正，改判某保险公司向某化工公司支付保险赔偿人民币1064026.66元及利息损失。

【案例注解】

本案系海上货物运输定值保险合同的保险标的在运输中质量受损，被保险人向保险人索赔未果而引发的诉讼案件。定值保险和不定值保险目前尚为学理上的概念，我国《海商法》没有相关的明确定义，仅在第二百一十九条规定了保险标的的保险价值可以由保险人与被保险人约定，以及没有约定时保险价值的分情况计算方式。海上货物运输保险合同通常采用定值保险，确定保险合同是定值保险还是不定值保险是准确计算保险赔款的关键。审判实践中，如疏于对保险合同系定值保险还是不定值保险作出区分认定，径直着手计算保险赔款，则会导致误将定值保单当作不定值保单、误用《海商法》第二百一十九条第二款第二项规定计算保险赔款的情形。同时，对定值保险的特点不了解，对定值保险所具有的偏离赔偿实际损失原则的特殊性不理解，还会影响对案涉保单是否属于超额保险、保险人的赔偿是否超出了被保险人的实际损失等问题作出准确判断。

一、海上货物运输定值保险的特点

保险价值是指被保险人在可保利益范围内与保险人协议确定的保险标的的保险价额，是确定保险金额的基础。根据我国《海商法》第二百一十九条的规定，确定海上货物运输保险合同中的保险标的的保险价值有两种方式：一种是由保险合同的双方当事人事先明确约定保险标的的保险价值，即该法条第一款规定“保险标的的保险价值由保险人与被保险人约定”，此种情形下签订的保险合同为定值保险；另一种是保险合同中未约定保险标的的保险价值，保险事故发生后按照法律规定的 CIF 价格计算确定，即该法条第二款第二项规定“货物的保险价值，是保险责任开始时货物在起运地的发票价格或者非贸易商品在起运地的实际价值以及运费和保险费的总和”，此种情形下签订的保险合同为不定值保险。

定值保险最先在海上保险领域出现，特别是以船舶、被运输货物为保险标的的保险合同中，多采用定值保险。主要因为作为保险标的的船舶或货物在保险责任期间系处于移动状态，加之受船舶价格变动、货物在目的港市场价格波动等因素影响，保险事故发生后确定保险价值往往难度大、费用成本高。如果在保险事故中发生船舶沉没或者货物灭失等情况，客观上也难以实现对船舶或者货物的价值进行准确的评估。鉴于此，采用定值保险，签订保险合同时就明确约定保险价值是最为有效且经济的方式。定值保险在海上保险的实践中形成后，逐步扩展到陆上保险领域。在陆上财产保险合同中，一般在保险标的无市场价值供参考、事故发生后也难以通过鉴定确定价值的情况下采用定值保险，如保险标的为艺术品、古玩、字画或者对被保险人有特殊意义的财产等，其他情况下多采不定值保险。

综上，海上货物运输定值保险有两大特点：一是保险合同中约定的保险价值对保险合同双方当事人均有约束力，约定的保险价值比实际价值偏高或者偏低一般都不影响效力，除非保险人能够证明被保险人欺诈或者违反告知义务，故意虚报保险价值；二是在保险标的发生损失后，保险人应当直接将约定的保险价值作为保险赔偿的计算依据，而无须被保险人承担证明保险标的的实际价值的举证责任，可以简化保险理赔程序，提高保险赔付效率。

在审判实践中，定值保单的保险人在诉讼中会主张被保险人系超额投保，理由是保单上记载的保险金额包含了被保险人的预期利润，根据《海商法》第二百二十条的规定，保险金额不得超过保险价值，保险金额超过保险价值（CIF 价格）的部分无效。这种抗辩理由不能成立。保险人系将定值保险中的“保险价值”（约定的保险价值）偷换成不定值保险中的“保险价值”（可保价值）。换言之，《海商法》第二百二十条所规范的是不定值保险下的超额保险情况，不适用于定值保险。根据《海商法》第二百一十九条第一款的规定，定值保险的保险标的的保险价值由保险人与被保险人约定，并不是以 CIF 价格为确定依据。由于海上运输往往运输时间较长、风险较大，被保险人为了最大可能地保障自己的利益，可以在投保时把“他的利润或者其他会面对的费用

（如将来发生损坏要购买替代品的费用）也一并加在约定的保险价值内”①，即约定的保险价值通常包括国际贸易合同项下的货物到岸价格（CIF价格）、预期利润（通常的利润空间为货物CIF价格的10%～15%）以及如果发生保险事故要购买替代货物的额外费用等，以保证即使在货物全损的情况下，被保险人贸易上的预期利润也能实现。而保险人对此认可，保险赔偿的限度应当是被保险人因保险标的灭失或者损坏而遭受的全部经济损失，按照如此约定的“保险价值”赔偿，并不违反保险合同的全部赔偿原则和赔偿实际损失原则。故在海上定值保险合同签订过程中，被保险人与保险人协商约定的保险价值包含预期利润是操作惯例。一张定值保单上，通常会出现保险金额等于保险价值，即足额保险，或者保险金额低于保险价值，即不足额保险这两种情况。因为在被保险人明确知晓根据法律规定保单上记载的保险金额高于保险价值的部分只会令其白白支付保费，而不可能得到赔偿的情况下，是不可能作出明显有损自己利益的选择。如果支持保险人的这种抗辩，则将使得约定的保险价值在保险赔付过程中失去对保险合同双方当事人的约束力以及对赔偿款计算的终局性效力，回到不定值保险下被保险人在理赔阶段须证明货物实际价值的老路上，使得定值保险的意义和价值不复存在，不符合被保险人投保定值保险的目的和初衷。

本案例中，保险标的是被保险人某化工公司从国外购买，并采用海上运输方式由X国港运至中国甲地港，保单上的保险金额与约定的保险价值一致，为发票价格（CFR价格）2126992.56美元加成10%，即2339692美元，与保单上记载的保险金额一致，表明某保险公司对保险价值中包含的利润部分（CFR价格的10%）予以承保，被保险人对保险标的进行了足额投保。

二、偏离赔偿实际损失原则是定值保险的特征

财产保险的根本职能是补偿被保险人的经济损失，所以海上保险合同是一种赔偿合同，其首要原则就是赔偿原则。赔偿原则包括：（1）及时赔偿原则。指保险人对保险合同责任范围内的保险赔偿必须及时支付，确保被保险人及时恢复到保险事故发生前的经济状况，即经济损失被填补，而不至于陷入经济困境。《海商法》第二百三十七条就是对保险人及时赔偿义务的规定。②（2）全部赔偿原则。指被保险人遭受保险事故后，就其经济损失有权获得全面充分的保险赔偿。当然，这种经济损失是指保险人承担的风险项下的经济损失，如果

---

① 杨良宜：《海上货物保险》，法律出版社2010年版，第422页。

② 《海商法》第二百三十七条规定：“发生保险事故造成损失后，保险人应当及时向被保险人支付保险赔偿。”

是免赔额指向部分或者是不足额保险部分项下的经济损失，并非保险人的赔偿范围。(3) 赔偿实际损失原则。指保险人对被保险人的赔偿要恰好使被保险人恢复到保险事故发生之前的经济状况，就好像保险事故未发生一样。该原则强调不能多赔，不能使被保险人获得额外利益，与强调不能少赔的全部赔偿原则相辅相成。“保险合同是补偿合同，并且仅仅是补偿合同，这就意味着被保险人遭受了保险单所承保的损失后，应当得到充分的赔偿，但是得到的不能比充分赔偿更多。”① 实际损失是保险人确定保险赔偿的原则尺度，故赔偿实际损失原则要求被保险人对因保险事故遭受的损失必须予以证明。

定值保险在遵循及时赔偿原则和全部赔偿原则方面并无例外，但恰恰偏离了赔偿实际损失原则。海上定值保险合同中，是以保险人与被保险人约定的保险价值作为保险赔偿的计算依据，约定的价值很难与保险标的发生保险事故时的实际价值保持完全一致，必然导致被保险人得到的赔偿并不完全等同于实际遭受的损失。约定的保险价值可能偏高或偏低，甚至偏差得很大，一般不影响其效力，除非保险人能够证明被保险人将保险价值报得很高，是出于欺诈、赌博或有违告知义务。这种对赔偿实际损失原则的偏离因存在其合法理由而为法律所认同。② 在定值保险下，保险人支付的保险赔偿的多少取决于约定的保险价值，被保险人遭受的实际损失不再是确定保险赔偿的原则尺度，被保险人也正是基于此才被免除了证明实际损失的义务。即使在不足额保险下，被保险人所能获得的保险赔偿也是保险金额与保险价值的比例部分，即仍受限于保险价值。而保险合同约定的保险价值，如前所述，无论比实际价值偏高或者比实际价值偏低，都对保险合同的双方当事人有约束力，对保险赔偿的计算具有决定性作用，体现了对效率价值的追求。

在理赔的时候，“定值保单中约定的保险价值是决定性的，这表示将来的保险人和被保险人都不可以就此再争辩试图推翻这个金额，唯一可以再这样做的情况就是存在欺诈。欺诈不容易证明，这方面的案例也不多。”③ 故在海上货物运输保险合同纠纷案件中，保险人以按照保险价值计算得出的赔偿金额超出被保险人实际损失为由拒绝赔付超出部分的抗辩理由，通常不能得到法院支持。法官一旦查明案涉保单采用的是定值保险，在认定保险赔偿额时就无须将审查重点放在“追究”被保险人遭受的实际损失上，除非保险人提出并有充分证据证明双方在约定这个过高的保险价值时，存在被保险人故意隐瞒或者虚

① 转引自乔莎：《海上定值保险法律问题研究》，大连海事大学 2017 年硕士学位论文。

② 汪鹏南：《海上保险合同法详论》（第四版），大连海事大学出版社 2017 年版，第 23 ~ 25 页、第 41 ~ 42 页。

③ 杨良宜：《海上货物保险》，法律出版社 2010 年版，第 423 页。

报保险价值导致保险人对保险价值发生误判的情况。

本案例中，一审判决将定值保险作为不定值保险处理，忽视保险人与被保险人事先约定的保险价值，将被保险人的实际损失作为确定保险赔偿的依据。在判决中将受损货物分成两部分，即某化工公司与某公司于8月5日签订的预售合同项下的货物与该预售合同未包含的货物，并分别计算损失金额，就是为了查明被保险人的实际损失。此种判决思路系认为如果没有发生保险事故，某化工公司必将履行与某公司的预售合同，货物单价为人民币8350元/吨，因发生保险事故导致货物受损贬值，受损货物的单价协商为人民币8100元/吨，那么销售合同项下的货物的实际损失为销售合同中的货物数量1575吨×（8350元/吨－8100元/吨）＝人民币393750元。而通过贬值率计算出的损失金额要高于前述算出的实际损失金额，那么根据保险合同赔偿实际损失原则，该部分货物的保险赔偿金额应以算出的实际损失金额为限，一审法院认为若按照贬值率计算结果理赔，属于让被保险人因保险事故而额外受益了。即使在对无预售合同的部分受损货物适用贬值率方法计算保险赔偿金额时，一审法院采用的是发票价格1063.50美元/吨（CFR价格），而没有考虑到某化工公司是加成投保，约定的保险价值为发票价格（CFR价格）2126992.56美元加成10%，即2339692美元，反推计算保险赔偿的价格应当是1169.85美元/吨。此种采用取低不取高赔、不让被保险人因保险事故而额外受益的做法，系没有正确理解偏离赔偿实际损失原则恰恰是定值保险的特征。在此类海上货物运输保险纠纷案件中，审查保险标的于保险事故发生前是否存在销售合同、该销售合同在货物受损后是否实际履行等情况，对保险赔偿金额的确定没有意义。二审法院直接以保单记载的保险价值作为保险标的的价值（本案系足额保险，保险价值与保险金额一致），在乘以货物因质量受损导致的贬值率6.90%后，得出涉案保险赔偿金额为161438.75美元（2339692美元×6.90%），折合人民币1064026.66元。因系加成投保，约定的保险价值中涵盖了被保险人10%的利润，二审判决以约定的保险价值作为计算保险赔偿的依据，支持了被保险人因保险事故遭受的利润损失，被保险人投保定值保险的初衷得以实现。

三、采用货物贬值率方式计算保险赔偿可以排除市价波动的影响

在定值、足额保险的情况下（不考虑免赔额），如果被运输货物在保险责任期间内发生全损，保险赔款就是保单上记载的保险金额（与约定的保险价值一致），如果部分货物发生全损，即货物发生数量损失，保险赔款＝（受损货物件数或重量/承保货物总件数或总重量）×保险价值。这两种情况在理赔过程中都容易操作且不易起纠纷。如果货物是因为在保险事故中质量受损而发生贬值的，被保险人与保险人往往会在保险赔偿金额的确定方面

发生争议。国际海上货物运输具有运输时间较长、起运港和目的港分属不同国家的特点，货物（保险标的）的市场价格发生波动，甚至是大幅度波动系正常现象。假设简单地将目的港完好货物价值与受损货物价值之间的差价认定为保险赔偿金额，那么在目的港市价上涨了和市价下跌了这两种不同情况下计算出的赔偿金额差异很大，保险赔偿金额会受货物市价影响而处于不确定状态。

为此，在货物因为保险事故质量受损而发生贬值的情况下，计算保险赔偿时引入了“贬值率”概念，以最大程度地排除货物市价波动造成的影响。公式为“保险赔款＝保险价值×贬值率［贬值率＝（完好货物价值－受损货物价值）/完好货物价值］”。例如，保险价值（保险金额）为100美元，货物在运输途中质量受损，运抵目的港时恰逢货物市场价格上涨，根据市价这些货物的完好价值为150美元，受损货物的价值为75美元，采用完好货物价值与受损货物价值之差认定保险赔偿金额可得出保险人应当支付保险赔款75美元；若运抵目的港时正值货物市场价格下跌，根据市价这些货物的完好价值为80美元，受损货物的价值为40美元，同样采用完好货物价值与受损货物价值之差认定保险赔偿金额却得出保险人只需支付保险赔款40美元。同样的保险价值，同样的受损程度，保险人需要支付的保险赔偿却随着货物市价上涨或者下跌而变化，这种因货物市价波动产生的风险显然不应属于海上货物运输保险合同项下保险人的承保范围。如果采用贬值率方式，在货物市价上涨时，货物贬值率为50%［（150美元－75美元）/150美元］，在货物市价下跌时，货物贬值率也为50%［（80美元－40美元）/80美元］，故无论货物市价的涨跌，根据贬值率方式计算所得的保险赔款均为50美元［100美元（保险价值）×50%（贬值率）］。本案中，二审法院即采用贬值率方式计算出全部受损货物的保险赔偿金额。

在适用贬值率方式计算保险赔偿时，必须注意的是，确定贬值率所采用的完好货物价值与受损货物价值必须提取于同一时间点，如本案例中，人民币8100元/吨（含税自提）的价格是被保险人与某保险公司协商一致的受损货物于8月26日的处理价格，其对应的完好货物价格也是8月26日的市场价格，即法院采纳的人民币8700元/吨（自提价格），且特别强调二者都是剔除内陆运送费用后的价格，由此得出的完好货物价值与受损货物价值确定的贬值率，才能避免受市价波动因素的影响。另，本案中受损货物处理价人民币8100元/吨（含税自提）是被保险人与某保险公司协商一致的结果，这在保险事务中也是经常采用的定损方式。因为如果被保险人的货物是自己留用、并非用于出售，则无法通过出售行为获得受损货物的处理价，或者货物是用于出售，但一时没有现成的市场，也无法及时确定处理价，会影响保险理赔的进程。即使有现成的货物出售市场，只要保险人与被保险人同意，也会采用协商确定处理价的方式简化理赔程序，方便赔偿款计算。

（一审法院合议庭成员　倪　湧　张　亮　李慧娜
二审法院合议庭成员　王　珊　董　敏　胡海龙
编写人　上海市高级人民法院　董　敏
责任编辑　韩　煦
审稿人　刘　敏）

开某诉某保险公司海上保险合同纠纷案

——外国行业协会游艇保险条款并入保单的效力审查

关键词：商事　游艇保险　协会保险条款　格式条款　保险标的转让

【裁判要旨】

1. 对于为不适用《海商法》的游艇设定的保险合同，应适用《保险法》进行审查。依据《保险法》的规定，保险标的转让情形下，转让保险标的的程序和效力可以由当事人自行约定，当事人可以约定保单适用外国保险行业协会条款。

2. 英国《协会游艇保险条款》中的所有权变更条款构成格式条款，但并不存在不合理加重被保险人责任、减免保险人义务，或排除投保人、被保险人或者受益人依法享有的主要权利等无效情形，应认定有效，并据此审查保险合同是否发生转让。

【相关法条】

《中华人民共和国海商法》

第三条第一款　本法所称船舶，是指海船和其他海上移动式装置，但是用于军事的、政府公务的船舶和20总吨以下的小型船艇除外。

第二百三十条第一款　因船舶转让而转让船舶保险合同的，应当取得保险人同意。未经保险人同意，船舶保险合同从船舶转让时起解除；船舶转让发生在航次之中的，船舶保险合同至航次终了时解除。

《中华人民共和国保险法》

第十七条　订立保险合同，采用保险人提供的格式条款的，保险人向投保人提供的投保单应当附格式条款，保险人应当向投保人说明合同的内容。

对保险合同中免除保险人责任的条款，保险人在订立合同时应当在投保单、保险单或者其他保险凭证上作出足以引起投保人注意的提示，并对该条款的内容以书面或者口头形式向投保人作出明确说明；未作提示或者明确说明的，该条款不产生效力。

第十九条 采用保险人提供的格式条款订立的保险合同中的下列条款无效：

（一）免除保险人依法应承担的义务或者加重投保人、被保险人责任的；

（二）排除投保人、被保险人或者受益人依法享有的权利的。

第四十九条 保险标的转让的，保险标的的受让人承继被保险人的权利和义务。

保险标的转让的，被保险人或者受让人应当及时通知保险人，但货物运输保险合同和另有约定的合同除外。

因保险标的转让导致危险程度显著增加的，保险人自收到前款规定的通知之日起三十日内，可以按照合同约定增加保险费或者解除合同。保险人解除合同的，应当将已收取的保险费，按照合同约定扣除自保险责任开始之日起至合同解除之日止应收的部分后，退还投保人。

被保险人、受让人未履行本条第二款规定的通知义务的，因转让导致保险标的危险程度显著增加而发生的保险事故，保险人不承担赔偿保险金的责任。

【案件索引】

一审：广州海事法院（2023）粤72民初120号（2023年6月20日）

二审：广东省高级人民法院（2023）粤民终4267号（2024年9月19日）

【基本案情】

原告开某诉称：2019年10月，某保险公司签发船舶保险单，被保险人为甲公司，被保险船舶为吨位为14吨的帆船游艇，船名“MMM”，保险期限自2019年10月至2020年10月。2020年1月，甲公司将该游艇转让给开某，后该游艇更名为“ZZZ”，相关转让事实已通知某保险公司。2020年6月，开某驾驶“ZZZ”轮发生触礁事故，由此产生救援费和修理费总计828500元。开某多次要求某保险公司履行保险赔付义务，但某保险公司拒绝赔偿。

被告某保险公司辩称：不同意开某的诉讼请求。（1）某保险公司从未收到甲公司转让保险合同的申请，也未同意转让船舶保险合同，未作出批单对船舶保险合同进行调整，依据《海商法》第二百三十条规定，保险合同未转让和变更，开某主张其承继保单权利义务没有法律依据。（2）保单约定适用的《1985年11月1日协会游艇保险条款》（Institute Yacht Clauses，以下简称《协会游艇保险条款》）第七条、第八条载明，保险利益的转让需要被保险人和保险人书面同意并批改，否则对某保险公司无约束力；船舶转让给新的所有人，未经保险人书面同意续保，保险自动注销。

法院经审理查明：2019 年 10 月，甲公司为案涉游艇向某保险公司投保。10 月 21 日，某保险公司签发的保险单载明，被保险人为甲公司，保险期限自 2019 年 10 月至 2020 年 10 月，经办人为谢某。该保单附页的特别约定载明，本保单适用《协会游艇保险条款》。2020 年 1 月，开某与甲公司签订帆船买卖合同书，约定开某向甲公司以 105 万元价格购买案涉游艇。2020 年 5 月 26 日，开某通过微信对保单经办人某保险公司员工谢某告知案涉游艇已过户给开某，并询问保险办理过户需要什么手续；谢某回复说，需要新办好的适航证书；开某要求出具续保明细；谢某回复称，可以，续保没有大的调整。2020 年 6 月 26 日，开某驾驶案涉游艇发生触礁事故，造成船体损坏。同日，开某向某保险公司报案。某保险公司告知开某先进行施救和打捞，暂不判断损失。后某保险公司委托乙公司前往勘查、检验。2020 年 7 月 5 日，某海事局出具水上交通事故调查处理结论书，认定事故原因为开某疏忽瞭望，由案涉游艇负全部责任。

自 2020 年 6 月至 2021 年 3 月，开某与某保险公司、乙公司工作人员在微信群中沟通案涉游艇维修报价、维修进度和费用等有关情况。2021 年 3 月 22 日，某保险公司问开某最终费用是多少。开某发送“ZZZ 号帆船维修费明细”，表示最终维修费用为 828500 元。3 月 25 日，开某按照某保险公司要求提供船舶适航证书。2023 年 1 月 11 日，乙公司出具检验报告，认定本次事故引起的在保险责任范围内的合计定损金额为 754468 元，并载明因船舶发生转让，依据保单所附《协会游艇保险条款》，某保险公司不再承担保险责任。

【裁判结果】

广州海事法院于 2023 年 6 月 20 日作出（2023）粤 72 民初 120 号民事判决：一、某保险公司向开某支付保险赔偿金 745650 元及自 2021 年 4 月 8 日起至实际支付之日止按全国银行间同业拆借中心公布的贷款市场报价利率计算的利息；二、驳回开某的其他诉讼请求。

宣判后，某保险公司不服，提出上诉。广东省高级人民法院于 2024 年 9 月 19 日作出（2023）粤民终 4267 号民事判决：驳回上诉，维持原判。

【裁判理由】

法院生效裁判认为：本案争议焦点为案涉保险合同应适用《海商法》还是《保险法》；《协会游艇保险条款》相关条款是否成为案涉保险合同的内容及其效力；案涉游艇发生转让后，某保险公司是否应承担保险责任及保险金额的认定问题。

本案中，案涉游艇的国籍证书载明，该轮为玻璃钢游艇，总吨14。根据《海商法》第三条第一款规定，案涉游艇不属于受《海商法》调整的船舶范围。本案应当适用《保险法》及其司法解释。《保险法》第四十九条规定，保险标的转让情形下，转让保险标的的程序和效力可以由当事人自行约定。案涉保单附页的特别约定载明，本保单适用《协会游艇保险条款》，依据《协会游艇保险条款》第八条"所有权变更条款"的规定，游艇所有权变更的，除非保险人书面同意续保，否则本保险自此种售与转让或变更发生时注销，故本案应首先审查《协会游艇保险条款》是否有效并入案涉保险合同。经查，案涉保单所附《协会游艇保险条款》在某保险公司与甲公司订立的多个保险合同中使用，具体内容未根据实际情况进行协商更改，满足格式条款"为了重复使用而预先拟定""订立合同时未与对方协商"等要件，该《协会游艇保险条款》属于格式条款。该条款内容具有明确性，不存在歧义，甲公司作为专业的游艇公司，应当清楚知悉并理解该条款内容，其在投保人声明中亦盖章确认知悉保险条款内容，且条款内容不存在《保险法》第十九条所规定的不合理加重被保险人责任、减免保险人义务，或排除投保人、被保险人或者受益人依法享有的主要权利等无效情形。因此，案涉《协会游艇保险条款》第八条构成案涉保险合同的内容，对合同双方均具有约束力。一审法院认定该《协会游艇保险条款》第八条为无效格式条款，适用法律不当，二审法院予以纠正。

关于某保险公司是否应承担保险责任的问题。某保险公司上诉主张根据《协会游艇保险条款》，甲公司未向某保险公司提交批改申请变更被保险人，开某并非保险合同当事人。一审已查明，案涉船舶转让后，开某与某保险公司保单经办人谢某沟通保险过户事宜，谢某表示将全程协助开某办理保险过户，且仅要求开某办理新的适航证书。开某要求在船舶交接前完成保险过户并出具续保明细，谢某均表示同意。事故发生后，某保险公司还与开某、乙公司三方共同商讨赔付事宜。综合以上事实，可以认定案涉游艇所有权转让之后，某保险公司与开某已就继续承保事宜达成合意，本案符合《协会游艇保险条款》第八条规定的条件。开某持有游艇驾驶证，案涉游艇适航证书在有效期内且载明检验合格。某保险公司未能提交证据证明本案存在某保险公司法定免责或约定免责情形，一审法院判决某保险公司向开某承担保险赔偿责任，结果并无不当。一审法院经核算认定某保险公司应向开某支付的保险金额为745650元，具有事实和法律依据，二审法院予以维持。

【案例注解】

随着我国经济发展和人民生活水平的提升，游艇经济作为海洋产业的重要一环，也得到了长足的发展。2022年8月，《工业和信息化部等五部委关于加快邮轮游艇装备及产业发展的实施意见》明确提出要大力发展中小型游艇，推动国内游艇细分消费市场发展。作为一种承载水上风险的工具，完善的游艇保险制度是发展游艇产业所必需的配套制度。就目前国内游艇保险实务看，保险行业在承保游艇时一般参照国际通用的英国《协会游艇保险条款》，以并入保单的方式使之成为保险合同的内容，而该条款与我国《保险法》《海商法》中的不一致之处在实务中可能引发争议。本案即涉及保险标的（游艇）转让情形下，保险合同的效力和保险责任认定问题。

一、《协会游艇保险条款》与我国法律对保险合同转让的规定差异

英国是世界上最早的海上保险国际市场中心，对国际海上保险制度的发展有着举足轻重的影响。英国伦敦保险人协会制定的海上保险条款习惯上称为"协会保险条款"，最早可追溯至1888年。① 协会保险条款一般依据当时的英国海上保险法和惯例进行制定，主要包括协会船舶保险条款、协会货物运输保险条款、协会运费保险条款和协会各种附加险条款等类型。相较于立法，协会保险条款能够更快适应贸易、航运的变化情况，及时作出符合实务的修改或适时调整保险人与被保险人的利益平衡。这一特点使协会保险条款在全球获得广泛适用，也有力地促进了海上保险的国际统一。20世纪80年代起，英国开始修改并完善保险单及相应的保险条款，游艇保险条款在这一时期应运而生。1985年11月1日，英国保险行业正式推出了首个游艇保险条款——《协会游艇保险条款》。《协会游艇保险条款》问世以来，已成为世界范围内订立游艇保险合同的范本，在国际游艇保险市场长期占据着主要地位。②《协会游艇保险条款》共23条，主要由承保标的范围、各种保证条款、危险条款、除外条款、第三方责任条款、索赔通知条款及被保险人义务条款组成。

---

① 初北平：《海上保险法》，法律出版社2020年版，第121页。

② 张玲：《游艇保险法律问题研究》，大连海事大学2015年硕士学位论文。

（一）国内立法对保险合同转让的规定

《保险法》第四十九条第一款、第二款规定：“保险标的转让的，保险标的的受让人承继被保险人的权利和义务。保险标的转让的，被保险人或者受让人应当及时通知保险人，但货物运输保险合同和另有约定的合同除外。”此处的“保险标的转让”理论上属于合同权利义务的概括转移，即依附于原当事人的全部权利义务均移转于承受人。① 与普通合同权利义务的概括转移需要对方当事人的同意这一要件不同，为充分发挥财产保险对于保险标的的保障功能，《保险法》规定保险合同权利义务的概括转移在当事人没有特别约定的情况下，无须取得保险人同意，仅须履行及时通知义务。但“保险标的转让”的标志是指保险标的所有权发生转移，还是指保险标的的毁损、灭失的风险实际发生了转移，对此法律并无明确规定。假设在船舶保险责任期间内，原船东将船舶转让给新船东，并及时通知了保险人，新船东驾驶该船在未依法办理登记变更手续期间发生事故。保险公司往往以该船所有权尚未发生转移为由主张新船东不具有保险利益而拒赔。此前因对“保险标的转让”中保险标的的理解存在差异，审判实务中裁判尺度并不统一。《最高人民法院关于适用〈中华人民共和国保险法〉若干问题的解释（四）》（以下简称《保险法解释四》）第一条规定：“保险标的已交付受让人，但尚未依法办理所有权变更登记，承担保险标的毁损灭失风险的受让人，依照保险法第四十八条、第四十九条的规定主张行使被保险人权利的，人民法院应予支持。”依据该条规定，保险标的的转移应指保险标的的毁损、灭失的风险转移，即船舶在完成交付后视为保险标的已转移。

与《保险法》所采取的当然转让主义不同，《海商法》对船舶保险合同保险标的转让采保险人同意主义。《海商法》第二百三十条规定，因船舶转让而转让船舶保险合同的，应当取得保险人同意；未经保险人同意，船舶保险合同从船舶转让时起解除。② 无论被保险人是否履行了上述通知义务，也无论保险事故的发生是否与转让有关，未经保险人同意，船舶保险合同从船舶转让时起解除，保险人将不承担赔偿保险金的责任。③ 另外，《保险法》第四十九条赋予当事人自行约定转让保险标的的程序和效力的选择权，《海商法》则对此没有进行规定。基于上述区别，识别案件应适用《海商法》还是《保险法》，系保险标的转让情形下船舶保险合同纠纷案件的首要问题，也往往是保险公司与受让人主要的争议焦点。

---

① 韩世远：《合同法总论》（第四版），法律出版社2018年版，第636页。

② 需要注意的是，如果船舶转让发生在航次中的，则船舶保险合同至航次终了时解除。

③ 《英国1995年协会定期船舶保险条款》对此规定更为严苛，船级社、船级变动即触发保险合同自动解除。《英国2003年国际船舶保险条款》取消了该项规定。

（二）《协会游艇保险条款》中的转让条款

《协会游艇保险条款》[①] 第七条“转让条款”规定：“本保险利益或依本保险得付或应付款项的转让，除非经被保险人，和在后续转让时经受让人签署载有日期的此种转让通知批注在保险单上，并在支付赔偿或退还保费之前将如此批注的保险单提交给保险人，不约束保险人或为保险人承认。”第八条“所有权变更条款”规定：“假若船舶售给、转让给新的所有人，或在船舶由公司所有之场合，已离开系泊地在海上，则应被保险人的要求，保险合同应当延续至该船舶到达目的港或目的地时才能解除。如果对公司控股权发生变更，那么，除非保险人书面同意续保，本保险自此种售与转让或变更发生时注销，按照船舶在使用和停泊期间计算的保险费，将按日净保险费比例退回。不过，若船舶出售或转让时已离开锚地或在海上，如果被保险人要求，此种注销应中止，直至船舶抵达目的地或目的港。”从上述转让条款看，《协会游艇保险条款》对保险利益转让和所有权变更下的保险合同转让进行了区分。相较于《保险法》，《协会游艇保险条款》对所有权变更下的保险转让的规定与《海商法》更为相近，均要求经保险人同意。

本案中，案涉船舶“ZZZ”轮的国籍证书载明，该轮为玻璃钢游艇，总吨14。《海商法》第三条第一款规定：“本法所称船舶，是指海船和其他海上移动式装置，但是用于军事的、政府公务的船舶和20总吨以下的小型船艇除外。”依据该规定，应以保险标的是否属于《海商法》调整范围来确定适用法律。“ZZZ”轮不足20总吨，不属于《海商法》调整的船舶范围，故该游艇所涉保险合同争议应适用《保险法》相关规定进行认定。这也就意味着如果《协会游艇保险条款》有效并入保单中，则在保险合同转让这一问题上，本应适用《保险法》的保险合同实际适用了与《海商法》一致的规则。根据《保险法》第四十九条第二款规定，在保险标的转让情形下，当事人可以自行约定被保险人或受让人的通知义务和效力。因此，关键问题在于《协会游艇保险条款》是否有效并入保单。

二、《协会游艇保险条款》并入保单的效力审查

《保险法》的原则性、非强制性规定一定程度上为协会保险条款的适用提供了空间。实务中的主要争议在于协会保险条款的性质认定以及如前所述的，将本应适用《保险法》转让规定的合同，经由引入《协会游艇保险条款》而适用与《海商法》一致的规则，是否加重了被保险人的责任。

---

① 本文所用《协会游艇保险条款》系郭国汀先生翻译版本。

（一）《协会游艇保险条款》是否构成格式条款

格式条款又称为标准条款，是当事人为了重复使用而预先拟定，并在订立合同时未与对方协商的条款。《协会游艇保险条款》一般由保险公司附在保险单后，具体内容和格式固定，在订立的多个保险合同中使用，满足格式条款“为了重复使用而预先拟定”“订立合同时未与对方协商”等要件，属于格式条款。与一般的格式条款不同，协会保险条款由保险行业协会制定，在国际上已有广泛适用的先例，在国内亦受到保险监管机构的监督和管理。条款内容往往具有明确性，不存在歧义，且通常已在保险监管机构进行了申报或备案。因此，在认定协会保险条款效力时，应当着重审查的是格式条款提供者即保险公司是否尽到提示和说明义务，以及具体条款是否存在法定无效情形。其中，对具体条款是否存在法定无效情形的审查，要有明确的法律依据，从严把握认定条款无效的范围。

（二）《协会游艇保险条款》所有权变更条款的效力

为防范提供商品或服务一方利用优势地位，制定有利于自己而不利于交易对方的格式条款，《民法典》对格式条款不构成合同内容及格式条款无效情形分别作出规定。《保险法》第十九条也对无效格式条款作出规定：“采用保险人提供的格式条款订立的保险合同中的下列条款无效：（一）免除保险人依法应承担的义务或者加重投保人、被保险人责任的；（二）排除投保人、被保险人或者受益人依法享有的权利的。”据此，有观点认为，《保险法》及其司法解释未规定保险标的转让，被保险人和受让人须在保单上批注并将批注的保单交给保险人，保险人才受保险标的转让的约束，也未规定保险标的转让时，保险人在未证明因保险标的转让导致危险程度显著增加的情况下，可以解除保险合同或保险合同注销，故《协会游艇保险条款》第七条、第八条加重了投保人、被保险人的责任，排除被保险人或受益人依法享有的权利，应被认定为无效。①

本案中，甲公司作为专业游艇公司，在投保人声明中盖章确认知悉和理解案涉保单所附《协会游艇保险条款》内容。可见，保险人已尽到《保险法》第十七条规定的提示和说明义务。并且，根据《保险法解释四》第二条②，保险人也不存在需要向受让人进行说明的义务。主要争议在于《协会游艇保险条款》第七条、第八条是否构成加重了投保人、被保险人的责任，或者排除被保险人或受益人依法享有的权利的无效情形。司法实务中，认定格式条款是否存在上述无效情形，一般须考虑以下几个因素：第一，是否违反法律的强制

① 即本案一审判决的观点。

② 《保险法解释四》第二条规定：“保险人已向投保人履行了保险法规定的提示和明确说明义务，保险标的受让人以保险标的转让后保险人未向其提示或者明确说明为由，主张免除保险人责任的条款不成为合同内容的，人民法院不予支持。”

性规定，即格式条款是否包含了法律规定的不得由当事人自主约定排除和变更适用的事项；第二，是否符合公平原则，保险合同中涉及的保险费率、危险损害概率等约定是否导致双方权利义务明显失衡；第三，是否违反诚信原则，即双方是否互不欺骗和隐瞒有关保险标的的重要情况。笔者认为，《协会游艇保险条款》第八条涉及的是所有权变更下，保险合同转让的程序和效力问题。根据《保险法》第四十九条的规定，该事项属于当事人可以自行约定的事项范围，即保险合同当事人依法有权对此作出特别约定。并且，按照《保险法》第四十九条的规定，被保险人或者受让人有义务及时将保险标的转让事项通知保险人，如保险标的转让导致危险程度显著增加的，保险人有权解除合同。因此，案涉《协会游艇保险条款》第八条不存在《保险法》不合理加重被保险人责任、减免保险人义务，或排除投保人、被保险人或者受益人依法享有的主要权利等无效情形，应认定该条款可以有效并入保单。

三、《协会游艇保险条款》转让形式要件的审查

（一）保险利益转让与保险标的所有权转移

在保险法中，保险标的转让、保险利益的转移、保险合同的转让是互不相同但彼此关联的概念。对于保险标的的理解，学界有不同观点。有学者认为，保险标的指的是作为保险对象的经济上的财货或自然人，也就是保险事故发生所在的本体。① 也有学者认为保险标的指的是保险制度所要保障的对象即保险利益。② 尽管学界认识不一，但我国立法采保险标的与保险利益并立说，即保险标的指的是财产及有关利益，且保险利益依附于保险标的。《保险法》第四十九条规定的是保险标的的转让，一般认为，保险标的转让，保险合同的权利义务随之发生移转，即合同权利义务概括转让。③《海商法》第二百三十条直接规定船舶转让，即标的物转让，与《保险法》的规定一致，均指向财产及其权益的转让。保险利益随保险标的之移转而变动，其对保险合同的影响因引起转移的原因不同而有所差异。让与型保险利益转移是指投保人或者被保险人将保险标的物的所有权以买断、赠与或互易的方式转移于他人，由他人取得标的物的保险利益，成为新的保险利益享有人的情形。我国《保险法》第四十九条中的保险标的转让并非指所保之物所有权的转移，而是强调所保之物的危险负担发生转移，即财产保险利益的转移。标的物之危险负担和标的物之所有

① 郑玉波：《保险法论》，我国台湾地区三民书局股份有限公司2010年版，第19～20页。

② 江朝国：《保险法基础理论》，中国政法大学出版社2002年版，第76页。

③ 最高人民法院民法典贯彻实施工作领导小组编著：《中国民法典适用大全（商事卷·保险法）》，人民法院出版社2022年版，第393页。

权并非一定同步转移。[①] 而保险利益或依本保险得付或应付款项的转让则可能仅涉及合同权利义务内容的变更，而非合同的转让。但由于所有权变更也必然带来保险利益和保险款赔付权的转让，故而实务中适用《协会游艇保险条款》转让条款会存在适用第七条还是第八条的争议。第七条“转让条款”规定，“本保险利益或依本保险得付或应付款项的转让”指的是保险利益的转让；而第八条“所有权变更条款”指向保险标的物所有权发生变更的情形。就本案所涉游艇转让情形则应适用第八条，而非第七条。

（二）关于保险人同意的审查

如前所述，《协会游艇保险条款》第八条规定，保险标的物所有权发生变更的，须经保险人书面同意续保。但对“保险人书面同意”是指由保险人出具新的保险单或其他书面证明文件，抑或保险人与受让人达成续保合意即可，《协会游艇保险条款》并未予以明确。对此，笔者认为，保险标的转让情形下的保险合同变更，意味着原保险合同的终止和新保险合同的产生，[②] 应当围绕保险人与受让人是否实际达成继续承保合意、未能出具书面文件是否系保险人一方原因等因素予以综合判断，不宜仅以严格的形式审查为准。

保险合同是以转移危险为目的的射幸合同，在订立、生效、履行等方面具有不同于普通民事合同的一些特征，需要在法律上作出不同于普通民事合同的规定，这也是保险合同立法独立存在的基础。最高人民法院公报案例卫某某与某保险有限公司、某银行渔船保险合同纠纷案中，案涉事故发生时，虽然保险人尚未作出承保的意思表示，即没有明确承诺的意思表示，但保险人接受了投保单，并已收取保险费，根据诚信原则，可以推定保险人有订立保险合同的意思表示，保险合同关系成立。[③] 参照该案的处理思路及《保险法》第四十九条的规定，在被保险人或受让人已告知船舶转让事实的情况下，保险人如认为船舶所有权人变更导致承保危险程度显著增加的，应及时作出增加保险费或者解除合同的决定，否则应视为其与受让人已就继续承保达成合意。如果要求必须由保险人开具新的保险单或其他书面证明文件，可能会使受让人处于被动等待的不利地位，出现因保险人未及时出具保单导致船舶处于无保险状态的情况。本案中，在开某告知游艇转让事实并就相关保险过户事项进行询问时，某保险公司称仅需办理新的适航证书即可继续承保，并同意为开某出具相关续保明细。在事故发生后，某保险公司告知开某先行打捞维修，并指定评估公司前去

---

① 樊启荣：《保险法》，北京大学出版社 2011 年版，第 64 页。

② 最高人民法院民法典贯彻实施工作领导小组编著：《中国民法典适用大全（商事卷·保险法）》，人民法院出版社 2022 年版，第 167 页。

③ 载《最高人民法院公报》2021 年第 3 期。

勘验。以上事实足以证明某保险公司已就继续承保与开某达成合意，符合《协会游艇保险条款》第八条规定的条件。

（一审法院独任审判员 张子豪
二审法院合议庭成员 辜恩臻 焦小丁 贺 伟
编写人 广东省高级人民法院 辜恩臻 王美玲
责任编辑 韩 煦
审稿人 刘 敏）

某保险公司诉甲船务公司等海上保险合同纠纷案

——从船舶全损原因的识别谈海上保险因果关系认定思路

关键词：商事　保险合同纠纷　海上保险免责事由　因果关系举证责任　不适航

【裁判要旨】

保险人援引船舶不适航作为免责事由，除应证明船舶不适航外，还应当对船舶不适航与保险事故之间的因果关系承担举证责任。保险人不能证明船舶“适货”情况可以改变船舶碰撞后爆炸燃烧结果的，可以认定船舶碰撞作为决定性因素，与爆炸燃烧的事故后果之间的因果链条未中断。

【相关法条】

《中华人民共和国海商法》

第二百一十六条　海上保险合同，是指保险人按照约定，对被保险人遭受保险事故造成保险标的的损失和产生的责任负责赔偿，而由被保险人支付保险费的合同。

前款所称保险事故，是指保险人与被保险人约定的任何海上事故，包括与海上航行有关的发生于内河或者陆上的事故。

【案件索引】

一审：上海海事法院（2022）沪72民初634号（2023年2月3日）

二审：上海市高级人民法院（2023）沪民终356号（2023年6月13日）

【基本案情】

原告某保险公司诉称：2019 年 10 月 22 日，原告承保甲货轮的人身损害、污染损害等风险。2020 年 8 月 20 日 3 时 38 分许，甲货轮与乙货轮发生碰撞，造成甲货轮爆炸燃烧，船上 13 人失踪或死亡、1 人受伤。2020 年 8 月 28 日，原告与甲船务公司签署《保险理赔协议（之一）》，并于 10 月 10 日签署《补充协议》及附件《担保函》，约定在事故原因及保险责任不明的情况下，原告替甲船务公司垫付人民币（币种下同）1170 万元，但原告有权要求甲船务公司返还，并约定某海运公司、乙船务公司、丙船务公司为甲船务公司上述债务承担连带保证责任。原告已垫付费用 1170 万元，并为受伤船员垫付医疗费等 96448.05 元。就涉案事故，甲船务公司、乙船务公司已申请设立海事赔偿责任限制基金，原告为此向法院提供金额为 2073583.30 元及利息的担保。2021 年 12 月 10 日，海事部门发布事故调查报告，认定甲货轮实际承运的货物是异辛烷，属于危险化学品，应当使用双底双壳的Ⅱ型散装液态化学品运输船舶运输，甲货轮并非双底双壳，不能运输涉案货物。因此，甲货轮运输涉案货物构成不适航，根据保险合同约定，保险人无须承担赔偿责任，故甲船务公司应向原告返还垫付费用，其余被告应对此承担连带责任。为此，原告请求判令：（1）被告甲船务公司向原告返还 13908428.05 元并赔偿利息损失；（2）被告乙船务公司、某海运公司、丙船务公司对前述第一项承担连带清偿责任；（3）本案案件受理费由四被告承担。

被告甲船务公司、乙船务公司、某海运公司、丙船务公司辩称：（1）原告系依各方约定履行保赔责任，其主张返还系出尔反尔且缺乏依据。（2）因原告拖延赔付，船方已另案起诉索赔船舶保险金 1800 万元，本案可能构成重复诉讼。（3）事故调查报告查证确认甲货轮法定证书齐全有效，船员配备符合该轮《船舶最低安全配员证书》要求。故甲货轮处于适航状态。碰撞发生时乃至事故调查报告发布前，船方对实际承运货物是否确与合同中记载的汽油不符并不知情，也是受害方。（4）涉案事故与受载货品差异并无直接的因果关系，“异辛烷”从闪点或稳定性上而言相对汽油更安全。因四被告未被告知免责条款且免责事由与涉案事故无因果关系，涉案保险责任依法成立。综上，四被告请求法院驳回原告的全部诉讼请求。

法院经审理查明：2019 年 10 月 22 日，原告签发甲货轮《沿海内河船东保障和赔偿责任保险保险单》，其中第六条“免除责任”条款约定，在任何情况下，因船舶不适航造成的损失、费用和责任，保险人不负责赔偿。

2020 年 8 月 20 日 3 时 38 分许，甲货轮与乙货轮在长江口发生碰撞。甲货轮4号货舱右侧船体破损，舱内货物泄露并发生爆炸、燃烧，14名船员1人受伤获救，13人死亡；乙货轮船艏和前货舱破损进水，船舶沉没，船上3名船员2人获救，构成重大等级水上交通事故。

2020年10月10日，原告与被保险人甲货轮船舶所有人甲船务公司签署《补充协议——保险理赔协议（之一）》，约定在保险责任不明确的情况下，给予每名死亡（失踪）船员90万元的补偿，待保险责任明确后，如保险人无须承担赔偿责任的，则甲船务公司应当返还。同日，某海运公司、乙船务公司、丙船务公司出具担保函，提供连带责任担保。原告共计支付了13名死亡船员的赔偿款1170万元，另支付了受伤船员的赔偿款96448.05元，以及设立甲货轮非人身损害海事赔偿责任限制基金的款项2111980元，共计13908428.05元。

2021年12月10日，甲海事局发布事故调查报告，载明：经论证，涉案货物为2958.954吨“含异辛烷成分的烷烃类混合物”，运输条件为Ⅱ型船舶类型，即双底双壳散装液态化学品运输船舶。但水路货物运单、船舶积载图和有关生产、仓储运输单证以及向乙海事局申报的单证均显示承运货物为“汽油”。甲货轮为“双底单壳”的油船，无法满足事故航次所载货物的适装要求。涉嫌瞒报的多个主体均转入刑事程序继续接受调查，没有证据证明甲货轮明知装载货物并非“汽油”。事故直接原因是两轮违反了《1972年国际海上避碰规则》的相关规定，间接原因是乙货轮非法从事海上运输以及通航环境复杂造成影响。

【裁判结果】

上海海事法院于2023年2月3日作出（2022）沪72民初634号民事判决：驳回原告的诉讼请求。

宣判后，原告不服，提起上诉。上海市高级人民法院于2023年6月13日作出（2023）沪民终356号民事判决：驳回上诉，维持原判。

【裁判理由】

法院生效裁判认为：首先需要判断导致损失发生的最具决定性和最有效的原因是什么，是单一近因还是多重近因，再判断相关原因是属于承保风险还是属于除外责任。根据查明的事实，涉案损失是船舶碰撞和紧接着发生的爆炸燃烧导致的，如果没有船舶碰撞事故，涉案损失不会发生。虽然原告主张引起爆炸的近因是船舶不适航，但原告承保甲货轮的保赔险时，明确知道或者应当知道甲货轮为“双底单壳”的油船且用于运输汽油等油类危险品，原告认为甲货轮应当设置“双底双壳”是不合理的，附加这一条件本身很大程度上降低了承保风险发生的概率，减轻了保险人在涉案保险合同中应当承担的责任。因此原告仅证明上述假设成立尚未完成举证责任，应当进一步证明如果涉案航次甲货轮运输的是汽油，同样的碰撞角度和力度能改变爆炸燃烧的结果。但是，原告未能提交这方面的相关证据。相反，原告提交的补充专家意见明确了无法排除同样会爆炸燃烧的结果。因此，船舶碰撞是造成涉案损失最有效和最具决定性的原因，“爆炸燃烧”是碰撞随之产生的效果，碰撞作为保险事故近因的因果链条没有被打破。本案即使存在船舶不适航的情况，这一因素也无法构成涉案事故的单一近因或者多重近因。

【案例注解】

一、保险人主张除外免责应对此负有举证责任

甲货轮在碰撞后，船体破损，舱内货物（含异辛烷成分的烷烃类混合物）泄漏并发生爆炸、燃烧。经过一年多的事故调查，甲海事局慎重发布调查报告，认定涉案货物应当用双底双壳的Ⅱ型散装液态化学品运输船舶运输，而甲货轮为“双底单壳”的油船，“无法满足事故航次所载货物的适装要求”，因此本案存在船舶不适航的客观事实。保险人在诉讼中还提交了某海事大学专家组出具的《甲货轮与乙货轮碰撞后爆炸事故专家分析意见》，假定甲货轮设有“双底双壳”，通过建模对两船碰撞的多种不同情况进行模拟，结果显示碰撞发生时，船舶内壳不会破损，所载货物不会泄漏，也就不会发生后续的爆炸、燃烧。

在海上保险诉讼中，被保险人完成力所能及的初步举证责任之后，举证责任就应转移至保险人，不能课以被保险人履行绝对完整的举证责任。① 根据“谁主张，谁举证”的民事诉讼证据规则，应由保险人对保险事故是否属于保险合同约定的免责情形承担举证责任。运用海上保险司法实践中通常使用的分析方法，本案保险人援引船舶不适航的免责事由，主张保险事故是由列明的除外风险造成，需要证明以下两层事实：一是证明甲货轮在事故航次中存在船舶不适航的问题；二是证明该种船舶不适航问题是事故及其损害后果的单一近因或多重近因，即船舶不适航与事故或损失之间存在因果关系。因为如果因果关系不成立，就谈不上是否需要除外的问题。本案中，存在权威的事故调查结论，甲货轮不适货，因此确实存在列明除外的“船舶不适航”的问题，所以

① 何丽新：《关于海上保险中被保险人举证责任的思考》，载《中国海商法年刊》1999 年第00 期。

争议主要集中在因果关系的认定上。

二、识别因果关系的逻辑思维工具的整合运用

造成海上事故的原因多种多样，保险法中的“因”则较为简单，只有承保风险、明确除外风险和非明确除外风险三种。① 海上保险纠纷中，法律适用方面最大的难点是从繁杂的事实中寻找到导致损失发生的最具决定性和最有效的原因是什么，是单一近因还是多重近因，再逐一判断导致涉案事故发生的原因是属于保险合同约定的承保风险还是属于除外责任，以及各自对损害后果的原因力。理论界关于因果关系的认定学说林林总总，主流探讨的有近因说、条件说、相当因果关系说、比例因果关系说、自然形成说等。实践中运用较多的是以下三种因果关系学说。

（一）近因说

近因原则已经被许多国家确定为海上保险法的基本原则，如《英国 1906 年海上保险法》就明确规定了除非保单另有约定，保险人对承保风险作为近因导致的任何损失承担赔偿责任，对并非承保风险作为近因造成的灭失将不承担赔偿责任。我国《海商法》和《保险法》并未正式确立并吸收该原则，因此我国法律框架内并无对“近因”的权威定义，但数量众多的生效判决认为，近因是指导致损失发生的最直接、最有效、起决定作用的原因，而不是指时间上或空间上最接近的原因。这套分析方法在实践中被验证为合理且可行，司法实践中普遍根据学理上的内容来援引近因原则，进行辅助裁判。然而，对近因的界定以及因果关系链条的梳理缺乏权威性论断，不免导致司法上的困惑和矛盾。笔者认为，这主要是因为从思维逻辑链条上看，近因说是在因果关系链条已经明晰之后的分析工具，寻找近因的过程就是准确分析因果关系的过程，近因说本身未提供如何判断某个原因就是那个“最直接、最有效、起决定作用的原因”的方法，司法实践中需要一些更为具体的分析路径。

（二）条件说

现有研究普遍认为，保险法中的因果关系并非完全自成一体，而是在参考了侵权法中的因果关系后，进一步予以发展、完善。② 条件说是在侵权责任法中被广泛运用的学说，也是刑法因果关系领域的基础理论。条件说的基本公式为法律人所熟知，就是“如果没有 A，B 就不会发生”，A 称之为 B 的必要条件。这里运用了排除法的逻辑分析方法，即假设条件不存在时，结果是否仍然

---

① 吴勇奇、肖琳：《论保险法中“伞状”因果关系下“原因力”规则的适用》，载《中国海商法研究》2014 年第 3 期。

② 武亦文：《保险法因果关系判定的规则体系》，载《法学研究》2017 年第 6 期。

发生。如果答案是否定的，就能认定该事实是结果的必要条件；如果答案是肯定的，就能够将这个事实排除于原因之外。该分析方法存在的弊端是，因果关系链条有可能变得很长。

（三）相当因果关系说

相当因果关系说创立之初是为了限制结果加重犯的处罚范围，但很快成为一般性的因果关系理论。最先出现的是“概率论的相当因果关系说”，以概率的大小作为相当性的判断标准，以整个因果流程而非因果流程中的某个条件作为考察对象，但在实践运用中发现，无论在理论的可操作性上还是在结论的妥当性上，都存在难以克服的问题。学界因此发展出“经验论的相当因果关系说”，以经验上的通常性作为相当性的判断标准，并成为学界对相当因果关系说的通说见解。所谓经验上的通常性，就是指人们根据日常生活经验判断，认为行为与结果之间的因果关系是通常的、常见的，而非异常的、罕见的。①

相当因果关系说可以被认为是条件说的升级版本，运用该理论识别因果关系，一般分为两个步骤。第一个步骤，判断某一因素是否为损害发生的条件，即二者之间是否具有事实上的因果关系。第二个步骤，在事实因果关系确定之后，判断该条件是否具有“相当性”，即是否可将损害结果归责于该行为或者条件，使得仅具有条件关系的结果条件，被认定为与构成要件相当的条件。②第二个步骤即试图克服条件说下因果关系链条过于漫长的不足。

两个步骤的运用最终还是会落入法官自由裁量权的范畴，但有一定逻辑思维工具的指引，可以规范自由裁量权的行使路径，尽可能地达到裁判思路和结果的一致性。比如，在第一个步骤采用“如果没有A，B就不会发生”的公式时，有一些行之有效的细化路径，即进一步区分条件A的样态是积极因素还是消极因素，如果是积极因素，要采用“删除法”，即将条件A在整个事件进程中删除，其他条件保持不变，如果损害结果仍然发生，且概率和程度不受影响，则事实上的因果关系就不成立。如果是消极因素（比如不作为、船舶不适航），删除法无法适用，可适用“替代法”，即将消极因素替换为合法的、适当的因素，如果此时损害后果仍然发生，那么该消极因素与损害后果之间没有因果关系。

三、结合对保险合同的解释找准因果关系识别中的替换因素

保险法中的因果关系并不要求查找到起始原因，而是竭尽全力识别出保险

---

① 邹兵建：《论相当因果关系说的三种形态》，载《清华法学》2019年第4期。

② 陈文昊：《相当因果关系理论的规范化考察》，载《辽宁师范大学学报（社会科学版）》2018年第5期。

单中载明的承保原因。因此，保险法中因果关系判定路径，融合了因果关系判断规则与合同解释规则在保险合同解释中的运用。① 根据法律规定，对于保险人提供的格式条款，如果出现两种合理解释的，则应当采用有利于被保险人的疑义解释原则。非采用保险人提供的格式条款订立的保险合同的解释规则，我国《海商法》和《保险法》均未作规定，则应当适用保险合同订立当时有效的《合同法》（1999 年）第一百二十五条第一款规定的合同解释原则："当事人对合同条款的理解有争议的，应当按照合同所使用的词句、合同的有关条款、合同的目的、交易习惯以及诚实信用原则，确定该条款的真实意思。"② 对于本案因果关系的认定，必须要准确理解和解释保险合同条款，才能找准因果关系识别中的替换因素。

因本案争议焦点为"船舶不适航"，属于消极因素，适用"替代法"。而本案"船舶不适航"的具体类型是"船不适货"，那么应当从两个角度寻找替换因素。一方面，保险人仅证明了如果船换成双壳双底的以此来适货，后续爆炸燃烧的后果很有可能不会发生，但是结合保险合同的解释规则来看，保险人承保的就是"双底单壳"油船的风险，保险人的替换因素减轻了自身在保险合同项下的责任，因此这一替换因素是与合同约定相违背的，故而是不合理的。另一方面，保险人还需进一步证明，如果涉案航次货物换成了运单上记载的汽油，后续爆炸燃烧是否还会发生。根据在案证据，专家给出的意见是难以排除爆炸仍会发生的可能性。鉴于除外责任的证明责任在保险人一方，因此保险人未完成援引"船舶不适航"这项保险免赔除外责任的举证责任。

综上，该案中难以认定船舶不适航与爆炸燃烧的损害后果之间具有因果关系，"爆炸燃烧"应当被视为碰撞随之产生的效果，船舶碰撞是造成涉案全部损失最有效和最具决定性的原因，其作为保险事故近因的因果链条没有被打破。

（**一审法院合议庭成员**　谢振衔　杨　婵　王金凤
二审法院合议庭成员　胡海龙　高明生　周　熚
编写人　上海海事法院　杨　婵
责任编辑　韩　煦
审稿人　刘　敏）

---

① 初北平：《我国保险法因果关系判断路径与规则》，载《中国法学》2020 年第 5 期。

② 对应《民法典》第四百六十六条第一款："当事人对合同条款的理解有争议的，应当依据本法第一百四十二条第一款的规定，确定争议条款的含义。"《民法典》第一百四十二条第一款规定："有相对人的意思表示的解释，应当按照所使用的词句，结合相关条款、行为的性质和目的、习惯以及诚信原则，确定意思表示的含义。"

二、案例精析

【编者按】《人民法院案例选》坚持“反映审判全貌，总结审判经验，服务审判工作”的编辑方针，突出“真实、全面、及时、说理”的编辑特色，从各级人民法院报送的案件中选择编辑了一批具有典型性、新类型、重大疑难复杂的案件，对指导审判业务、宣传国家法治、预防和化解社会矛盾、促进法学教育与理论研究作出了积极努力。《人民法院案例选》将继续坚持这一优良传统，对判决和评析中虽未提及但比较重要的或评析不充分的问题，进行补充评析，以期达到总结经验教训、指导审判业务、促进理论研究的目的。

刑　事

刘某某敲诈勒索案

——刑民交叉视野下权利行使与敲诈勒索罪的界分

关键词：刑事　敲诈勒索　权利行使　非法占有目的　要挟手段

【裁判要旨】

1. 遵循刑法相对从属的法秩序统一立场，权利行使行为是否构成敲诈勒索罪，关键在于行为是否造成实质的法益侵害。在没有实质的法益侵害的情况下，不能认定行为具有刑事违法性。

2. 判断权利行使行为是否构成敲诈勒索罪，应对权利行使的手段行为与目的行为进行综合分析评判。行为人具有正当权利基础，索取相应的财物，未违反前置法的禁止性规定，不能认定行为人主观上具有非法占有目的，也不能认定给相对方造成了刑法意义上的财产损失。

3. 敲诈勒索罪“要挟”行为的实质系使被害人产生恐惧心理，但如果被害人恐惧心理产生的主要原因并非恐吓行为，而是第三方的不当介入，先前行为与被害人恐惧心理之间的因果关系中断。

【相关法条】

《中华人民共和国刑法》

第二百七十四条　敲诈勒索公私财物，数额较大或者多次敲诈勒索的，处三年以下有期徒刑、拘役或者管制，并处或者单处罚金；数额巨大或者有其他严重情节的，处三年以上十年以下有期徒刑，并处罚金；数额特别巨大或者有其他特别严重情节的，处十年以上有期徒刑，并处罚金。

【案件索引】

一审：安徽省涡阳县人民法院（2022）皖1621刑初511号（2023年6月20日）

二审：安徽省亳州市中级人民法院（2023）皖16刑终376号（2024年5月30日）

【基本案情】

安徽省涡阳县人民检察院指控：被害人马某某在涡阳县某村从事粮食收购生意，被告人刘某某住在马某某粮食收购站马路对面。2017年8月1日15时许，被告人刘某某与被害人马某某因收购粮食发生纠纷，后被告人刘某某以马某某开设的粮食收购站有噪声、扬尘污染环境为由，多次拨打市长热线、镇政府电话等，对马某某进行举报。经所在镇政府责令，马某某粮食收购站已于2018年10月按照行业规范整改到位。刘某某仍以粮食收购站有环境污染为由举报，导致马某某的粮食收购站无法正常经营，致使马某某对刘某某产生畏惧心理。刘某某为谋取非法利益，于2019年农历7月至12月期间，以马某某聘请其干活为理由，向马某某索要人民币6000元。后因刘某某未到粮食收购站干活，马某某不再支付刘某某工资。2021年初，刘某某再次以举报相威胁，用租房的理由，向马某某强行索要人民币30000元，后马某某出于畏惧，被迫于2021年2月7日在刘某某家中以微信转账的方式支付给刘某某人民币15000元。

公诉机关认为被告人刘某某以非法占有为目的，以举报方式威胁，强行索要财物，数额较大，触犯《刑法》第二百七十四条，应以敲诈勒索罪追究刑事责任。

被告人刘某某辩称其不构成犯罪，辩护人彭某某的主要辩护意见是：（1）马某某的粮食收购站产生大量粉尘、噪声污染，严重影响了刘某某及其家人的生活，刘某某投诉的行为是为了违法行为及时得到制止，其主观上不具有非法占有的目的。（2）刘某某作为公民，对违法行为进行举报，是其正当行使公民权利的表现，其拨打市长热线是合法手段，是法律赋予的权利，并未采取非法的手段，刘某某的行为不符合敲诈勒索的“非法手段”的构成要件。（3）公诉机关的现有证据不足以证实马某某的粮食收购站不存在污染。马某某的粮食收购站系违法建筑，举证的证人均与马某某有亲近关系，不客观的证言不能作为定罪的依据。（4）公诉机关将刘某某正常工作的工资收入认定为敲诈款，没有法律依据。综上，刘某某的行为不构成敲诈勒索罪，应依法宣告刘某某无罪。

法院经审理查明：刘某某系安徽省涡阳县某村村民，马某某在该村经营粮食收购站。该粮食收购站位于G344国道标里段刘某某所在自然村内，刘某某所住房屋位于该粮食收购站对面，且刘某某房屋西侧是马某某的粮食仓库。2017年8月1日15时许，刘某某与马某某因收购粮食发生纠纷，后刘某某以马某某经营的粮食收购站有噪声、扬尘污染环境为由，多次以拨打市长热线等方式投诉。当事人所在镇政府责令马某某的粮食收购站进行整改，据镇相关部门认定，马某某的粮食收购站于2018年10月按照行业规范整改到位。刘某某不满意仍举报该粮食收购站。为了让刘某某不再举报，村干部提议让刘某某到马某某经营的粮食收购站务工，马某某每月支付刘某某1000元工资。自2019年农历7月，马某某陆续支付刘某某人民币6000元。后因刘某某不再到粮食收购站工作，马某某不再支付。2021年初，刘某某向村干部反映马某某如长期在其家对面经营粮食收购站，其还要举报。村干部为化解矛盾，提议由马某某出资让刘某某夫妻二人到亳州市租房子居住。由于刘某某提出的金额较大，村干部便让马某某自己找刘某某协调。后经沟通，2021年2月7日，马某某向刘某某支付人民币15000元。2月10日，马某某报案。同年3月4日，公安机关刑事立案。

【裁判结果】

安徽省涡阳县人民法院于2023年6月20日作出（2022）皖1621刑初511号刑事判决：一、以敲诈勒索罪判处被告人刘某某有期徒刑一年六个月，并处罚金人民币5000元；二、对被告人刘某某的违法所得人民币21000元予以追缴，返还被害人。

宣判后，刘某某提出上诉。安徽省亳州市中级人民法院于2024年5月30日作出（2023）皖16刑终376号刑事裁定：一、撤销涡阳县人民法院（2022）皖1621刑初511号刑事判决；二、发回涡阳县人民法院重新审理。

后涡阳县人民检察院撤回对刘某某的起诉。

【裁判理由】

法院生效裁判认为：在案证据不能排除刘某某具有基于环境权被侵犯向被害人马某某索要一定赔偿的权利，因此认定刘某某主观上具有非法占有目的以及刘某某的行为导致被害人产生恐惧心理的证据不足。

【案例注解】

权利行使受到法律保护，而敲诈勒索罪是一种常见的财产犯罪，二者本应是泾渭分明的法律概念，但实践中对于有基础权利事由而对他人实施要挟索取数额较大财物的行为，是否构成敲诈勒索罪存在争议。本案涉及环境权行使过程中以举报的方式索要财物的行为是否构成敲诈勒索罪的问题。审判中存在两种意见：第一种意见认为，刘某某恶意举报被害人马某某经营的粮食收购站并以此为由索要财物，其行为构成敲诈勒索罪。第二种意见认为，马某某经营的粮食收购站对刘某某存在至少不能排除的环境侵权行为，刘某某有向马某某索要赔偿的权利基础，因此主观上不具有非法占有目的，刘某某的行为不构成敲诈勒索罪。笔者同意第二种意见，本案不应认定刘某某的行为构成敲诈勒索罪。

一、相对从属的法秩序统一立场：检视权利行使行为

刑法规定了各种犯罪的构成要件和刑罚，为其他法律如民法、行政法等提供了强有力的后盾和支持。当其他法律难以有效制裁违法行为时，刑法可以发挥其独特的作用，通过刑罚手段来惩治犯罪，维护社会秩序和法治权威。因此，刑法在法律体系中具有保障法的功能。刑法作为保障法，犯罪行为往往是在具有刑事违法性的同时违反了作为前置法的民法、行政法等部门法。不同部门法作为从属于宪法的“子法”，对同一行为的判断不应出现前置法合法、保障法违法的结论，因此法秩序统一性是理论和实践必须遵循的原则。在遵循法秩序统一性原理下，刑法与民法的关系产生了民法依存思维与先刑思维两种模式，民法依存思维强调刑事违法绝对地以民事违法为前提，先刑思维体现的是刑法绝对独立的立场。笔者认为，民法依存思维与先刑思维均系在脱离民法、刑法各自规范目的的前提下形式上界定刑民交叉案件的特征，而忽视不同部门法的规范保护目的，并不能实现法的正义性。刑法与民法作为同一层级的部门法，由于刑法与民法的规范保护目的存在一定差异，规则之治下，允许不同情况下依据规范目的实质理解，而非以民法的违法性结论代替刑事违法性判断。因此，相对从属的法秩序统一观点是解决刑民交叉案件所应秉持的立场。

刑法的目的是通过对犯罪人予以否定评价、确认规范效力以保护法益，因此实质的法益侵害是刑法规范的保护目的。权利行使行为是否构成敲诈勒索罪，不能简单地从形式上判断行为人在民法领域是否有一定的权利基础，还必须回归到行为是否具有法益侵害的角度予以考察。敲诈勒索罪系财产犯罪，法益侵害实际上都可以具化为被害人的财产损失，被害人没有财产损失抑或财产

损失轻微；均不需要动用刑法进行规制，也就不能认定行为人的行为构成敲诈勒索罪。因此，对于权利行为是否入刑，应以被害人是否有实质的法益侵害为标准。若是权利行为实质上造成了严重的刑法意义上的财产损失，已经超出了民法规范的保护目的，此时刑法的介入是刑法相对从属的法秩序立场的当然要求。

本案中，马某某经营的粮食收购站与刘某某的住处直线距离十余米，马某某装卸粮食的仓库紧挨着刘某某的房屋，刘某某提交的证据能够证明粮食收购站存在扬尘和噪声，《最高人民法院关于审理生态环境侵权责任纠纷案件适用法律若干问题的解释》第三条规定："不动产权利人因经营活动污染环境、破坏生态造成相邻不动产权利人损害，被侵权人请求其承担生产环境侵权责任的，人民法院应予支持。"随着经济、社会的发展，公民环境权（公众拥有在健康优美的环境中生活的权利）意识的觉醒和提高已经成为不争的事实，司法实践已经越来越重视公民环境权的保护，民事审判中已无异议地将环境侵权之债作为诉进行审理。刘某某基于环境侵权的事实产生侵权之债，该权利具有民法上的法律依据。刘某某具有一定的权利基础，因此其行使权利的行为是否应当认定为敲诈勒索罪，应考察被害人是否具有实质法益侵害即财产损失。

二、规范判断：递进式判断实质法益侵害以及非难可能性

犯罪的本质是侵害法益，刑法的目的是保护法益、确认规范效力，但法益侵害的判断离不开犯罪论体系这一理论工具。无论是三阶层犯罪论体系还是四要件犯罪论体系，对相关构成要件的判断均不是简单的事实判断，而是在法益概念指导下的规范判断。敲诈勒索是一个复行为犯，既有手段行为又有目的行为。其手段行为是通过要挟进而产生精神压迫和强制，其目的行为是使被害人被迫交付财物，进而非法占有他人财物。因此，对于权利行使是否构成敲诈勒索罪，应研判具体行为的构成要件符合性问题，应对手段行为即要挟与目的行为进行综合分析。

（一）手段行为与目的行为的判断

任何人不因思想受处罚，无行为则无犯罪，因此，作为手段行为的要挟系敲诈勒索罪构成要件符合性判断的关键。敲诈勒索罪在客观方面表现为行为人采用威胁、要挟、恫吓等手段，使被害人产生恐惧心理并据此交付财物。"要挟"即以恶害相通告迫使被害人处分自己的财物。对于行为人以检举被害人存在违法行为甚至犯罪的方式相威胁是否可以认定为敲诈勒索罪的手段行为，实践中仍有争议。笔者认为，"检举控告"本身是法律赋予公民的权利，合理合法地行使自己的权利无可厚非，法律更不会给予否定评价，但其本身的合法性不能掩盖其在某些情形下对相对人产生的威胁。敲诈勒索罪所要求的"要

挟”不应只限于不法手段，对于以合法手段给被害人以恶害相通告，且足以造成被害人产生恐惧心理的，仍有构成敲诈勒索罪的可能。

目的行为即索要财物行为的判断，立足于刑法相对从属性的法秩序立场：一是索要财物的有因性即存在权利基础。对于没有权利基础或者行为人捏造权利基础的案件，无论其索要数额的大小，由于其对他人财物本身无基础权利，可以认定具有非法占有目的。另外，对于权利基础的认定不宜过窄。刑法具有谦抑性和保障法的特征，刑罚权的行使要保持克制姿态，在保障权利行使和防止权利滥用之间获得最低限度的平衡。二是有无违反前置法的禁止性规定。作为前置法的民法“法无禁止皆自由”，即使具有权利基础的行为人进行高价索要财物，具有权利滥用性质，但如果前置法没有禁止当事人双方协商“赔偿数额”，便不能只要索要财物数额高出社会一般认知就提升到刑法规制，此时还要继续审查财产损失这一构成要件要素。三是目的行为与其意图维护的权利之间具有关联性，反之，即使行为人客观上有权利基础，但索要财物和基础权利无关或者不是维护基础权利则应认定具有非法占有目的。要打击以投诉举报为名的敲诈勒索行为，维护良好营商环境和经营者合法权益。本案中，刘某某举报的内容是马某某经营的粮食收购站存在噪声、扬尘污染，对其生活造成影响。其索要财物的目的是维护自己的合法权利。因此，刘某某的举报行为与其基础权利之间具有关联性。前置法并没有禁止环境侵权行为的当事人双方不能够就“赔偿数额”进行协商，刘某某的权利基础具有事实依据和法律依据，因此，刘某某索要财物的行为不能评价为敲诈勒索罪的目的行为。

（二）因果关系的相当性判断

敲诈勒索罪中被害人必须基于恐惧心理处分财产，且该恐惧心理系行为人恐吓行为所致。如果行为人处分财产不是基于恐惧心理或者恐惧心理产生的原因介入了异常的因素，则不宜认定被害人处分财产与行为人的恐吓行为之间具有因果关系。本案中，马某某经营的粮食收购站每年交易量约5000吨，其担心刘某某的举报行为影响其正常经营，因此刘某某的举报行为对其系一种恶害，社会观念上该举报行为亦足以使马某某产生恐惧心理，但在案证据显示被害人马某某产生恐惧心理介入了足以阻断因果关系的因素，该介入因素是镇、村干部不正当地施压。马某某的粮食收购站2018年便按照行业规范整改到位，因此相关职能部门不会对该粮食收购站予以行政处罚，但整改内容并没有对是否存在噪声、扬尘污染予以明确。镇、村干部形式上履行职责，为了减少本辖区投诉数量而要求马某某与刘某某“调解”，马某某作为外县到该地经营生意的商人其产生恐惧心理的真正原因是忌惮当地相关干部。因此，本案中刘某某的举报行为与马某某恐惧心理之间的因果关系中断。

（三）财产损失的认定路径

敲诈勒索罪作为侵害整体财产的犯罪，其保护的是财产的整体经济价值，因此，对于财产损失的判断需要经济角度的客观衡量。首先，作为给付财物的一方在实施侵权行为或者订立合同时便已认识到己方负有给付对方财物的法律义务，其给付对方财物并不是因为对方的“勒索”，而是因为自己的违约或者侵权行为，被害人的行为具有自我答责的意蕴。其次，被害人给付对方财物后，其因为自己的先前行为（违约或者侵权）产生的债务便消除，其给付财物实际上是在履行先前债务，从整体的经济角度考虑被害人并没有遭受财产损失。最后，在被害人负有给付行为人财产义务的前提下，行为人所实施的要挟与索要财物行为仅仅侵犯了被害人的财产处分自由权而非财产法益，而敲诈勒索罪的保护法益是财产法益而非财产处分的自由。

敲诈勒索罪作为取得型财产犯罪，行为人主观上是否具有非法占有目的是判断罪与非罪的关键要素。非法占有指的是行为人实施犯罪行为后客观上对财物的非法控制状态和主观上意图通过犯罪行为达到对财物的实际控制的心理，即将被害人的财物据为己有的意图。对于权利行使行为，一般从行为人不具有非法占有目的的角度予以出罪，但对于为什么不能认定行为人具有非法占有目的则鲜有论及。犯罪的认定要遵循“从客观到主观”的逻辑分析路径，因此，在论证行为人主观上是否具有非法占有目的时也应从客观要素予以分析判断。敲诈勒索罪并不存在主观超过要素，非法占有目的作为敲诈勒索罪不成文的主观违法性要素，客观上与之相对应的构成要件要素是被害人的财产损失。被害人的财产损害与行为人的财产获利，共同构成了财产转移、变动过程的一体两面。客观上被害人没有财产损失，则不能认定行为人主观上具有非法占有目的，这是主客观相一致原则的当然要求。本案中，从马某某交付的钱款数额看，刘某某从马某某处获取人民币 21000 元，该粮食收购站自 2015 年开始经营，从侵权的持续时间、马某某交付的金额看，不能认定刘某某的行为超出了权利行使的正当范围，继而给被害人造成了财产损失，因此也不能认定刘某某主观上具有非法占有目的。

（四）权利行使方式对非难可能性的影响

权利行使行为在满足了构成要件符合性之后，如不具有正当防卫、紧急避险等违法阻却事由，该行为则具备了实质的违法性，应当对行为人是否具有非难可能性进行责任层面的判断。

行为人权利受到侵害以后，解决纠纷的途径有双方和解、第三方调解、仲裁或者诉讼，举报也是维护自己权益的一种途径。行为人以举报的方式维护权利即使逾越了界限构成权利滥用，并且给被害人造成了财产损失，还应考虑是否有期待可能性。通常情况下行为人举报以后必然会有公权力或者社会力量的介入，如果公权力或者社会力量的介入没有起到作用，则需要考虑公权力是否依法处理纠纷、社会力量是否有效调停矛盾。如果举报后公权力没有依法处理纠纷，社会力量介入后不仅没有缓和矛盾反而为化解矛盾增添难度，此时应考虑是否可以将被害人财产损失的“账”算到行为人头上，这便涉及期待可能性的问题。本案中，刘某某行使公民所享有的检举举报权利，但公权力并没有依法处置检举事项，在不涉及关键问题即噪声和扬尘污染的前提下只是粗放式地作出整改到位的结论，既然整改到位刘某某的后续举报公权力缘何仍要介入。因此，公权力以及村干部的后续介入不仅未能解决矛盾，反而延误了矛盾的化解。无论是让刘某某到马某某的粮食收购站务工抑或让马某某出资给刘某某外出租房，均系村干部提议，给付数额也是在双方“讨价还价”的基础上达成的，因此，即使被害人有财产损失，把被害人的财产损失只“算”到刘某某头上并不合适。因此，期待可能性作为责任阻却事由也是权利行使是否构成敲诈勒索罪必须考虑的问题。

三、结语

判断权利行使行为是否构成敲诈勒索罪，应从权利基础、客观手段等方面综合考量，这些要素的判断与社会发展和进步息息相关，并非一成不变，因而要密切关注社会观念和审判实践的变化，防止将具有权利基础的行为认定为敲诈勒索等财产犯罪，也要防止让假借权利行使之名实质上非法占有他人财物的行为人逍遥法外。

（**一审法院合议庭成员**　赵修珠　杨中健　张奇文
二审法院合议庭成员　张秀远　杜　奇　吕金刚
编写人　安徽省亳州市中级人民法院　杜　奇　吕金刚
责任编辑　周海洋
审稿人　刘树德）

张某某虚假诉讼案

——可分之诉的虚假诉讼认定思路

关键词：刑事　虚假诉讼　无中生有　部分篡改　可分之诉

【裁判要旨】

行为人就多个相同类型的民事法律关系提出诉讼，法院既可以作为共同诉讼合并审理，也可以作为多个独立诉讼分别审理。行为人就其中某一可分的民事法律关系进行捏造并提起民事诉讼，妨害司法秩序或者严重侵害他人合法权益的，就该部分诉仍属于“无中生有型”而非“部分篡改型”，行为人的行为可以构成虚假诉讼罪。

【相关法条】

《中华人民共和国刑法》

第三百零七条之一　以捏造的事实提起民事诉讼，妨害司法秩序或者严重侵害他人合法权益的，处三年以下有期徒刑、拘役或者管制，并处或者单处罚金；情节严重的，处三年以上七年以下有期徒刑，并处罚金。

单位犯前款罪的，对单位判处罚金，并对其直接负责的主管人员和其他直接责任人员，依照前款的规定处罚。

有第一款行为，非法占有他人财产或者逃避合法债务，又构成其他犯罪的，依照处罚较重的规定定罪从重处罚。

司法工作人员利用职权，与他人共同实施前三款行为的，从重处罚；同时构成其他犯罪的，依照处罚较重的规定定罪从重处罚。

【案件索引】

一审：福建省永安市人民法院（2018）闽0481刑初77号（2018年5月29日）

二审：福建省三明市中级人民法院（2018）闽04刑终180号（2018年8月30日）

申诉：福建省高级人民法院（2023）闽刑申26号（2024年3月26日）

【基本案情】

福建省永安市人民检察院指控：2014年9月至2015年2月期间，谢某某因开发某房地产项目缺乏资金，通过他人介绍认识了被告人张某某，先后向张某某借款1300万元。借款到期后，谢某某无力偿还，应张某某要求对双方的债权债务进行结算，并签订了《债务结算确认和解协议书》（以下简称《协议书》）。同时，张某某为牟取不正当利益，以需弥补其通过其他方式追偿该债务而可能造成的利息损失及其他费用为由，让谢某某在《协议书》上虚增了本金400万元、违约金100万元和逾期利息60万元，还要求谢某某担任股东的某甲公司对该债务承担连带保证责任。谢某某遂在未经某甲公司其他股东同意的情况下，擅自于《协议书》的保证人处签字并加盖了由其保管的某甲公司的印章。为掩盖协议书中虚增的债务本金，张某某等人还伪造了银行交易流水。此后，张某某持《协议书》向永安市人民法院提起民事诉讼，要求谢某某及某甲公司偿还1860万元并支付利息，永安市人民法院支持了张某某的诉讼请求。判决生效后案件进入执行程序，某甲公司资产被拍卖，后因无人竞买而流拍，至案发时该案尚未执行到位。

此外，被告人张某某还以其虚构的对陈某某以及陈某某担任法定代表人的某乙公司享有1750万元债权的《借款协议》，指使他人作为原告、自己作为第三人向永安市人民法院起诉陈某某及某乙公司，要求偿还本金1750万元及利息385万元。法院经审理后认为该起借款事实不清、证据不足，驳回了原告的诉讼请求。

公诉机关认为被告人张某某等人构成虚假诉讼罪，应当追究刑事责任。

被告人张某某及其辩护人辩称：借款均真实存在，不构成犯罪。

法院经审理查明的事实与公诉机关指控的事实一致。

【裁判结果】

福建省永安市人民法院于2018年5月29日作出（2018）闽0481刑初77号刑事判决：被告人张某某犯虚假诉讼罪，判处有期徒刑一年五个月，并处罚金人民币15万元（其余被告人略）。

宣判后，被告人张某某提出上诉。福建省三明市中级人民法院于2018年

8 月 30 日作出（2018）闽 04 刑终 180 号刑事裁定：驳回上诉，维持原判。

案件生效后，被告人张某某仍然不服，提起申诉。福建省高级人民法院于 2024 年 3 月 26 日作出（2023）闽刑申 26 号驳回申诉通知书：决定驳回申诉。

【裁判理由】

法院生效裁判认为：张某某以虚假的《借款协议》、部分借款虚假的《债务结算确认和解协议书》以及虚假或部分虚假的借款银行交易凭证为据，直接或指使他人向永安市人民法院分别提起二起民事诉讼，属捏造事实和部分捏造事实提起民事诉讼，客观上妨害了司法机关的正常审判活动和司法秩序，其行为已构成虚假诉讼罪。妨害司法秩序既包括导致司法机关作出错误判决造成司法权威和司法公信力的损害，也包括提起虚假诉讼占用了司法资源，影响了司法机关的正常司法活动等，只要虚假诉讼行为有妨害司法秩序或者严重侵害他人合法权益的情形之一就可以构成虚假诉讼罪。张某某与他人协作配合，共同实施完成了虚假诉讼犯罪，系共同犯罪，其中张某某在共同犯罪中所起的作用相对较大。综合考虑张某某在共同犯罪中所起的作用、地位及具有的法定和酌定的量刑情节，一、二审法院依法作出如上裁判。

【案例注解】

本案法律适用争议在于，被告人张某某在永安法院诉谢某某返还 400 万元是否属于部分篡改型虚假诉讼行为而不构成虚假诉讼罪。

被告人张某某在一、二审及申诉阶段均以其在永安法院诉谢某某返还的 400 万元借款真实存在为由而否认该起行为构成虚假诉讼罪。关于 400 万元借款是否存在，一、二审法院已经审理查明确认了该笔部分借款系捏造的事实，但在三级法院审理、审查过程中有观点提出，因捏造的 400 万元虚假借款系张某某在永安法院诉请谢某某和某甲公司偿还债务及利息所依据的《债务结算确认和解协议书》其中的一笔，该协议书中确认的其余债权债务关系真实存在，因此，该起虚假债权存在真实债权债务基础只能认定为部分篡改型虚假诉讼而不构成虚假诉讼罪。

笔者不同意这种观点，认为行为人将多个相同类型的民事法律关系写在一张确权文书上后，就该确权书提起民事诉讼，本质上该起诉讼仍然属于可独立诉讼、分别审理的可分之诉，行为人就其中某一可分的民事法律关系进行捏造并提起民事诉讼、妨害司法秩序或者严重侵害他人合法权益的，该部分诉仍属于“无中生有型”而非“部分篡改型”，行为人的行为仍构成虚假诉讼罪。

一、虚假诉讼中“以捏造的事实提起民事诉讼”的理解

虚假诉讼罪系2015年8月29日审议通过的《刑法修正案（九）》中新增。针对实践中越来越高发的虚假民事诉讼行为，2012年修正《民事诉讼法》时规定，当事人之间恶意串通，企图通过诉讼、调解等方式侵害他人合法权益的，或者被执行人与他人恶意串通，通过诉讼、仲裁、调解等方式逃避履行法律文书确定的义务的，构成犯罪的依法追究刑事责任。但1997年《刑法》对于民事诉讼领域的虚假诉讼行为没有专门的规定，实践中对于虚假诉讼行为一般是根据案件的具体情况适用《刑法》的相关规定作相应处理，如行为人通过伪造证据的方式提起虚假诉讼时实施了伪造公司、企业、事业单位、人民团体印章的行为，构成犯罪的可以以伪造公司、企业、事业单位、人民团体印章罪追究刑事责任；如果有指使他人作伪证的，构成犯罪的可以以妨害作证罪追究刑事责任。因此，为了加大对虚假民事诉讼行为的打击力度以及有效衔接《民事诉讼法》和《刑法》的规定，《刑法修正案（九）》在《刑法》第三百零七条后增加一条虚假诉讼罪。

根据虚假诉讼罪的罪状表述，虚假诉讼罪的行为是指以捏造的事实提起民事诉讼，妨害司法秩序或者严重侵害他人合法权益的行为。立法之初，争议焦点主要围绕对“以捏造的事实提起民事诉讼”的理解。2018年施行的《最高人民法院、最高人民检察院关于办理虚假诉讼刑事案件适用法律若干问题的解释》中的条款虽未直接明确“部分篡改型”虚假诉讼行为不构成虚假诉讼，亦未列举“部分篡改型”虚假诉讼行为的情形，但根据“两高”对该司法解释的解读，虚假诉讼罪仅限于“无中生有型”虚假诉讼行为，对于“部分篡改型”虚假诉讼行为，即民事法律关系和民事纠纷客观存在，行为人只是对具体的诉讼标的额、履行方式等部分事实作夸大或者隐瞒的行为，不属于《刑法》规定的虚假诉讼罪的范畴。因此，实践中将“存在真实债权债务基础但将债权数额放大”的行为直接界定为“部分篡改型”的虚假诉讼行为，由此直接否定此种行为构成虚假诉讼罪。

但若回溯到立法原意，全国人大常委会法制工作委员会刑法室在《〈中华人民共和国刑法〉释义及实用指南》一书中解读：“‘捏造的事实’是指凭空编造的不存在的事实。如根本不存在的债权债务关系，从未发生过的商标侵权行为等。如果民事纠纷客观存在，行为人对具体数额、期限等事实作夸大、隐瞒或虚假陈述的，不属于这里的‘捏造’。以捏造的事实提起民事诉讼，是指通过伪造书证、物证、恶意串通、指使证人作假证言等手段，以凭空捏造的根本不存在的事实为基础，向法院提出诉讼请求，要求法院作出裁判。”从该解读可以看出，承办人认为实践中简单地将“存在真实债权债务基础但将债权

数额放大”的情况等同于“部分篡改型”的虚假诉讼行为，由此直接否定此种行为构成虚假诉讼罪，是对立法原意的误读。根据该立法解读，在判断某一行为是否属于虚假诉讼行为时，第一步应当判断行为人是否通过伪造书证、物证、恶意串通、指使证人作假证言等手段凭空捏造的根本不存在的事实向法院提出诉讼请求，若是，即为“以捏造的事实提起民事诉讼”；第二步考虑是否存在违法阻却事由，如若民事纠纷客观存在，行为人仅对具体数额、期限等事实作夸大、隐瞒或虚假陈述的，不属于这里的“捏造”，由此不能构成虚假诉讼罪。此处的违法阻却事由仅限于通过“陈述”的方式夸大、隐瞒或者作假；反之，若是通过“陈述”以外的行为，如伪造证据等，并不当然的就不属于“捏造”。

此外，如果通过伪造证据等捏造的诉讼标的属于可分之诉其中的一个，该部分行为亦可确认为“无中生有”地捏造民事法律关系的行为，可以认定行为人的行为构成虚假诉讼罪，理由如下：民事诉讼中存在可分之诉和不可分之诉，在不可分之诉中，当事人之间具有共同的诉讼标的，该诉讼标的对应的民事法律关系是唯一的，因此应当对行为人实施的行为进行整体判断；在可分之诉中，当事人之间具有同一种类多个诉讼标的，但并不具有共同的权利或者义务关系，人民法院既可以作为共同诉讼合并审理，也可以根据需要分别作出确认各自民事权利义务的裁判。因此，在可分之诉中，应当对其中涉及的多个诉讼标的和诉讼标的所对应的多个民事法律关系分别进行判断，行为人仅对其中部分诉讼标的进行捏造的，可以就该部分诉讼标的对应的民事法律关系认定为虚假诉讼，本质亦属于“无中生有”的虚假诉讼行为。

回归本案，现有证据足以证明一、二审法院认定的张某某该起虚假诉讼事实中，债权债务确认书约定的数额中只有1300万元属真实债务，虚增了400万元的本金，虽然两笔金额写于同一张债权债务确认书中，但涉及多个诉讼标的并对应多个民事法律关系，可分别评价。借条的数量不是判断是否系可分之诉的实质，更不论本案中张某某亦认可用于诉讼的《债务结算确认和解协议书》系由多笔债务合并确认的情况，故即便系一张债权债务确认书，也不影响该份债权债务确认书对应的是可以拆分的多个债务的本质。张某某与他人恶意串通、捏造事实，虚增了400万元本金进行诉讼，属于“无中生有”型捏造，该案在进入执行后对被害人进行了财产保全，符合虚假诉讼罪中“妨害司法秩序或者严重侵害他人合法权益”的定罪要件，故张某某的行为已构成虚假诉讼罪。

二、关于虚假诉讼罪中部分问题的证明责任问题

虚假诉讼罪的客观方面是以捏造的事实提起民事诉讼，妨害司法秩序或者

严重侵害他人合法权益。其中“提起民事诉讼”“妨害司法秩序”“严重侵害他人合法权益”在举证问题上争议不大，而“以捏造的事实”在举证时往往会遇到被告人提出辩解称未捏造事实的情况，此时需要界分采用“疑点利益归于被告人”原则还是“被告人需承担相应举证责任”原则。

《刑事诉讼法》第五十一条规定：“公诉案件中被告人有罪的举证责任由人民检察院承担，自诉案件中被告人有罪的举证责任由自诉人承担。”根据该规定，在公诉案件中，有关犯罪构成要件事实（即定罪阶段的证明对象）的证明责任是完全置于控诉方的，被告人并不承担（客观）证明责任。但该规定并不意味着与案件有关的所有事实均由公诉机关承担举证责任，如果公诉机关已经举证证明了犯罪的构成要件成立，则公诉机关的举证责任已履行完毕，“排除犯罪性事由”不能成为犯罪构成要件事实，因此举证责任并不在公诉机关，被告方主张阻却犯罪成立的任何事实存在（不限于法定的排除违法性和刑事责任的事实）都要承担提供一定证据线索的责任，不能仅凭空言主张。

本案中，张某某通过伪造书证或与他人恶意串通、作假证言等手段向法院提起民事诉讼，意图由此证明其诉讼请求的成立，该行为妨害了司法秩序，公诉机关已经举证证明了张某某伪造证据和他人恶意串通、作假证的事实，由此亦证明了张某某在案涉民事诉讼中所提出的债权债务关系属捏造，公诉机关的举证责任已履行完毕；现张某某提出虽案涉民事诉讼关系中的证据系伪造，但确实存在真实债权债务对应其诉请，其行为并非虚假诉讼，在该事实无法证明的情况下并非适用“疑点利益归于被告人”原则，因张某某提出的理由属于提出排除行为犯罪性的抗辩，其应当提供相应的线索，并在提供不能时承担相应后果。

三、关于是否构成其他犯罪的问题

《刑法》第三百零七条之一第三款规定：“有第一款行为，非法占有他人财产或者逃避合法债务，又构成其他犯罪的，依照处罚较重的规定定罪从重处罚。”需考虑张某某是否构成其他犯罪的问题。根据该条款，针对这种同一行为构成《刑法》多个条文规定的犯罪的情况，采取从一重罪从重处罚的方法定罪量刑，此处存在比较重罪的问题。根据虚假诉讼罪的立法解读，首先，要比较本条规定的刑罚和《刑法》其他条文规定的刑罚，适用处刑较重的条文；其次，规定了多个量刑幅度的，在适用时要根据案件事实和各条的规定，确定适用于某一犯罪的具体量刑幅度，再进行比较选择处罚较重的规定定罪；最后，还要根据确定适用的规定和量刑幅度从重处罚。这样规定体现了对虚假诉讼行为从严惩处的立法精神。

本案中，一、二审法院认定张某某在该起虚假诉讼事实中实施了指使他人作伪证的行为，张某某的行为同时构成虚假诉讼罪和妨害作证罪。虚假诉讼罪的第一档量刑幅度为“三年以下有期徒刑、拘役或者管制，并处或者单处罚金”；妨害作证罪的第一档量刑幅度为“三年以下有期徒刑或者拘役”。但从法定刑看，应当是妨害作证罪的量刑较重，但根据前述规则，还需要“在适用时根据案件事实和各条的规定，确定适用于某一犯罪的具体量刑幅度，再进行比较选择处罚较重的规定定罪”，因此虽然妨害作证罪法定刑更重，但最终量刑结果还需要比较孰轻孰重。因两罪的第一档量刑排除拘役、管制、单处罚金的情形后，在实际量刑上均是在六个月以上至三年以下有期徒刑之间量刑，实际量刑后适用两个罪名的结果未有明显差距；而定虚假诉讼罪，更符合本案的行为实质，因此，一、二审法院对张某某的第二起犯罪行为定虚假诉讼罪并无不当。

（**一审法院合议庭成员**　王　军　宋明泉　洪明婷
二审法院合议庭成员　傅树朝　郑永忠　黎建泉
申诉法院合议庭成员　吴兆煜　林小超　江爱响
编写人　福建省高级人民法院　洪珊珊
责任编辑　周海洋
审稿人　刘树德）

聂某交通肇事、故意杀人案

——交通肇事后逃逸并藏匿被害人致其死亡行为的定性和赔偿责任划分

关键词：刑事　交通肇事　故意杀人　藏匿　交强险　商业三者险

【裁判要旨】

1. 行为人发生交通事故后为逃避法律追究，将受伤的被害人拖离事故现场藏匿，致被害人无法及时得到救助而死亡的行为构成故意杀人罪。

2. 交强险是否赔付应当依据法律规定，交强险具有强制投保、依法赔付的法律强制性。商业三者险是否赔付应当依据保险合同约定，电子方式投保的应当全面审查投保资料，在投保提示书、投保单、保险单、保险免责事项说明书上均进行电子签名的应当认定保险人已尽提示说明义务。

3. 出借车辆的车主对损害发生有过错的，依法应当承担与其过错比例相应的赔偿责任而非连带责任。

【相关法条】

《中华人民共和国刑法》

第一百三十三条　违反交通运输管理法规，因而发生重大事故，致人重伤、死亡或者使公私财产遭受重大损失的，处三年以下有期徒刑或者拘役；交通运输肇事后逃逸或者有其他特别恶劣情节的，处三年以上七年以下有期徒刑；因逃逸致人死亡的，处七年以上有期徒刑。

《中华人民共和国民法典》

第一千二百零九条　因租赁、借用等情形机动车所有人、管理人与使用人不是同一人时，发生交通事故造成损害，属于该机动车一方责任的，由机动车使用人承担赔偿责任；机动车所有人、管理人对损害的发生有过错的，承担相应的赔偿责任。

《机动车交通事故责任强制保险条例》

第一条 为了保障机动车道路交通事故受害人依法得到赔偿，促进道路交通安全，根据《中华人民共和国道路交通安全法》、《中华人民共和国保险法》，制定本条例。

第二条 在中华人民共和国境内道路上行驶的机动车的所有人或者管理人，应当依照《中华人民共和国道路交通安全法》的规定投保机动车交通事故责任强制保险。

机动车交通事故责任强制保险的投保、赔偿和监督管理，适用本条例。

第三条 本条例所称机动车交通事故责任强制保险，是指由保险公司对被保险机动车发生道路交通事故造成本车人员、被保险人以外的受害人的人身伤亡、财产损失，在责任限额内予以赔偿的强制性责任保险。

《最高人民法院关于审理交通肇事刑事案件具体应用法律若干问题的解释》

第六条 行为人在交通肇事后为逃避法律追究，将被害人带离事故现场后隐藏或者遗弃，致使被害人无法得到救助而死亡或者严重残疾的，应当分别依照刑法第二百三十二条、第二百三十四条第二款的规定，以故意杀人罪或者故意伤害罪定罪处罚。

《最高人民法院关于审理道路交通事故损害赔偿案件适用法律若干问题的解释》（2012 年）

第一条[①] 机动车发生交通事故造成损害，机动车所有人或者管理人有下列情形之一，人民法院应当认定其对损害的发生有过错，并适用侵权责任法第四十九条的规定确定其相应的赔偿责任：

（一）知道或者应当知道机动车存在缺陷，且该缺陷是交通事故发生原因之一的；

（二）知道或者应当知道驾驶人无驾驶资格或者未取得相应驾驶资格的；

（三）知道或者应当知道驾驶人因饮酒、服用国家管制的精神药品或者麻醉药品，或者患有妨碍安全驾驶机动车的疾病等依法不能驾驶机动车的；

（四）其它应当认定机动车所有人或者管理人有过错的。

---

① 该司法解释已于 2020 年修正，修正后本条被修改为第一条：“机动车发生交通事故造成损害，机动车所有人或者管理人有下列情形之一，人民法院应当认定其对损害的发生有过错，并适用民法典第一千二百零九条的规定确定其相应的赔偿责任：（一）知道或者应当知道机动车存在缺陷，且该缺陷是交通事故发生原因之一的；（二）知道或者应当知道驾驶人无驾驶资格或者未取得相应驾驶资格的；（三）知道或者应当知道驾驶人因饮酒、服用国家管制的精神药品或者麻醉药品，或者患有妨碍安全驾驶机动车的疾病等依法不能驾驶机动车的；（四）其他应当认定机动车所有人或者管理人有过错的。”

第十六条① 同时投保机动车第三者责任强制保险（以下简称“交强险”）和第三者责任商业保险（以下简称“商业三者险”）的机动车发生交通事故造成损害，当事人同时起诉侵权人和保险公司的，人民法院应当按照下列规则确定赔偿责任：

（一）先由承保交强险的保险公司在责任限额范围内予以赔偿；

（二）不足部分，由承保商业三者险的保险公司根据保险合同予以赔偿；

（三）仍有不足的，依照道路交通安全法和侵权责任法的相关规定由侵权人予以赔偿。

被侵权人或者其近亲属请求承保交强险的保险公司优先赔偿精神损害的，人民法院应予支持。

【案件索引】

一审：广东省云浮市中级人民法院（2020）粤53刑初14号（2020年10月16日）

二审：广东省高级人民法院（2021）粤刑终515号（2021年9月27日）

一审重审：广东省云浮市中级人民法院（2022）粤53刑初2号（2022年12月29日）

二审终审：广东省高级人民法院（2023）粤刑终397号（2023年6月20日）

【基本案情】

广东省云浮市人民检察院指控：2019年12月12日20时50分许，被告人聂某驾驶车牌号码为粤E12×××的白色宝马牌小型汽车，由郁南县平台镇某地出发开往郁南县都城镇。21时许，聂某驾车行驶至S368线100km+350m路段时，撞倒在路边行走的被害人马某某、刘某某（女）二人。聂某停车后，发现马某某、刘某某均倒在地上不动，为逃避法律追究，聂某将二人拖至路边草丛并用树叶掩盖，之后驾车逃离现场。2019年12月14日，被害人马某某、刘某某被发现时已经死亡。经鉴定，马某某符合严重颅脑损伤而死亡，刘某某

① 该司法解释已于2020年修正，修正后本条被修改为第十三条：“同时投保机动车第三者责任强制保险（以下简称交强险）和第三者责任商业保险（以下简称商业三者险）的机动车发生交通事故造成损害，当事人同时起诉侵权人和保险公司的，人民法院应当依照民法典第一千二百一十三条的规定，确定赔偿责任。被侵权人或者其近亲属请求承保交强险的保险公司优先赔偿精神损害的，人民法院应予支持。”

符合创伤性失血性休克合并颅脑损伤死亡。经交通管理部门认定，聂某负事故全部责任。

公诉机关认为：被告人聂某违反交通运输管理法规，发生重大交通事故，致一人当场死亡，一人受伤。交通肇事后，聂某为逃避法律追究，将二名被害人带离现场并隐藏，致使一名被害人无法得到救助而死亡，其行为分别触犯《刑法》第二百三十二条、第一百三十三条之规定，犯罪事实清楚，证据确实、充分，应当以故意杀人罪、交通肇事罪追究其刑事责任。

附带民事诉讼原告人马某泉、孙某红、马某琪、马某甲、冯某盛、冯某华、冯某某提起附带民事诉讼，诉称：车主李某荣明知聂某饮酒仍将车辆交由其驾驶，应对全部损失承担连带赔偿责任，商业三者险承保公司未举证证明其对免责条款作明确提示，应在商业险范围内承担赔偿责任。请求判令：（1）附带民事诉讼被告人交强险承保公司、商业三者险承保公司、李某荣、被告人聂某赔偿财产损失，死亡赔偿金，精神损害赔偿金，被抚养人生活费，交通、住宿等费用；（2）李某荣、被告人聂某承担连带赔偿责任。

被告人聂某对指控的犯罪事实及罪名无异议，请求从轻处罚。其辩护人辩称：（1）聂某不构成故意杀人罪，仅构成交通肇事罪。聂某发生事故后驾车去查看现场，其判断二人已经死亡，公诉机关未能举证证明刘某某死亡与聂某有无救治行为有关。（2）聂某有坦白情节，有悔罪表现。

附带民事诉讼被告人交强险承保公司辩称：（1）被保险人和驾驶人未及时报警，违反保险合同约定的义务；（2）该公司与李某荣签订电子保单，已尽到明确的提示说明义务。

附带民事诉讼被告人商业三者险承保公司辩称：（1）其公司对投保人李某荣已尽提示说明义务，驾驶人饮酒及逃离现场，该公司不承担任何责任；（2）应当以农村标准计算死亡赔偿金、被抚养人生活费，精神损害赔偿金不应赔偿。为此，该公司提交了广东机动车辆投保提示书、机动车商业保险保险单、投保单等证据。

附带民事被告人李某荣辩称：（1）其无过错，不应承担赔偿责任；（2）已分别支付二被害人家属 55000 元；（3）其在投保商业险时，某保险公司未向其提示说明免责条款，某保险公司应在商业险范围内赔付。

法院经审理查明：2019 年 12 月 12 日晚，被告人聂某以从工作地点回家洗澡为由向车主李某荣借到其宝马牌小汽车。聂某驾驶该小汽车途经广东省云浮市郁南县都城镇某路口对面路段时，撞倒路边行人马某某、刘某某，致马某某死亡，刘某某受伤。聂某下车将二人拖至距路边五米外的草丛里，用树叶掩盖。后聂某驾车返回工作地点，告知李某荣车辆被撞坏，但未告知车辆撞人事情。李某荣要求聂某驾驶车辆返回肇事现场并报警，聂某并未遵从。同月 14

日，公安机关经调查抓获聂某，在聂某指引下找到二被害人尸体。聂某对交通肇事、故意杀人犯罪事实供认不讳。交警部门事故责任书认定聂某负事故全部责任。车主李某荣已为该小汽车投保交强险、机动车第三者责任保险，均处于生效期间。经检验，该小汽车右前远光灯检验不合格。

【裁判结果】

广东省云浮市中级人民法院于2020年10月16日作出（2020）粤53刑初14号刑事附带民事判决：一、认定被告人聂某犯交通肇事罪、故意杀人罪，数罪并罚判处有期徒刑十七年，剥夺政治权利三年；二、被告人聂某、车主李某荣、交强险承保公司、商业三者险承保公司分别赔偿附带民事诉讼原告人。

宣判后，刑事部分判决没有上诉、抗诉，已经发生法律效力；交强险承保公司、商业三者险承保公司对附带民事部分判决提出上诉。广东省高级人民法院于2021年9月27日作出（2021）粤刑终515号刑事附带民事裁定：原审判决认定刑事附带民事部分的事实不清、证据不足，裁定撤销原判，发回重审。

广东省云浮市中级人民法院于2022年12月29日作出（2022）粤53刑初2号刑事附带民事判决：交强险承保公司、被告人聂某、车主李某荣分别赔偿附带民事诉讼原告人。

宣判后，附带民事诉讼原告人即被害人刘某某的近亲属、交强险承保公司提出上诉。广东省高级人民法院于2023年6月20日作出（2023）粤刑终397号刑事附带民事裁定：驳回上诉，维持原判。

【裁判理由】

法院生效裁判认为：本案焦点问题是：（1）聂某的行为如何定性。（2）根据查明的事实，现有证据不能证明聂某酒驾，但逃逸情节成立。交强险承保公司是否应当赔付，依据是什么。（3）商业三者险承保公司是否应当赔付，依据是什么。（4）车主对损害发生有过错的如何确定赔偿责任及其比例。（5）各方赔偿责任如何划分。

第一，聂某构成交通肇事罪、故意杀人罪。聂某违反交通运输管理法规，造成被害人马某某死亡、被害人刘某某受伤的重大交通事故，并负事故全部责任，其行为已构成交通肇事罪。聂某在事故发生后为逃避法律追究，将二名被害人拖离事故现场藏匿，致被害人刘某某无法及时得到救助而死亡，其行为构成故意杀人罪。

第二，交强险承保公司依法应当赔付。依据《道路交通安全法》第七十六条、《机动车交通事故责任强制保险条例》第一条、《最高人民法院关于审理道路交通事故损害赔偿案件适用法律若干问题的解释》第十六条，交险强具有强制性，体现在强制投保、依法赔付，目的是保障机动车道路交通事故受害人依法得到赔偿，保障道路交通安全。涉案车辆交强险承保公司应当在责任限额范围内予以赔偿。

第三，商业三者险承保公司依合同免予赔偿。保险投保提示书、保险单（电子保单）、免责事项说明书、保险合同等证实车主李某荣为涉案车辆在某乙财产保险股份有限公司佛山分公司投保了商业三者险，事故发生时处于保险生效期间；商业三者险条款约定了驾驶人肇事逃逸系保险人免责事由，李某荣在上述投保提示书、保险单（电子保单）、投保单、保险费率浮动告知单、保险免责事项说明书上均做了电子签名，其中，投保提示书提示李某荣重点关注“责任免除”等；保险单（电子保单）提示李某荣详细阅读承保险种对应的保险条款，特别是责任免除和赔偿处理；免责事项说明书载明了驾驶人在事故发生后逃逸的，保险人不负责赔偿；投保单中投保人声明确认已收到了保险条款。足以认定某乙财产保险股份有限公司佛山分公司对李某荣已尽提示说明义务。本案案发于2019年，依据《最高人民法院关于审理道路交通事故损害赔偿案件适用法律若干问题的解释》（2012年）第十六条规定，“承保商业三者险的保险公司根据保险合同予以赔偿”，是否理赔商业三者险，应依据保险合同的约定。约定驾驶人肇事后逃逸免赔条款不违反我国法律禁止性规定，属于合法有效条款。故某乙财产保险股份有限公司佛山分公司依据合同约定免予赔偿。

第四，车主对损害发生有过错的依法应当承担相应赔偿责任。李某荣案发前将灯光有缺陷的车辆交给聂某驾驶，对交通事故的发生存有过错，依法应当承担相应赔偿责任，而非连带责任。现有证据足以证明李某荣明知聂某驾驶其车辆发生事故而不报警和通知保险人，但聂某未对李某荣说出全部实情，只说“车被东西砸到”，证人归某鹏亦陈述“聂某说是被一些物品压到，没有说是什么物体”，李某荣陈述聂某说“车被树砸烂”；车辆被道路监控拍到的画面及现场勘查照片均显示车辆上没有明显血迹，综合上述证据，现有证据只能证明李某荣知道发生了交通事故，不能证明李某荣明确具体地知道发生致人受伤的事故，故不能证明李某荣不报警的行为对被害人刘某某损失扩大存在过错。原判根据李某荣过错程度、对损害发生影响力大小，认定李某荣对不足部分承担10%赔偿责任合理，应予维持。

第五，本案的赔偿责任认定。依据《最高人民法院关于审理道路交通事故损害赔偿案件适用法律若干问题的解释》（2012年）第十六条规定，按照各被侵权人的损失比例先由承保交强险的保险公司在责任限额范围内予以赔偿；不足部分，由承保商业三者险的保险公司根据保险合同予以赔偿；仍有不足的，确定由侵权人予以赔偿。据此，某甲财产保险股份有限公司佛山分公司在交强险限额内赔偿；某乙财产保险股份有限公司佛山分公司依据保险合同约定的免责条款免予赔偿；不足部分，由聂某、李某荣分别按照过错比例90%和10%赔偿。

综上，被告人聂某违反交通运输管理法规，造成被害人马某某死亡、被害人刘某某受伤的重大交通事故，并负事故全部责任，其行为已构成交通肇事罪；聂某在事故发生后为逃避法律追究，将上述二被害人拖离事故现场藏匿，致被害人刘某某无法及时得到救助而死亡，其行为构成故意杀人罪。聂某的犯罪行为给二被害人近亲属造成的损失，依法应先由某甲财产保险股份有限公司佛山分公司在交强险范围内赔付，不足部分由聂某、车辆所有人李某荣按过错比例赔偿。

【案例注解】

本案系交通肇事后故意杀人、机动车保险理赔和赔偿责任划分的刑事附带民事典型案件，集刑事定罪、交强险和商业三者险赔付、保险人已尽提示说明义务的认定、车主赔偿责任认定等常见问题于一案。

随着我国经济社会快速发展，机动车保有量屡创新高，家用汽车迅速普及，道路交通事故损害赔偿纠纷持续高发。据公安部发布的最新统计数据，截至2024年6月底，全国机动车保有量达4.4亿辆，其中汽车3.45亿辆，机动车驾驶人5.32亿人，其中汽车驾驶人4.96亿人，2024年上半年全国新注册登记机动车1680万辆，新领证驾驶人1397万人。[①] 2018年至2020年，每年全国交通事故发生数量均在24万余起。[②] 2023年，全国共发生一次死亡3人以上较大道路交通事故436起。[③] 2012年至2016年，全国各级人民法院新收机动车交通事故责任纠纷一审案件411.51万余件。[④] 依法公正审理好机动车交通事故案件，促进矛盾纠纷公正高效化解，是满足人民群众日益增长的美好

---

① 《2024年上半年全国机动车达4.4亿辆 驾驶人达5.32亿人 新能源汽车保有量达2472万辆》，载中华人民共和国公安部网站，https://www.mps.gov.cn/n2254314/n6409334/c9650221/content.html。

② 参见《中国统计年鉴》，智研咨询整理。

③ 《2023年全国较大道路交通事故起数较2019年下降12%》，载中华人民共和国中央人民政府网站，https://www.gov.cn/lianbo/bumen/202405/content_6953784.htm。

④ 《机动车交通事故责任纠纷案件报告》，载中华人民共和国最高人民法院网站，https://www.court.gov.cn/zixun/xiangqing/88822.html。

生活需要、服务保障经济社会发展大局的必然要求。本案例为此提供有益经验，供人民法院审判人员参考借鉴。

一、准确认定刑事罪名，为认定附带民事诉讼赔偿责任打好基础

本案被告人行为致一死一伤。对于交通肇事致一人死亡部分，被告人行为构成交通肇事罪。对于交通事故后为逃避法律追究，将受伤的被害人拖离事故现场藏匿，致被害人无法及时得到救助而死亡行为的定性，根据《最高人民法院关于审理交通肇事刑事案件具体应用法律若干问题的解释》第六条规定，应定性为故意杀人罪。在审理中，应注意两个问题：

第一，拖离、藏匿行为和死亡后果之间应具备刑法上的因果关系，要予以审查认定。本案尸体检验报告书证实被害人刘某某受伤后有一段存活时间；刘某某在案发后第三天被发现时还在路边草丛内的藏匿地点，已死亡，证明其间其他人无法及时发现并救助刘某某，故足以认定拖离、藏匿行为和死亡后果之间存在因果关系。

第二，交通肇事损害后果和故意杀人损害后果在无法区分的情况下，可以根据案件实际情况予以认定。因涉及汽车保险理赔问题，保险人依法、依合同都只对交通肇事这一过失行为的损害后果承担赔偿责任，而不对故意杀人犯罪行为的损害后果承担赔偿责任，故一般应区分两种损害后果的数额。但在本案中，被害人刘某某被撞伤后，加入了被告人故意杀人的介入因素，最终导致其死亡，因其间并未送医抢救，无法区分交通肇事损害后果和故意杀人死亡后果。二审经审查法医学尸体检验及补充说明，并咨询了法医，证明被害人刘某某死亡原因是由交通事故造成的损伤所致，且损伤严重，虽受伤后有一段存活时间，但无法判断存活时间多长、无法推断死亡时间至分钟、法医学不涉及救治存活可能性分析。鉴于此，交通肇事损害后果和故意杀人损害后果已高度重合，无法加以区分，可以认定交通肇事的损害后果是致人死亡，相关保险人、侵权人应当依法或依合同承担被害人死亡损失的赔偿责任。这一认定合理，符合本案实际，从判决效果来看，相关各方均接受这一认定，收到了良好的法律效果。

二、公正判决保险人和侵权人赔偿责任，为经济社会高质量发展营造良好法治环境

本案保险系电子投保。保险人交强险承保公司、商业三者险承保公司均提出被告人逃逸、保险人免赔的答辩意见，而被告人、车主、附民原告人均提出保险人未尽提示说明义务、应当赔偿的意见。对保险人在电子投保情形下是否已尽提示说明义务、是否因肇事者逃逸而免于赔偿、交强险与商业三者险赔偿

依据的区别、车主应承担过错比例相应责任还是连带责任，各方诉讼参与人争议巨大。审理中应注意以下三个问题：

第一，依法公正认定保险人在电子投保中已尽提示说明义务。我们身处移动互联时代，便捷高效的电子投保已成为机动车保险的重要投保方式。电子投保是非接触式的投保，其签约过程一般设计了专门的提示说明程序，如设置阅读相关条款最低时长、手写或复制相关承诺内容、手写电子签名确认等。司法实践中，诉讼参与人常以承保公司未能举证证明其在电子投保流程中已尽提示说明义务为由提出有利于己方的意见，部分法院亦常以承保公司未能举证证明其在电子投保流程中已尽提示说明义务为由，判决承保公司承担赔偿责任。本案一审即以承保公司未能提供提示、说明案涉保险合同免责条款的充分证据，故案涉保险合同中的免责条款不产生效力为由，判决两家承保公司承担赔偿责任，该判决并未说明认定依据及承保公司提交的证据为何不能证明已尽提示说明义务。二审发回重审并加强指导，一审重审判决正确。

第二，准确区分交强险和商业三者险，保护合法的商业合同行为，持续优化法治化营商环境。交强险具有法律强制性，体现为强制投保、依法赔付。而商业三者险不具有法律强制性，是自愿投保、依合同赔付，是社会主义市场经济活动中的正当商业行为，应依法予以保护。审查商业三者险保险合同应坚持当事人意思自治原则，尊重当事人合法的意思表示。合同双方的权利义务由双方协商确定，肇事逃逸免赔的条款并不违反我国法律规定，且有加大逃逸者的违法成本从而促使其遵章守法的导向作用，故该条款合法有效，双方都应遵守。人民法院要坚持依法平等保护原则，保护合法商业合同行为，为经济社会高质量发展营造良好法治环境。

第三，合理把握出借车辆车主的过错责任的比例，维护正常的社会生活秩序。借用车辆是正常的生活行为，本身并不违法。借出车辆之后，车辆所有人无法管控驾驶风险，无法控制驾驶人的注意义务，但作为所有人，其对发生交通事故仍可能存在过错，主要体现在对机动车合格上路的管理义务和对使用人选任的注意义务，未尽注意义务的，应当对其过错承担赔偿责任。《民法典》第一千二百零九条对此作出了明确规定，机动车所有人对损害的发生有过错的，承担相应的赔偿责任，而非连带责任。赔偿责任比例的确定，首先要考虑过错大小，其次要考虑原因力大小，按照比例原则确定赔偿责任。审判实践中，要合理把握过错的大小和在案件发生中的原因力大小，防止过错和责任不相适应，导致“小错重责”。本案中，车主李某荣借出的车辆灯光存在缺陷，故其存在过错，考虑该缺陷在事故发生中的原因力较小，判决其承担较低比例的赔偿责任是合理的。

综上，人民法院要坚持依法、公正裁判，兼顾法理与情理，努力达到服判息诉、案结事了，实现良好的政治效果、法律效果和社会效果。

（**一审法院合议庭成员** 刘恒军 焦录强 曾勇辉
二审法院合议庭成员 李 兵 向玉生 王路真
一审重审合议庭成员 孔小汉 罗 杰 韦志远
二审终审合议庭成员 钟道春 向玉生 王路真
编写人 广东省高级人民法院 王路真 江发西
责任编辑 周海洋
审稿人 刘树德）

梁某某等侵犯著作权案

——侵犯计算机软件著作权刑事案件中“复制”行为的司法认定

关键词：刑事　侵犯著作权　计算机软件　复制行为　刑法保护

【裁判要旨】

1. “接触 + 实质性相似”原理是知识产权领域侵权行为认定的重要规则。被告人是否实际接触过权利软件源代码，权利软件代码与被指控的侵权软件代码是否存在全部或部分类似，是判断被指控软件是否侵犯著作权的重要标准。

2. 结合计算机软件制作的一般规律，存在相同的系统缺陷及错误是判断软件实质性相似的重要条件。在开发人员独立完成设计的情况下，不同软件之间出现相同的软件缺陷的几率极小，如果软件之间存在共同的软件缺陷，则软件之间的源程序相同的概率较大。若存在相同缺陷的软件在运行时存在相同的特征性情况，足以认定两软件构成实质相似。

【相关法条】

《中华人民共和国刑法》

第二百一十七条　以营利为目的，有下列侵犯著作权或者与著作权有关的权利的情形之一，违法所得数额较大或者有其他严重情节的，处三年以下有期徒刑，并处或者单处罚金；违法所得数额巨大或者有其他特别严重情节的，处三年以上十年以下有期徒刑，并处罚金：

（一）未经著作权人许可，复制发行、通过信息网络向公众传播其文字作品、音乐、美术、视听作品、计算机软件及法律、行政法规规定的其他作品的；

（二）出版他人享有专有出版权的图书的；

（三）未经录音录像制作者许可，复制发行、通过信息网络向公众传播其制作的录音录像的；

（四）未经表演者许可，复制发行录有其表演的录音录像制品，或者通过信息网络向公众传播其表演的；

（五）制作、出售假冒他人署名的美术作品的；

（六）未经著作权人或者与著作权有关的权利人许可，故意避开或者破坏权利人为其作品、录音录像制品等采取的保护著作权或者与著作权有关的权利的技术措施的。

【案件索引】

一审：河南省商丘市睢阳区人民法院（2023）豫1403刑初68号（2023年4月20日）

二审：河南省商丘市中级人民法院（2023）豫14刑终334号（2023年7月25日）

【基本案情】

河南省商丘市睢阳区人民检察院指控：2021年6月至今，被告人梁某某、李某、王某以营利为目的，在非法获取湖北元某公司自主研发的手游《元×××麻将》游戏源代码后，经过简单修改《元×××麻将》游戏源代码，租赁服务器，未经相关授权，开设名为《约×××麻将》的手游私服，在互联网上非法运营，获取非法利益100余万元，其中梁某某获取非法利益102402.37元，李某、王某得到545787元。

永城市公安局聘请司法鉴定科学研究院专家，对被告人梁某某等人经营的《约×××麻将》客户端代码与《元×××麻将》的客户端代码进行相似度对比，结论为：全部文件相似行占样本的比例为68.41%，占检材的比例为87.11%。全部文件相似度100%的文件数量占比例为78.18%，文件相似度大于90%的文件数量占比例为86.76%，文件相似度大于80%的文件占比例为89.62%，文件相似度大于70%的文件数量占比例为89.75%。

被告人梁某某对指控的罪名无异议，辩称：其不懂计算机代码技术，没有指使他人窃取代码。

被告人李某辩称：《约×××麻将》是其自主设计、研发和自主运营，并非复制他人产品。

被告人王某辩称：侦查机关提取在案的代码并非其运营代码，其只是对《约×××麻将》迭代修改。

法院经审理查明的事实与指控的事实一致。

【裁判结果】

河南省商丘市睢阳区人民法院于2023年4月20日作出（2023）豫1403刑初68号刑事判决：一、被告人梁某某犯侵犯著作权罪，判处有期徒刑三年，并处罚金人民币15万元；二、被告人李某犯侵犯著作权罪，判处有期徒刑四年，并处罚金人民币30万元；三、被告人王某犯侵犯著作权罪，判处有期徒刑四年，并处罚金人民币25万元；四、扣押的财物，由扣押机关依法处理。

宣判后，被告人梁某某、李某、王某不服，提出上诉。河南省商丘市中级人民法院于2023年7月25日作出（2023）豫14刑终334号刑事裁定：驳回上诉，维持原判。

【裁判理由】

法院生效裁判认为：经查，李某、王某归案后，侦查人员扣押了二人的电脑、电脑硬盘等，并在其电脑上提取了《约×××麻将》的服务端代码程序、客户端代码程序，用于比对鉴定，上述笔录二人均签字确认，后侦查机关又出具了提取情况说明。经对在案四份鉴定意见的综合审查，《约×××麻将》与《元×××麻将》整体外观布局以及面板、按钮等布局基本相同，游戏场景、麻将牌模型高度类似，软件架构、目录结构雷同，文件夹层级部分相同，客户端相同文件占比30.49%，相同音频文件343个，占比63.40%，服务端一致文件占比78.75%，完全一致的资源文件364个，完全一致的程序文件2552个，以上两款软件核心功能高度类似。二者安装包相似，在李某、王某客户端服务器上下载的代码鉴定有支付代码，从其使用第三方服务的服务端、客户端关联性看，结合三被告人供述、同案人夏某的证言以及张某某陈述等证据分析，能够认定在二人客户端服务器上下载的代码即《元×××麻将》网上运行代码。综上，认定《约×××麻将》系抄袭、复制《元×××麻将》，构成侵犯著作权罪。

【案例注解】

一、刑法视角下计算机软件著作权的厘清

（一）计算机软件著作权的客体范围

《计算机软件保护条例》第二条规定："本条例所称计算机软件（以下简

称软件)，是指计算机程序及其有关文档。”据此，计算机软件著作权的保护范围是计算机程序和文档。而从计算机行业的通俗规定来看，网络计算机程序又包括客户端程序代码及服务端程序代码，包括计算机软件的安装程序、升级程序、运行补丁等，是计算机软件的核心与主体。而文档的范围较宽，文件说明文档、根文档、类文档、注释文档、操作说明等，用以描述计算机程序运行规则、使用指南或者操作记录等均可纳入文档的定义范围。

本案中，湖北元某公司自主研发的手游《元×××麻将》游戏源代码，于2018年12月24日开发完成，并报国家版权局进行了著作权登记（证书号：软著登字第7450628号)，并上线运行至今。《元×××麻将》的软件程序(包括服务端代码与客户端代码）和程序说明文档等均为计算机软件著作权的保护客体。

虽然2018年12月24日《元×××麻将》上线运行后，元某公司多次进行软件升级，但一般而言，软件开发者就软件进行修改升级，该软件的主要功能及整体框架并不会因此而改变，著作权人有权对软件行使修改权并对修改后的软件（包括更新的软件代码及更新后的文档）继续享有著作权，软件著作权不因是否进行后续升级而发生变化。

（二）软件用户单纯的运行行为不构成著作权侵权

需要注意的是，审判实践中，要将软件正常安装运行过程中产生的复制行为与著作权侵权中的复制行为相区分。个人用户通过下载、安装权利计算机软件所产生的“复制”行为，是为了正常、正当使用计算机软件所必需的合法行为，是计算机软件上线运行的根本目的。即将客户端程序复制到用户个人计算机中，并进行安装使用。终端用户仅在其计算机硬盘中运行该计算机软件，此时，终端用户并没有复制该计算机软件，只在使用软件时产生了“临时复制”，不需要承担侵权责任。

以本案涉及的侵权棋牌软件《约×××麻将》手游为例，侵权软件自2021年运行至案发，被告人非法获利100余万元，下载次数接近10万次。虽然该软件涉及侵犯著作权，但实际游戏用户在下载时并不知情，且单纯的下载、安装是为了正常使用该计算机软件的必经过程。因此，虽然大量用户涉及程序复制，但并不产生著作权侵权行为，本案的侵权主体仅是侵权软件《约×××麻将》的运行人梁某某，代码复制窃取人李某、王某。

（三）软件维护升级不能排除侵权行为

侵权人复制权利人计算机软件并上线运行后，随着软件的日常运行，后续必然产生系统维护与升级。即使后续系统升级代码属于侵权人独创，但因原始软件是侵权复制而来，已经确定性地侵犯权利人的著作权。即使侵权软件升级后，已经与原软件形成实质性区别，仍然不能改变先前窃取侵权行为的性质，不能变更前期“复制”行为的违法性。

进一步来看，结合《著作权法》第十条之规定，修改权专属于著作权人，除非经过著作权人授权，任何人不得对作品进行修改，计算机软件作为著作权保护的客体，其修改权应当为权利人所专有。因此，侵权人对侵权软件的后续维护升级行为，亦侵犯权利人的修改权。

二、计算机软件著作权独创性之刑法判定

（一）独立性的认定

我国《著作权法》第三条对何为受著作权法保护的作品作了明确定义，作品“是指文学、艺术和科学领域内具有独创性并能以一定形式表现的智力成果”。《著作权法》意义上的作品，应当具备独立性，这也是独创性原则的下限标准，作者应当保证作品不是由他人在先的作品“剽窃”所得，而是通过个人独立构思完成。作者通过自己独立的思考和特有的思维赋予作品整体的构思，并运用特定的表达技巧来阐释某一作品理念，独立创作出富有创造性风格的作品。

《著作权法》视角下计算机软件独立性的最低标准是“独立创作”，即由开发者独立构思、完成软件开发，我国法律同等保护分别由不同作者单独构思、创作完成的相同的两部作品。如果抄袭了他人的在先作品，自然不具有独创性而不予保护，但只要软件开发的全过程为独立创作，那么即使功能相同，仍然认为具有独创性。以本案涉及的棋牌类游戏为例，棋牌类游戏的规则玩法较为统一，洗牌、发牌、出牌、输赢判断的规则相同，不同棋牌软件开发者在设计代码时，后台运行逻辑及算法必然大量相同，因此只要计算机软件的开发过程保持独立，依然应当认为是独立的作品。

（二）创作性的认定

创作性需要结合两部软件进行对比，判断是否具有独特的功能或不同之处。随着计算机技术的高速发展，各种编辑软件的进步，计算机软件创作时代的技术条件可能显著不同，因此不同类型软件作品的创作性判断标准也不同。应当结合软件的具体功能，考察后开发的软件是否有不同之处，是否具备独特的使用功能，单纯用软件之间的差异来解释创作性是不适当的。因此，实践中，法官在个案审理时，应当结合软件程序中的源程序、目标程序、框架、逻辑结构以及文档中的数据库、开发信息等内容进行综合判断，考察是否蕴含着开发人员的智慧结晶，其劳动成果是否能够促成软件的完成和使用。

（三）非独创性的表现类型

1. 数据结构

根据计算机原理，数据结构是指带有结构特性的数据元素的集合，它研究

的是数据的逻辑结构和数据的物理结构以及它们之间的相互关系，并对这种结构定义相适应的运算，设计出相应的算法，并确保经过这些运算以后所得到的新结构仍保持原来的结构类型。简而言之，数据结构是相互之间存在一种或多种特定关系的数据元素的集合，即带“结构”的数据元素的集合，“结构”就是指数据元素之间存在的关系。

根据《著作权法实施条例》第二条之规定，受《著作权法》保护的是作者（计算机软件开发者）具有独创性的表达，而不保护思想、工艺、操作方法或数学概念。而数据结构是计算机存储、组织数据的方式，与算法、索引技术相关联，互为表里，共同组成带有结构特性的数据元素的集合。从计算机理论角度，数据结构属于软件设计中的一种思想理念或者说是一种代码设计的数学思维，因此数据结构不是《著作权法》保护的客体。

2. 调用第三方开源代码

调用第三方开源代码，是指在软件设计开发过程中直接使用第三方制作的成品封装函数，来进行某些数据或者文件的高效处理。第三方开源代码的调用可以有效提升软件编辑效率、降低开发成本，使用优秀的第三方开源代码进行编辑开发，有利于软件的后期运行维护，节约软件运行成本。而作为代码开源第三方，开源也是培育用户市场、增进用户信任，提升品牌影响力的有效手段。这些原因也使得在计算机软件开发行业，优秀的第三方开源代码大量出现，也被大量使用。如通过 Java 代码编辑的 Android 平台就是谷歌公司制作的第三方开源代码，已经成为谷歌公司的一张耀眼名片，为大部分智能手机所应用。各大手机生产商在 Android 开源代码的基础上进行进一步开发，较为成功的案例有小米手机的 MIUI 系统、OPPO 手机的 ColorOS 系统等。

随着开源软件的广泛应用，还应考虑“自动生成的源代码”扣除原则。目前很多主流开源软件都属于“辅助性软件工具”，这些软件在开发人员设定一定条件时，能够自动生成新的代码。通过开源软件自动生成的代码在函数、类、目录、文件的命名上遵循相同的规则，代码的格式顺序、固定写法、空格、注释的使用规范具有高度一致性。因此，若权利软件和侵权软件中均存在第三方源代码或文件，在软件著作权人不能证明相同源代码或文件属于其独创性表达时，上述相同源代码或文件亦应在侵权范围内予以排除。

3. 编程语言中的特殊格式、规范

《著作权法》保护的是具有独创性的表达，计算机软件作为《著作权法》保护的客体之一，受《著作权法》保护的亦应当是具有独创性的表达。一般而言，在独立创作的前提下，即使采用相同编程语言，功能相同的开发软件，由于软件开发者的开发思路不同、面对的用户需求不同，一般情况下两个软件在源代码中也不会出现全部或部分相同的表达。但是，由于计算机编程语言大量规定了特殊格式、规范等通用性写法，在开发软件过程中，部分功能的写作代码出现有限表达甚至是唯一表达，但如果该表达不符合关于独创性表达的要求，亦应在侵权范围内予以排除。

三、"复制"行为的实践认定

"接触+实质性相似"原理是知识产权领域侵权行为认定的主要规则。自这一规则创设以来，对该规则的争议与质疑就没有停止过，但其在侵权行为认定中的核心地位却没有改变。可以说，"接触+实质性相似"是一种并非出自立法规范却在司法审判中广泛应用的经验规则。

（一）"接触"行为的判定

我国《刑法》坚持主客观相统一原则，要求行为人在客观上必须实施了危害行为，在主观上必须具有罪过，二者相互依存、缺一不可。因此，侵权人对权利软件有过实质性的接触行为是判定是否实施剽窃、侵权行为的必然前提。如果不对是否存在"接触"行为进行评判，仅仅依据两个计算机软件存在相似就推定侵权人接触了权利人的作品，极有可能错误地判定一部独立创作的作品复制了另一部作品。

笔者认为，被告人是否实际接触过权利软件源代码，权利软件代码及其独创性表达与被指控的侵权软件代码是否全部或部分类似，是判断被指控软件侵犯著作权的重要标准。结合刑事审判排除合理怀疑原则，接触必然是实质性接触，表示一种行为事实，应当是确定的、排除合理怀疑的。从司法实践来看，刑事案件关于"接触"的认定要有证据证明，不能做无事实和证据依据的推定。笔者认为，可通过直接的证据证明，如被告人承认复制了权利人的计算机软件，或通过原工作关系证据证明被告人"接触"过权利软件源代码。

本案中，被告人李某、王某原为元某公司员工，李某负责《元×××麻将》的服务端维护，王某负责客户端维护，二人在职期间，因负责代码维护，必然接触过权利人的计算机软件，因此，二被告人对权利软件《元×××麻将》有过实质性接触，符合"接触"的性质判定。

（二）"实质性相似"的判定

审判实践中，为判断是否"实质性相似"而对比侵权软件与权利人软件代码相似度的鉴定较多。委托专门机构进行司法鉴定是认定侵权软件与权利人软件"实质性相似"的一般方法，但"实质性相似"在司法实践中的判定标准并不统一，有的案件甚至并未详细阐述实质性相似存在的具体理由，仅表述存在实质性相似。如李某某、方某某等侵犯著作权一案中，表述为：经鉴定，被告人李某某、方某某、石某某、王某某经营的私服游戏文件与《永×××》官服文件在目录结构、文件名及文件上存在实质性相似；再如刘某、郑某某、孟某等破坏计算机信息系统罪一案中，表述为：经福建中证司法鉴定中心鉴定，送检的“抖音×××”应用程序与“抖音短视频”官方应用程序存在实质性相似。

笔者认为，若经过司法鉴定，被控侵权作品与权利人的计算机软件完全相同自不必说；但侵权人通常会对权利人软件进行修改，因此，两部计算机软件的整体相似比例并不是100%。有学者认为，如果行为人发行的作品与权利人的作品相似性过低，则通常难以被认定为侵犯著作权罪中的“复制”。

结合计算机软件制作的一般规律，存在相同的系统缺陷及错误是判断软件实质性相似的重要条件。比如，开发人员在编写源代码的过程中会标记某些设计缺陷、冗余设计或者其他特有信息，这种缺陷通常是开发人员在软件设计开发时无意识造成的，因此软件正式运行时会发生不属于开发人员设计初衷的运行状态（即出现 bug）。这种缺陷带有很强的偶然性，不同软件之间产生相同特征性缺陷的概率极低。如果两部计算机软件的系统缺陷及错误存在重合，这种“巧合”的可能性抗辩很难站得住脚。

2015 年 4 月，最高人民法院指导性案例 49 号，石某林诉泰州华某电子资讯有限公司侵害计算机软件著作权纠纷案，该案例指出：根据计算机软件开发设计的基础性原理，在开发人员独立完成设计的情况下，不同软件之间出现相同的软件缺陷几率极小，而如果软件之间存在共同的软件缺陷，则软件之间的源程序相同的概率较大。同时，结合二者运行时存在相同的特征性情况，足以认定两软件构成实质相同。

本案中，《元×××麻将》《约×××麻将》两软件中完全相同或基本相同的程序文件多达 773 个，有的文件甚至出现了同样的文字或标点符号错误，这种错误已不可能是巧合。由于元某公司《元×××麻将》软件的完成时间远早于《约×××麻将》，且《约×××麻将》的开发人员李某、王某参与过《元×××麻将》软件的开发，因此，可以认定《约×××麻将》部分复制了《元×××麻将》，两软件“实质性相似”。

（**一审法院合议庭成员** 宋国强 朱国强 游俊岭
二审法院合议庭成员 贾运法 李远魁 陈建国
编写人 河南省商丘市中级人民法院 李雨恒 石一凡
责任编辑 周海洋
审稿人 刘树德）

民　事

某市民政局诉马某某等房屋买卖合同纠纷案

——遗产管理人之诉讼担当厘定与诉讼程序析明

关键词：民事　遗产管理人　当事人适格　诉讼担当　诉讼程序

【裁判要旨】

遗产管理人应有一定权限在遗产管理期间提起或参与与遗产有关的诉讼，并实施一定的处分行为。《民法典》第一千一百四十七条第四项关于遗产管理人职责“处理被继承人的债权债务”以及第六项兜底条款“实施与管理遗产有关的其他必要行为”，应包括遗产管理人为主张债权或偿还债务而进行的必要诉讼行为。

【相关法条】

《中华人民共和国民法典》

第一千一百四十五条　继承开始后，遗嘱执行人为遗产管理人；没有遗嘱执行人的，继承人应当及时推选遗产管理人；继承人未推选的，由继承人共同担任遗产管理人；没有继承人或者继承人均放弃继承的，由被继承人生前住所地的民政部门或者村民委员会担任遗产管理人。

第一千一百四十六条　对遗产管理人的确定有争议的，利害关系人可以向人民法院申请指定遗产管理人。

第一千一百四十七条　遗产管理人应当履行下列职责：

（一）清理遗产并制作遗产清单；

（二）向继承人报告遗产情况；

（三）采取必要措施防止遗产毁损、灭失；

（四）处理被继承人的债权债务；

（五）按照遗嘱或者依照法律规定分割遗产；

（六）实施与管理遗产有关的其他必要行为。

【案件索引】

一审：云南省安宁市人民法院（2021）云0181民初4525号、（2022）云0181民初656号（2022年5月11日）

【基本案情】

原告（合并审理被告）马某某、保某某诉称：2018年12月15日，马某某、保某某与胡某甲签订《房屋买卖合同》，约定胡某甲将其名下某经济适用房出售给马某某、保某某，上述房屋登记时间满5年可以办理过户手续时双方办理相关过户手续。合同签订后马某某、保某某按约定支付了50万元，于2018年12月30日接收房屋并装修后入住。2020年2月24日，胡某甲突然自缢身亡，未留有遗嘱，胡某甲无继承人，某市民政局应为胡某甲遗产管理人。现案涉房屋需要办理过户手续，以明确权属、维护原告权益，故诉至法院，请求法院判令：（1）确认马某某、保某某与胡某甲于2018年12月15日签订的《房屋买卖合同》有效；（2）判令某市民政局协助其将某住宅小区601号房屋产权变更登记为马某某、保某某所有。

被告（合并审理原告）某市民政局辩称：马某某、保某某应履行《房屋买卖合同》约定，于办理房屋过户手续当日向其支付8万元房屋买卖尾款，款项存入安宁市慈善会，用于公益慈善事业；在能够确认房屋买卖合同有效的情况下，且在马某某、保某某支付购房尾款之后，其同意协助办理过户登记手续。

第三人胡某乙述称：胡某甲出卖房屋后与其共同居住，生活由其照顾，身后事也由其办理。

法院经审理查明：2018年12月15日，马某某与案外人胡某甲签订《房屋买卖合同》，约定胡某甲将其名下601号房屋出售给马某某，房屋成交价为58万元。双方约定于2018年12月15日前支付首付款40万元，房屋交付当日支付10万元，办理过户手续当日双方在房产部门（公证处）完成签字手续后支付尾款8万元。合同另约定，胡某甲于2018年12月30日将房屋钥匙交付给马某某，并在该房屋可以办理过户手续之日起61日内协助办理房屋过户手续。马某某、保某某于1985年登记结婚，合同签订后，马某某、保某某向胡某甲支付了房款共计 50 万元，于 2018 年 12 月 30 日接收房屋并装修入住至今。

2020 年 2 月 24 日胡某甲去世，生前未留有遗嘱。其去世时婚姻状态为离异，生前未生育子女，胡某甲父母、祖父母、外祖父母均先于胡某甲去世，其无兄弟姐妹，第三人胡某乙系胡某甲之姑妈。

另查，2022 年 3 月 17 日，马某某、保某某向法院提起特别程序之诉，请求指定某市民政局为胡某甲的遗产管理人。法院于 2022 年 3 月 29 日作出（2022）云 0181 民特 8 号民事判决：指定某市民政局为胡某甲的遗产管理人。

案件审理过程中，某市民政局基于同一事实发生的纠纷向法院提起诉讼，法院将两案合并审理。

【裁判结果】

云南省安宁市人民法院于 2022 年 5 月 11 日作出（2021）云 0181 民初 4525 号、（2022）云 0181 民初 656 号民事判决：一、马某某、保某某于判决生效之日起五日内向某市民政局支付购房尾款 8 万元；二、某市民政局于判决生效之日起五日内协助马某某、保某某办理 601 号房屋过户手续。宣判后，双方当事人未上诉，判决现已生效。

【裁判理由】

法院生效裁判认为：关于某市民政局的诉讼主体资格问题。《民法典》第一千一百四十五条以及第一千一百四十七条第四项规定，胡某甲的第一顺序继承人以及第二顺序继承人均在胡某甲之前死亡，且胡某甲未立有遗嘱，故胡某甲没有继承人，某市民政局作为胡某甲生前住所地的民政部门，可以作为胡某甲的遗产管理人，有义务根据《民法典》赋予的职责处理胡某甲生前的债权债务。且法院于 2022 年 3 月 29 日作出（2022）云 0181 民特 8 号民事判决，指定某市民政局为胡某甲的遗产管理人。故马某某、保某某要求某市民政局履行相应职责，有法律和事实依据。

关于《房屋买卖合同》的履行问题。马某某、保某某与胡某甲签订的《房屋买卖合同》系双方真实意思表示，内容未违反法律强制性规定，当属有效，当事人均应按照合同履行各自义务。根据合同约定，胡某甲应当在案涉房屋可以办理过户手续之后 61 日内办理房屋过户手续，现该房屋已可以正常办理过户手续，故协助马某某、保某某办理房屋过户手续是胡某甲的合法合同义务。现胡某甲已去世，某市民政局作为胡某甲的遗产管理人应当依法处理胡某甲的债权债务，故马某某、保某某要求某市民政局协助其办理房产过户手续有法律及事实依据，法院予以支持。同时，合同中明确约定马某某、保某某应当于办理过户手续当日向胡某甲支付购房尾款8万元，现某市民政局作为胡某甲的遗产管理人有权要求二人支付购房尾款。

【案例注解】

《民法典》实施后，遗产管理人制度作为现代民事继承中的一项重要制度，起到了弥补法律空白的作用。其设立是社会需求推动之结果，制度所反映的从重视继承人利益向均衡继承人和债权人利益过渡的价值取向，具有维护遗产权利人利益、实现遗产公平分配、保障交易安全等重要意义。为实现《民法典》保护私人财产与交易安全并重的立法理念，解决司法实践中遗产管理人应否及如何参与诉讼的分歧，推动遗产管理人全面合理履行权利义务，本案提供了较好借鉴。笔者试以确立遗产管理人法定诉讼担当为突破点，为理论与实务、实体与程序融洽衔接提供解决方案。

一、《民法典》新增遗产管理人制度之诉讼现状检视

笔者以“遗产管理人”为关键词检索全国法院相关案件共计15件。① 总体而言，《民法典》实施后，遗产管理人制度在一定程度上弥补了过去因制度缺失而导致的相关权利人“无人可诉”及相关权利“无处可张”的尴尬境遇，但该制度从上层设计到实践落地确有不断校正之必要。

（一）遗产管理人制度适用范围不统一

遗产管理人作为《民法典》新增规定，是否可对《民法典》实施之前发生的继承事实适用《最高人民法院关于适用〈中华人民共和国民法典〉时间效力的若干规定》第三条，即适用遗产管理人制度进行解决，实践中做法不一。部分判决认为“当时的法律、司法解释对于遗产管理人制度并无规定而《民法典》增设该制度，且适用该制度能够更加妥善地处理遗产、解决遗产争议、维护债权人的合法权益，因此本案可以适用《民法典》规定”②，进而对申请人关于指定遗产管理人的请求予以审查并支持；部分判决则认为“因《民法典》尚未生效施行，故原告该诉讼请求无法律依据”③，该案二审发回

① 检索平台为“法信”，15例案件来自裁判文书、新闻报道、案例文章等，http：//192.0.100.105：82/search/GeneralCaseSearch.aspx，2022年5月31日访问。

② 重庆市万州区人民法院（2021）渝0101民特847号民事判决书。

③ 北京市东城区人民法院（2020）京0101民初18444号民事判决书。

重审认为"一审法院仅以《民法典》未生效为由，驳回原告要求追加遗产管理人的请求欠妥。若被继承人确无合法继承人，一审法院应当追加民政局作为被继承人的遗产管理人，对被继承人的遗产及债务进行处理"①。

（二）遗产管理人责任边界不清晰

综观笔者检索到的涉及遗产管理人的案件，关于法院指定遗产管理人两种极端现象并存。一种是继承人及利害关系人积极"竞标"遗产管理人，一种是责任主体消极怠工"推诿"遗产管理人职责。

前者如福建省厦门市思明区人民法院魏某氏祖宅指定遗产管理人案，因魏某氏继承人众多，且多人散落海外情况不明，魏某氏身后遗留祖宅的析产确权困难重重，继承纠纷已历经两代人均未能妥善解决。法院在魏某氏后人争当遗产管理人的情况下，引入"竞标"机制，令争当遗产管理人的各继承人分别阐述管理遗产的有利条件、能力水平和具体方案，以此确认案涉遗产房屋的合适管理人。后者则集中于无人继承情形，占比超过90%。《民法典》第一千一百四十五条规定："没有继承人或者继承人均放弃继承的，由被继承人生前住所地的民政部门或者村民委员会担任遗产管理人。"此乃法律设定的义务而非可放弃之权利，而实践中存在上述义务主体消极推诿现象。如"相山区民政局认为，该局对于任某的继承人情况不了解，无法核实其继承人的具体情况；任某所在的村民委员会作为遗产管理人更为适宜。双方就此发生争议"。② 责任主体或积极竞标或消极推诿，除受本身利益之驱使，根源或在于制度本身性质及责任边界不明确。

（三）遗产管理人的诉讼地位不明确

为了处理被继承人的债权债务，遗产管理人能否提起或参与和遗产有关的诉讼。如果可以参与，遗产管理人应以何种身份参与。对此，《民法典》及相关司法解释均未给出明确回应，导致司法实践做法各异。如北京市房山区人民法院（2011）房民初字第5688号法定继承纠纷中，原告与被告均为法定继承人，原告请求法院指定其中一位继承人为遗产管理人，法院未对该项诉讼请求予以明确回应，而在兜底判项中"驳回原告其他诉讼请求"。回归本案，房屋买受人与遗产管理人各起一诉，债权人要求遗产管理人协助办理房屋过户手续，遗产管理人主张房屋买受人支付尾款，法院将两起案件合并审理，最终支持双方诉求。

此外，作为遗产管理人的民政部门认识上存在的较大差异，直接影响其对

① 北京市第二中级人民法院（2021）京02民终2416号民事判决书。

② 《继承开始后没有继承人或者继承人均放弃继承的，由被继承人生前住所地的民政部门或者村民委员会担任遗产管理人——张某申请指定遗产管理人案》，"法信·案例"。

于遗产管理的主动性。如部分案件中民政部门认为其作为遗产管理人仅根据《民法典》规定被动对遗产进行管理，并不具有诉讼主体资格。由此，当前司法实践对于遗产管理人诉讼地位尚须进一步明确。

（四）遗产管理人程序适用不规范

现有涉遗产管理人案件可分为三类：一是利害关系人提起指定遗产管理人特别程序；二是利害关系人在具体诉讼中申请追加遗产管理人或起诉要求遗产管理人履责；三是法院主动适用遗产管理人规定，在具体诉讼中认定遗产管理人。

第一类情况占比超过60%，特别程序申请人多为被继承人之债权人，申请法院指定继承人或在无人继承情形下指定民政部门或村民委员会为遗产管理人以实现债权。如刘某申请指定天津市河北区民政局为徐某遗产管理人案等。第二类情况又可分为两种：一种是利害关系人（亦多为债权人）提起具体诉讼（如被继承人债务清偿纠纷），其中要求法院追加或指定遗产管理人；另一种为利害关系人已在先提起特别程序，请求法院指定遗产管理人，待遗产管理人确定后再以其为被告进行具体诉讼，如本案。第三类情况则为法院主动适用遗产管理人制度，在债权人起诉请求继承人偿还被继承人债务时，法院主动认定该继承人为被继承人之遗产管理人，适用遗产管理人制度加以裁判。如北京市顺义区人民法院余某与张某被继承人债务清偿纠纷案。由此，法院是否应主动适用遗产管理人制度，债权人等利害关系人是否必须首先提起指定遗产管理人特别程序而后进行具体诉讼是当下亟须明确的问题。

二、遗产管理人制度之实体法应然考量

法律应该是社会共同的、由一定物质生产方式所产生的利益和需要的表现，而不是单个的个人恣意横行。① 解决遗产管理人制度构建与司法实践尚未完全“适配”的难题，首先应回归制度设计的应然考量。

（一）遗产管理人制度的价值取向

法的价值目标，是法作为客体满足主体需要的终极追求，体现了主体对法价值的追求和企盼。② 遗产继承制度是保护财产所有人根据其自身的意愿合法处置其财产，或者未处置其财产时法律所确定的一项规则，以使被继承人的财产能够在继承人等利害关系人之间进行合理分配的法律制度。③

① 马克思、恩格斯：《马克思恩格斯全集》（第六卷），人民出版社1961年版，第292页。

② 杨震：《法价值哲学导论》，中国社会科学出版社2004年版，第172页。

③ 费安玲：《罗马继承法研究》，中国政法大学出版社2004年版，第2页。

《继承法》[①] 制定之初受时代背景及经济水平影响，立法采“以继承人为中心”模式，继承制度整体呈现为重遗产中积极财产分配而轻消极财产分担的状态，特别是对遗产债务清偿中债权人保护有所失衡。债权人既需要承担遗产减损不足清偿债务的风险，又要提防继承人实际占有遗产却以放弃继承权的形式逃避债务的情况。现代社会，遗产的移转不仅涉及被继承人利益和继承人利益，还涉及遗产债权人利益和社会经济秩序安全。[②] 由此，注意维护遗产债权人的利益和交易安全成为《民法典》继承编的立法理念之一，增设遗产管理人制度即为其重要体现。特别是在无人继承情况下，遗产管理人作为立法设立的中转角色，确保继承人可通过放弃继承权的形式从遗产相关诉讼中脱身，又不会导致诉讼因无适格当事人而陷入困境。

遗产管理人尊重和遵从被继承人的遗嘱对遗产进行管理和分配，是被继承人的意思自由在其死亡之后的延伸和最大体现。[③] 遗产管理人制度同时遵从自由、公平、秩序、效率的价值取向，致力于使遗产得到有效管理，提高遗产分配效率，维护继承秩序，保护交易安全。

（二）遗产管理人中“管理”的核心要义

聚焦遗产管理人“管理”的核心要义，目的在于使遗产得到有效管理，最大限度地避免遗产损失，保障继承权向所有权转化。《牛津法律大辞典》对“管理”之内涵进行了解构与内容列举。其认为遗产管理人是“在被继承人无遗嘱或未指定遗嘱执行人、遗嘱执行人死亡或不接受被继承人财产的情况下，由高等法院家事法庭指定的收集被继承人财产，清偿死者债务，并将偿债后所余财产分配给根据未立遗嘱的情况或按照被继承人的遗嘱对遗产享有权利的人”[④]。

如冯某某与吴某某、张某某等被继承人债务清偿纠纷案，被继承人傅某某生前承包一乡村道路工程，雇用冯某某拉混凝土。后傅某某因意外去世，冯某某诉至法院请求傅某某之继承人支付其劳务工资，但继承人均放弃继承，法院最终驳回冯某某的诉讼请求。[⑤] 而遗产管理人制度将会有力改善这一局面，债权人可向遗产管理人申报债权，此时遗产管理人依据《民法典》第一千一百四十七条之规定清理遗产并制作遗产清单，限制清偿遗产债务责任财产的范

① 已失效。

② 陈苇主编：《外国继承法比较与中国民法典继承编制定研究》，北京大学出版社2011年版。

③ 武晋：《民商法化背景下遗产管理制度构建的价值选择》，载《河南财经政法大学学报》2017年第4期。

④ ［英］沃克编辑：《牛津法律大辞典》，北京社会与科技发展研究所译，光明日报出版社1988年版，第18页。

⑤ 重庆市武隆区人民法院（2017）渝0156民初4094号民事判决书。

围，根据遗产清单依顺序及比例清偿债务，进而使得债务得到清偿，继承人及债权人利益有所保障。

此外，强调“管理”也对遗产管理人之责任进行明确。《民法典》第一千一百四十八条规定遗产管理人因故意或重大过失造成继承人、受遗赠人、债权人损害的，应当承担民事责任。如遗产管理人仅系从事管理行为，因一般过失造成遗产损失的则不在上述责任范畴。如浙江省鄞县人民法院（1993）鄞民初字第153号返还财物纠纷，法院认为遗产管理人并不明确知道被继承人的所有财产，致使遗产被有关部门处罚，该遗产管理人没有占有他人财物的意思，也没有实际占有他人财物，因此不构成对他人财物的侵权。

（三）遗产管理人中“管理”的行为边界

既然“管理”是遗产管理人制度的核心要义，那么是否应允许管理中一定风险的存在；是否严格考察处分行为善意、合理、符合专业判断；是否取得与所有权的处分权相同的处分权。有观点认为，管理遗产并非经营企业，其目的是维护遗产价值不受侵害。[①]《瑞士民法典》第五百八十五条、《日本民法典》第九百一十八条均采纳处分行为符合必要之限度，而《德国民法典》第二千零三十八条对共同继承人的管理权限分为三种情况，即必要的、适当管理的以及超出适当管理范围的。[②]

我国《民法典》亦明确遗产管理人职责的兜底性规定“实施与管理遗产有关的其他必要行为”。笔者认为，“必要”应理解为对遗产管理人的管理行为不能仅以盈利或者亏损来判断履职适当与否，否则在为避免更大损失而故意采取必要行动以最大限度减小损失时，《民法典》第一千一百四十八条可能成为管理人被不当责难的条款。在除《民法典》明确的五项必要行为外，为避免遗产损失进一步扩大而提起或参与必要诉讼的行为亦应囊括在内。

三、遗产管理人制度之程序法破局初探

实体法的实施，离不开程序法的辅助。本文认为，可以以确立遗产管理人法定诉讼担当为突破点，通过前置程序确认遗产管理人制度诉讼当事人资格问题，明确遗产管理人在遗产管理期间提起或参与与遗产有关的诉讼之权限，并可实施一定的处分行为。

（一）再论诉讼担当

诉讼担当是指权利义务主体以外的第三人取代主体而被认可具有当事人适

① 杨立新：《民法分则继承编立法研究》，载《中国法学》2017年第2期。

② ［德］雷纳·弗兰克、托比亚斯·海尔姆斯：《德国继承法》，王葆莳、林佳业译，中国政法大学出版社2015年版，第189～190页。

格的情形。此与第三人请求对他人间的权利关系予以确认等情形不同，作为担当人的第三人行使的是本来归属于权利关系主体的诉讼实施权。① 诉讼担当根据担当人具备当事人适格原因的不同，可分为基于法定效果的法定诉讼担当和基于主体意思的任意诉讼担当。

法定诉讼担当的本质在于诉讼实施权的法定授予、限制、剥夺。通常而言，法定诉讼担当人表现为实体权利义务以外的第三人，但在特殊情况下部分权利义务关系主体亦可以基于法律规定而取得概括性诉讼实施权。任意诉讼担当是指实体法上的权利主体或者法律关系以外的第三人，为了自己的利益或者代表他人的利益，以正当当事人的地位提起诉讼，主张一项他人享有的权利或基于他人法律关系所引发的争议，法院判决的效力及于原来的权利主体。②

二者可从权利来源与制度功能加以区分。从权利来源上看，法定诉讼担当人基于法律规定而对他人诉讼标的享有法定诉讼实施权；任意诉讼担当人基于本来权利义务归属主体的授权而对他人诉讼标的享有意定诉讼实施权。从制度功能上看，法定诉讼担当是立法者通过价值衡量，或为了保护被担当人的利益，或为了保护担当人的利益，或为了维护公共利益而强行剥夺或限制本来权利义务主体的诉讼实施权，转由特定第三人独自或者共同享有；任意诉讼担当是本来权利义务主体在法律明文准许或司法默认准许的情况下，将其诉讼实施权移转给第三人独自或者共同享有。因此，法定诉讼担当的设立，更多是立法价值的考量；任意诉讼担当的设立，则更多是对诉讼实施权处分权能的尊重。

（二）遗产管理人与诉讼担当

1. 遗产管理人独立性证成

关于遗产管理人在法律体系中投射出的性质，学界主流观点有拟制代理说与法定任务说。拟制代理说③认为，管理人的行为即便没有获得继承人的授权，其本质上都是为了继承人之利益，法律视其为继承人之代理，亦即特别拟制管理人为继承人法定代理人。法定任务说④认为，遗产管理人于继承人出现之前所为之职务上行为对继承人有效，是为保护交易安全，继承人也不能否认管理人在职务上的管理行为，因此此为法律规定任务。该学说与另一种“固有权说”异曲同工，最高人民法院认为，该说更具说服力，遗产管理人承担更为全面的管理功能，既要确保遗产价值，又要依被继承人的意愿处分遗产，

① ［日］伊藤真：《民事诉讼法》（第四版补订版），曹云吉译，北京大学出版社2019年版，第128～130页。

② 纪格非：《功能论视角下任意诉讼担当的类型研究》，载《东方法学》2020年第2期。

③ 史尚宽：《继承法论》，中国政法大学出版社2000年版，第370页。

④ 刘耀东：《继承法修改中的疑难问题研究》，法律出版社2014年版，第280页。

还要保护继承人、受遗赠人及其他利害关系人的合法权益，甚至要保护国家利益，具有中立性和专业性的特点。① 笔者亦倾向于后者，遗产分配过程中需要通过对遗产管理人的选任来实现“契约”式的权利让渡，限制绝大部分参与人的自由处分权能，并由各方或者法律所认可的管理人来集中行使遗产的分配权利，“管理人主观上需要具有中立性和专业性”②。

遗产管理人的作用在于通过信息集中、相对独立性甚至专业性的手段来尽量降低遗产分配制度运行的成本，其不依附于所有权人，故而并非拟制代理，遗产管理人应为独立主体。

2. 遗产管理人充任诉讼主体之依据

为了处理被继承人的债权债务，遗产管理人能否提起或参与与遗产有关的诉讼。结合本案，笔者认为，遗产管理人应该有一定的权限在遗产管理期间提起或参与与遗产有关的诉讼，并实施一定的处分行为。当事人作为诉的主体，是获得司法救济的前提。《民法典》规定遗产管理人责任、选任、获取报酬等，其程序当事人的资格在诉讼法解释中得到确立，本文仅需探讨遗产管理人本身是否应为正当当事人。在此基础上的正当当事人概念，有助于避免诉权的滥用，充分发挥司法的救济功能。其识别本依赖于个案实践，但为了司法适用统一、便利进行，有必要确立一般识别标准。

传统诉讼实施权作为正当当事人的一般要件，以管理权为基础，最早由德国诉讼法学者黑尔威格提出，即在财产权诉讼中，权利主体基于对财产享有的管理权、处分权而具备诉讼资格。③ 这一学说被日本接受，同时发展出诉讼实施权赋予他人的情形。我国虽无正当当事人概念，但立法在原告确认标准中规定了“利害关系”概念，学说上对其的解释一般包括“直接利害关系人”和对他人的民事权利享有“管理权和支配权”的人。此与日本的管理权理论保持一致。④ 纵观遗产继承的过程，实际上是继承人之间、继承人与相关利害关系人之间博弈的过程，也是一个对二者间权利义务因被继承人死亡而重新梳理与整合的过程。在此过程中，遗产管理人仅是上述真正权利义务主体之外的第三者，其依据实体法规定，对他人的权利义务或法律关系享有管理权，以当事人诉讼地位就该实体权利产生的纠纷而行使诉讼实施权，判决效力及于该实体权利主体，可以概括性地认为遗产管理人制度与诉讼担当制度在理念上存在较大程度的契合。

---

① 最高人民法院民法典贯彻实施工作领导小组主编：《中华人民共和国民法典婚姻家庭编继承编理解与适用》，人民法院出版社 2020 年版，第 619 页。

② 付翠英：《遗产管理人制度的设立基础和体系架构》，载《法学》2012 年第 8 期。

③ 江伟：《民事诉讼法专论》，中国人民大学出版社 2005 年版，第 46 页。

④ 肖建华：《民事诉讼当事人研究》，中国政法大学出版社 2002 年版，第 112 页。

遗产管理人制度的有效运行可以避免被继承人的遗产因其死亡陷入混乱，而由此导致遗产毁损、流失，亦可以避免债权人等利害关系人之利益因被继承人死亡而受到损害。故无论是债权人向遗产管理人主张债权而涉诉，还是遗产管理人向债务人主张债权而涉诉，都直接影响遗产管理人管理权的行使，可以认为遗产管理人对遗产涉诉案件有"诉的利益"，进而遗产管理人具有正当当事人的诉讼地位。结合上述任意诉讼担当及法定诉讼担当之区分，遗产管理人如属诉讼担当，依其性质应属法定诉讼担当。

3. 遗产管理人法定担当之合理性分析

《民法典》颁布之前，《继承法》中虽有遗嘱执行人、遗产保管人等规定，却未赋予其诉讼实施权，这与我国旧有继承制度的价值取向密切相关。《民法典》增设遗产管理制度后，意欲纠正过去重继承人而轻债权人的理念，故在此背景下，遗产管理人诉讼担当的地位理应予以重新考量。

目前，《民事诉讼法》采法定诉讼担当的权利主体可概括为：其一，基于身份权而引发的诉讼担当，主要表现为权利主体因死亡或失踪而丧失诉讼能力，如公民死亡后人格权、著作权、侵权损害等诉讼；或权利主体诉讼能力尚不完整，如涉及胎儿、不完全民事行为能力人的诉讼。其二，基于财产管理权或处分权而引发的诉讼担当，如股东代表诉讼、破产管理人。前述论及遗产管理人核心要义之"管理"，即与上述基于财产管理权或处分权引发的诉讼担当有较大契合度，立法设立遗产管理人，但若缺少诉讼实施权而无法参与相关遗产诉讼，显然对各方当事人利益保护有失。

目前，《民事诉讼法》对法定诉讼担当的立法方式可概括为：其一，由法律明确规定诉讼地位。如死者人格权诉讼，《民事诉讼法解释》以"死者的近亲属为当事人"对诉讼地位直接确定；再如死者名誉权诉讼，《最高人民法院关于审理名誉权案件若干问题的解释》① 规定近亲属可以作为原告向人民法院起诉；又如《破产法》载明破产管理人"管理和处分债务人的财产；代表债务人参加诉讼、仲裁或者其他法律程序"。其二，由法律可推知诉讼地位。如胎儿等非完全民事行为能力人诉讼，《民法典》规定"由其法定代理人代理实施民事法律行为"；再如死者著作权诉讼，《著作权法实施条例》以"由作者的继承人或者受遗赠人保护"进行表述；又如宣告死亡、死者侵权损害诉讼，《民法典》以"向人民法院申请""有权请求"予以规定。可见立法除明确规定法定诉讼担当外，亦存在合理推定方式。围绕制度目的而实施的诉讼行为应包含在内，既有效保护各方利益，亦可推定其诉讼担当地位。遗产管理制度即如此，《民法典》第一千一百四十七条关于遗产管理人职责第四项"处理被继

① 已失效。

承人的债权债务”以及第六项兜底条款“实施与管理遗产有关的其他必要行为”必然囊括为主张债权或偿还债务而进行的必要诉讼行为。

遗产管理人之程序地位可从实体规定中窥见一二。除上述规定外，《最高人民法院关于适用〈中华人民共和国民法典〉继承编的解释（一）》第四十一条规定：“遗产因无人继承又无人受遗赠归国家或者集体所有制组织所有时，按照民法典第一千一百三十一条规定可以分给适当遗产的人提出取得遗产的诉讼请求，人民法院应当视情况适当分给遗产。”该条文将过去《最高人民法院关于贯彻执行〈中华人民共和国继承法〉若干问题的意见》① 第五十七条中的“要求”重新表述为“诉讼请求”。《民法典》规定，无人继承“由被继承人生前住所地的民政部门或者村民委员会担任遗产管理人”，更有力佐证了遗产管理人的法定诉讼担当地位。因而，无论从设立诉讼担当之主体，还是立法之表达方式，遗产管理人应当也必须具备诉讼担当的地位。

（三）遗产管理人制度中的前置程序

上述实体与程序分析，其实已对前述《民法典》新增遗产管理人制度之诉讼现状检视提出的遗产管理人制度适用分歧、遗产管理人指定两极分化、遗产管理人诉讼地位尚需明确问题作出回应，关于其他程序适用问题本文略作探讨。

根据《民法典》第一千一百四十六条规定，向法院申请指定遗产管理人的适用条件是利害关系人对遗产管理人的确定有争议，那么在无人继承情形下债权人或其他利害关系人对民政部门或村民委员会担任遗产管理人本无争议，是否仍应向法院提起特别程序，申请指定遗产管理人。结合前述民政部门与村民委员会消极推诿之情况，笔者认为，仍有必要将指定遗产管理人作为具体诉讼的前置程序。

其一，一般而言，特别程序相较于具体诉讼而言，诉讼时间短、诉讼效率高，以特别程序确定遗产管理人，便于遗产管理人尽早履责，亦最大程度保证遗产价值效用。其二，以特别程序确定遗产管理人后，具体诉讼可能在遗产管理人履责过程中以协商等方式得以化解，避免再次诉讼时间成本、经济成本等消耗，亦最大限度规避矛盾激化。其三，以特别程序确定遗产管理人后，债权人等其他利害关系人可以明确以遗产管理人为适格当事人进行诉讼，特别是在无人继承情形下，有效规避因被告不适格而被裁定驳回起诉的情形发生。本案即在法院经特别程序指定遗产管理人后，确定某市民政局之主体资格，由遗产管理人担任具体诉讼当事人，权责明确，合理维护债权人权

① 已失效。

益的同时，也有效保障了遗产权利人的利益，对类案审判具有较强的指导及借鉴意义。

（一审法院独任审判员 保红敏
编写人 北京市第一中级人民法院 方 硕 唐达
责任编辑 代秋影
审稿人 刘 敏）

刘某甲等诉张某等婚约财产纠纷案

——涉彩礼纠纷案件的裁判规则

关键词：民事　婚约　财产纠纷　彩礼返还　目的性给付　一般性赠与

【裁判要旨】

双方未办理结婚登记，请求返还彩礼符合法律规定，应予支持。若父母参与婚约订立，支付方可共同主张权利，收取方应共同承担义务。目的性给付的彩礼，综合考虑双方同居及过错等因素，酌定返还。一般礼节性赠与，无须返还。

【相关法条】

《最高人民法院关于适用〈中华人民共和国民法典〉婚姻家庭编的解释（一）》

第五条　当事人请求返还按照习俗给付的彩礼的，如果查明属于以下情形，人民法院应当予以支持：

（一）双方未办理结婚登记手续；

（二）双方办理结婚登记手续但确未共同生活；

（三）婚前给付并导致给付人生活困难。

适用前款第二项、第三项的规定，应当以双方离婚为条件。

【案件索引】

一审：湖南省长沙市岳麓区人民法院（2022）湘0104民初2425号（2022年4月18日）

【基本案情】

刘某甲、刘某乙、汤某某诉称：2021年1月28日，刘某甲和张某经媒人介绍认识，刘某甲在云南工作，张某在湖南生活，双方一直通过微信聊天保持联系。2021 年 2 月 19 日，刘某甲、张某及各自的父母、亲戚在湖南举行两人的订婚酒宴。为订立婚约，刘某甲及其父母（刘某乙、汤某某）向张某及其父母（张某某、左某某）和亲戚共计支付了 266813 元，其中包括：（1）为张某购买“三金”花费 36955 元；（2）向张某父母及亲戚支付礼金共计 169888 元；（3）购买订婚烟酒、订婚宴支出共计 6892 元；（4）订婚宴后，男方父亲在超市买烟酒送到女方家花费 2200 元；（5）微信、支付宝、银行转账共计 25200 元；（6）为张某购买苹果手机、苹果手表及吉他共计花费 20956 元；（7）刘某甲姐姐为张某学习会计支付学费 4722 元。

订婚后，刘某甲与张某交往了半年分手。刘某甲、刘某乙、汤某某多次找张某、左某某、张某某要求退还彩礼，张某、左某某、张某某拒绝。刘某甲、刘某乙、汤某某按照习俗，以结婚为目的向张某及其父母、亲戚给付了彩礼，但是刘某甲和张某经交往后并未办理结婚手续，且张某明确表示不会同刘某甲结婚，应当退还刘某甲、刘某乙、汤某某给付的彩礼。综上所述，请求法院判令：（1）张某、左某某、张某某退还刘某甲、刘某乙、汤某某支付的彩礼共计 266813 元；（2）本案诉讼费用由张某、左某某、张某某承担。

张某、左某某、张某某辩称：（1）同意归还“三金”。（2）刘某甲、刘某乙、汤某某所主张彩礼，订婚当日，刘某甲确实是带了烟酒、糖果等为订婚所准备的物品到张某家，但按照当地风俗，一般男方家里来多少彩礼，女方家里就会在彩礼的基础上增加一点再回给对方。次日，张某与刘某甲一起回云南，张某父母出于爱护自己女儿的缘故将全部的彩礼都予以返还，刘某甲、刘某乙、汤某某无权再要求返还。（3）张某与刘某甲恋爱及同居期间的微信转账、红包等，系一方为维系感情或未来发展馈赠的，因双方共同生活时间较长，且每次数额不大，应视为一般赠与或者为共同生活支出，且张某也转账或发红包给刘某甲，即使有差额，也不宜认定为彩礼，更不构成不当得利，不应返还。（4）张某的会计培训费用，实际上系张某先行打入刘某甲姐姐的账号后由其姐姐代为支付，故该部分费用是张某自己支付的，刘某甲无权要求退还。（5）刘某甲家所有的彩礼已经全部返还，同时张某家按照当地的风俗习惯在原来礼金的基础上增加了给刘某甲的礼金 26800 元、其父母每人 2680 元，张某的奶奶及姐姐都包了一个红包给刘某甲，费用分别是 1000 元、1280 元，上述礼金应当予以返还。且依据刘某甲的逻辑，双方共同生活的所有费用应当予以返还。（6）刘某甲背叛婚约造成张某患上抑郁症，治疗的医疗费用、精神损害赔偿金，刘某甲、刘某乙、汤某某应当予以支付。

张某、左某某、张某某反诉称：张某与刘某甲举行订婚仪式后，跟随刘某甲到云南共同生活。当张某一心一意要与刘某甲白头偕老时，无意间在刘某甲的手机里面发现大量刘某甲在双方同居期间嫖娼的信息，张某多次劝说，刘某甲及其父母无动于衷，刘某甲依然我行我素。2021 年 9 月 12 日，张某不得不离开刘某甲回到湖南。刘某甲背叛婚约的行为致使张某心境抑郁，容易发脾气哭泣，不愿与人交往，2022 年 3 月 3 日被诊断为创伤后应激障碍、焦虑抑郁症。基于以上事实和理由，请求法院判令：（1）刘某甲、刘某乙、汤某某退还张某、左某某、张某某婚约回礼 34440 元，婚约各项支出 106519.65 元；（2）刘某甲、刘某乙、汤某某支付张某治疗抑郁症的医疗费用 60000 元；（3）刘某甲、刘某乙、汤某某赔偿张某精神损害赔偿金 40000 元；（4）刘某甲、刘某乙、汤某某承担本案的诉讼费用。

刘某甲、刘某乙、汤某某辩称：请求法院驳回张某、左某某、张某某的反诉请求。刘某甲、刘某乙、汤某某没有收到张某、左某某、张某某的任何回礼。张某的抑郁症与张某、刘某甲之间的感情问题没有任何因果关系。张某、左某某、张某某没有任何证据证明刘某甲在与张某恋爱期间有嫖娼行为。

法院经审理查明：刘某乙、汤某某系刘某甲的父、母，张某某、左某某系张某的父、母。刘某甲与张某于 2021 年 1 月 28 日经人介绍相识并确立恋爱关系。2021 年 2 月 19 日，双方举办了订婚仪式，订婚宴所花费的餐费、酒水等费用由刘某甲及其父母负担。订婚后第二天，张某随同刘某甲共同前往云南同居生活，后因张某在刘某甲的手机上查看到其与多名女性的非正常聊天记录，双方发生矛盾，张某于 2021 年 9 月 12 日离开云南回到湖南。在 2021 年 10 月 4 日刘某甲与张某的谈话中，刘某甲承认其曾有过一次嫖娼行为，此后双方结束恋爱关系。

另查明：（1）2021 年 2 月 18 日，刘某甲为张某购买“三金”首饰花费 36955 元。（2）订婚宴当天，刘某甲、刘某乙、汤某某向张某给付红包 116688 元，向张某某、左某某各给付红包 11680 元，向张某的弟弟、姐姐、姐夫、奶奶、舅舅、叔叔、姑妈、外甥等亲戚共计给付红包 29840 元。（3）刘某甲自认张某的父母、奶奶、姐姐共计向其给付红包一万余元。（4）双方共同生活期间，刘某甲为张某购买了苹果手机、吉他、苹果手表等共计花费 20956 元。（5）自 2021 年 3 月 1 日至 2021 年 9 月 24 日期间，刘某甲向张某通过微信、支付宝、银行转账等共计 25200 元，其中，2021 年 3 月 1 日微信转账 3000 元、2021 年 3 月 18 日银行转账 2000 元、2021 年 4 月 2 日支付宝转账 3000 元、2021 年 5 月 10 日银行转账 10000 元、2021 年 7 月 8 日微信转账 2000 元、2021 年 7 月 31 日微信转账 2000 元、2021 年 9 月 24 日银行转账 3200 元。此外，在双方共同生活期间，刘某甲还多次向张某发送金额为 520、168、1314、888 等的微信转账或红包，并为张某购买衣服、打疫苗、配眼镜、体检等消费支付费用。（6）自 2021 年 2 月 18 日至 2021 年 8 月 18 日期间，张某共计向刘某甲微信转账5804元，其中，2021年2月18日3000元、2021年6月1日610元、2021年6月5日360元、2021年6月29日520元、2021年6月29日1314元。（7）2021年2月18日，张某为刘某甲购买西装一套花费1406元。在双方共同生活期间，张某为刘某甲购买了剃须刀、衣服、手表等物品。

【裁判结果】

湖南省长沙市岳麓区人民法院于2022年4月18日作出（2022）湘0104民初2425号民事判决：一、限张某、左某某、张某某于本判决生效之日起十日内向刘某甲、刘某乙、汤某某返还彩礼80000元；二、限张某、左某某、张某某于本判决生效之日起十日内向刘某甲、刘某乙、汤某某返还“三金”首饰；三、驳回刘某甲、刘某乙、汤某某的其他诉讼请求；四、驳回张某、左某某、张某某的反诉请求。宣判后，双方当事人均未提出上诉，判决已发生法律效力。

【裁判理由】

法院生效裁判认为：本案中，刘某甲与张某确立恋爱关系后，未能办理结婚登记，现刘某甲请求张某返还彩礼符合法律规定，应予支持。刘某甲的父母以及张某的父母均实际参与了刘某甲和张某的婚约订立，现刘某甲及其父母共同主张张某的父母与张某共同承担返还责任，应予支持。

关于刘某甲、刘某乙、汤某某主张的各项诉请：（1）刘某甲为张某购买的“三金”首饰，张某同意退还，予以确认。（2）在刘某甲与张某举办订婚宴当天，刘某甲家给付的红包116688元，金额较大，结合双方的实际情况，应当认定为彩礼，现双方未办理结婚登记，刘某甲、刘某乙、汤某某主张返还于法有据，予以支持。但考虑到刘某甲和张某在订婚之后共同生活了一段时间，且因刘某甲的过错导致双方分手，故酌情确定须返还的彩礼金额为80000元。刘某甲家在订婚宴当天向张某父母以及其他亲戚所给付的红包，属于一般的礼节性赠与，不应认定为彩礼，可不予返还。张某、左某某、张某某辩称刘某甲、刘某乙、汤某某所主张的彩礼在订婚的第二天已经全额返还，没有充分证据佐证，不予采信。（3）关于刘某甲家为订婚宴所支出的费用，并非向张某及其家人的给付，不属于彩礼，刘某甲、刘某乙、汤某某主张退还于法无据，不予支持。（4）关于刘某甲家向张某家赠送的烟酒等物品，以及刘某甲在与张某共同生活期间所赠与的钱物，亦系一般性赠与或者双方共同生活期间的开支，刘某甲、刘某乙、汤某某主张返还于法无据，不予支持。（5）关于张某的会计培训费，因系案外人支付，涉及案外人利益，本案无法处理，不予支持。

关于张某、左某某、张某某主张的反诉请求：（1）张某、左某某、张某某主张刘某甲、刘某乙、汤某某退还婚约回礼 34440 元及各项支出 106519.65 元的诉求，于法无据，不予支持。首先，张某、左某某、张某某并未提交充分证据佐证其具体支出情况。其次，即便张某家向刘某甲家给付了一定金额的回礼，亦系双方之间的礼尚往来，如前所述，刘某甲家向张某家及其亲戚给付了一定金额的红包，故张某家向刘某甲家给付一定金额的回礼，亦合乎情理。最后，刘某甲和张某共同生活期间，双方均对对方有一定金额的财物赠与，均系一般性赠与，刘某甲对于张某向其赠与的财物，亦无须返还。（2）关于张某治疗抑郁症的医疗费用 60000 元及精神损害赔偿金 40000 元，张某、左某某、张某某的主张没有事实和法律依据，不予支持。

【案例注解】

我国彩礼习俗来源于古代，从古至今，彩礼特别是高价彩礼在婚姻关系中有着独特而重要的角色定位。近年来，随着经济发展，高价彩礼引发的婚姻家庭纠纷不断，为破除高价彩礼，2021 年至 2024 年，中央 1 号文件连续 4 次提出整治高价彩礼。为回应社会关切，2024 年 2 月 1 日，《最高人民法院关于审理涉彩礼纠纷案件适用法律若干问题的规定》（以下简称《彩礼纠纷适用法律的规定》）正式实施。本案双方订立婚约后，虽未办理结婚登记，但已共同生活，因给付方存在过错导致双方解除婚约关系，因婚约财产产生纠纷诉至法院。本案于该规定实施之前终审，但在办案思路上，本案裁判理念与该规定高度契合。

一、关于返还彩礼的请求权基础

从请求权基础的角度来理解《最高人民法院关于适用〈中华人民共和国民法典〉婚姻家庭编的解释（一）》（以下简称《民法典婚姻家庭编解释一》）第五条的规范内涵，其构成要件为：按照习俗给付彩礼（要件一）；满足“未办理结婚登记”“办理了结婚登记但确未共同生活且离婚”或“婚前给付并导致给付人生活困难且离婚”三种情形之一（要件二）。如满足以上两个要件，则产生给付方享有彩礼返还之请求权的法律效果。

明确彩礼返还的请求权基础首先要明确彩礼给付的性质，由“要件一”可知，给付彩礼是必要条件，多数学者认为给付彩礼是一种附解除条件的赠与，但这种解释存在一定的障碍。其一，附条件的赠与属于法律拟制，属于合同法的调整范围，但婚姻是基于双方结婚自由产生的一种社会关系，婚约关系不能直接适用合同解除规则。其二，附条件解除产生的是“全有”或“全无”的法律效果，而彩礼返还须参考诸多因素予以酌情考量。其三，附条件民事法律行为中，如果任一方当事人不正当地阻止或促成条件成就，那么应当视为条件不成就，如果将这一条件简单套用在婚约财产返还中，就要考虑结婚登记是否被不正当因素所影响，显然与《婚姻法》① 的基本原则不相符合。笔者认为，彩礼的给付属于目的性给付，是指男方因期待与女方缔结并维护婚姻而作出的、本无实施义务的给付，主要包括登记结婚、举行婚礼、共同生活和生育子女等目的。只要给付目的实现，给付方享有的返还彩礼之请求权消失；若给付行为未完成，即使目的实现，亦不产生彩礼返还请求权；若给付行为已完成，但给付目的未实现，给付方即享有返还彩礼之请求权。以目的性给付作为逻辑出发点，在判断彩礼是否需要返还或返还比例时，能够综合多个目的性因素予以酌定考量，最终产生的也不是“全有”或“全无”的绝对法律效果。

二、关于诉讼主体

彩礼，有的也称为聘礼、纳彩等，给付的彩礼一般为金钱，也有一些贵重物品。彩礼来源于我国古代婚姻习俗中的“六礼”②，在一些传统观念里，彩礼被视为男方家庭对女方家庭的尊重和感谢，彩礼的支付也象征着男方家庭的经济实力和承诺。因此，即便在当今这个“父母之命，媒妁之言”的婚俗早已被摈弃的时代，男女双方在谈婚论嫁之时，双方父母往往还是会参与其中。尤其对于大额彩礼的给付，基本都需要父母的支持，甚至由父母全部负担。而作为收取彩礼的一方，由于有娘家置办嫁妆、支付回礼等习俗，对方支付的彩礼也基本会交由父母掌管。因此，当双方的婚约关系解除时，基于婚约关系所给付或收取的财物往往都是双方父母所有或掌管的财产，此时，若双方父母不参与诉讼，一是有可能使得婚约活动中财产往来的事实难以查清；二是判决生效后的执行会遭遇被执行财产的追踪和认定难的问题。经查询《彩礼纠纷适用法律的规定》出台之前的类案裁判文书，除极个别经审理查明父母确实没有经手婚约财产、对要求父母承担共同返还义务的诉请不予支持的外，对于能够确定父母参与了婚约订立的，基本都对婚约双方父母参与诉讼、承担责任持准予与支持的态度。本案中，经审理查明，刘某甲的父母以及张某的父母均实际参与了刘某甲和张某的婚约订立，故对刘某甲及其父母共同主张张某及其父

① 已失效。

② 六礼来自古籍《礼记·昏义》，旧时汉族婚姻仪礼，指从议婚至完婚过程中的六种礼节，即：纳采、问名、纳吉、纳征、请期、亲迎。

母共同承担彩礼返还责任的诉请予以支持。《彩礼纠纷适用法律的规定》第四条第一款规定："婚约财产纠纷中，婚约一方及其实际给付彩礼的父母可以作为共同原告；婚约另一方及其实际接收彩礼的父母可以作为共同被告。"对之前司法实践中总结提炼的裁判规则予以了确定。

三、关于彩礼范围

《彩礼纠纷适用法律的规定》第三条规定："人民法院在审理涉彩礼纠纷案件中，可以根据一方给付财物的目的，综合考虑双方当地习俗、给付的时间和方式、财物价值、给付人及接收人等事实，认定彩礼范围。下列情形给付的财物，不属于彩礼：（一）一方在节日、生日等有特殊纪念意义时点给付的价值不大的礼物、礼金；（二）一方为表达或者增进感情的日常消费性支出；（三）其他价值不大的财物。"如前所述，彩礼是我国民间的一种称呼习惯，《民法典》并未就彩礼进行明确界定，根据《民法典》第十条规定："……法律没有规定的，可以适用习惯，但是不得违背公序良俗。"既然彩礼没有明确规定，那么在确定彩礼范围时，就应当以群众普遍认可的彩礼内容为基础。当然，彩礼也需要受到公序良俗原则的检视，在现实生活中，经常会出现以婚姻之名借彩礼索取财物的情形，如收受彩礼后携款潜逃，或者短期内多次以缔结婚姻为名收取高额彩礼后又无正当理由悔婚的，对该种情形，目前《民法典》已明文规定给予否定性评价。

容易混淆的是彩礼与恋爱期间的一般性赠与，这两者在实施行为时的目的和动机有相似之处，但也有区别。给付彩礼一般是基于当地风俗习惯，直接目的是缔结婚姻；而婚约或恋爱期间的一般性赠与是为了增进双方感情的一种纯粹赠与，这种赠与如产生纠纷，在司法实践中可以适用赠与合同有关规定，不宜将其纳入彩礼范围，否则，可能导致彩礼范围无限扩大，不利于纠纷的最终解决。如何认定彩礼范围应综合考察给付时间是否在双方谈婚论嫁阶段、是否有双方父母或媒人商谈、财物价值大小等事实进行判断。具体而言，以下五种情形不应纳入彩礼范围：（1）当地并无给付彩礼的风俗习惯，一方在婚前自愿给付的财物；（2）男女双方在交往期间，一方为表达情意而赠与对方的定情物、信物及其他财物；（3）男女双方在交往过程中请客花费等人情往来的消费性支出及其他维系发展感情的必要支出；（4）一方及家人在特定节日等节点给付对方和家人的礼物和礼金；（5）男女双方在筹备、举办婚礼过程中为款待、宴请亲友所支出的相关费用等。① 本案中，经审理查明，其一，原告刘某甲在订婚宴当天向被告父母以及其他亲戚所给付的红包，属于一般的礼节

① 王丹：《新形势下彩礼纠纷的司法应对》，载《中国应用法学》2024 年第 1 期。

性赠与，不应认定为彩礼。其二，原告刘某甲与被告张某在共同生活期间所赠与的财物，属于一般性赠与或者双方共同生活期间的开支，故对双方的该项诉请不予支持。

四、关于彩礼返还规则

《彩礼纠纷适用法律的规定》第六条规定，双方未办理结婚登记但已共同生活，一方请求返还按照习俗给付的彩礼的，人民法院应当根据彩礼实际使用及嫁妆情况，综合考虑共同生活及孕育情况、双方过错等事实，结合当地习俗，确定是否返还以及返还的具体比例。该条完善了《民法典婚姻家庭编解释一》的彩礼返还规则，弥补了未办理结婚登记但已共同生活这一情形的法律空白。

第一，在处理彩礼返还纠纷时，“共同生活”应是首要考虑因素。彩礼以缔结婚姻为目的，而婚姻是男女双方以实现永久共同生活为目的的一种社会关系，故男女双方是否共同生活或共同生活时间长短对于彩礼是否需要返还或返还的具体比例具有重要影响。《彩礼纠纷适用法律的规定》第五条和第六条把征求意见稿中的“共同生活时间”修改为“共同生活情况”，主要用意也是在于引导法官在考虑共同生活事实时，不能简单计算时间长短，还要综合考虑双方是否实际居住、未实际共同居住的原因等因素。

第二，孕育子女是阻却彩礼返还的重要因素。从社会学角度分析，如果双方已共同孕育子女，事实上，父、母与子女之间已经形成了比较稳定的家庭结构，且孕育子女对女方生理、心理均会产生较大影响，从一定程度上，彩礼给付的目的已经实现，则不存在彩礼返还请求权基础。如人民法院案例库中祝某某诉戴某1、白某某、戴某2婚约财产纠纷案（2023－07－2－012－004）亦采用了该观点，即孕育子女可作为彩礼返还比例的考量因素之一。此外，对于未生育子女但女方怀孕、流产的情形，虽未生育子女，但怀孕、流产同样会对女方身心健康、社会评价以及再婚造成负面影响。① 据此，部分法院为了弥补女方，在判决返还彩礼的具体比例上也会有所考虑，酌情减少返还份额。

第三，彩礼返还请求权是否要求给付人不存在过错。我国司法实践对此持否定态度，在离婚情形下，不因一方当事人存在过错而限制离婚自由，婚约财产纠纷更应如此，因此，原则上不应以一方存在过错而导致其丧失请求权，但是否存在过错应纳入彩礼返还考虑范围，如果给付彩礼一方存在家庭暴力、出轨等过错，则可以要求酌情减少返还。

---

① 汪洋：《彩礼范围与返还事由的体系再造——最高人民法院〈彩礼纠纷规定〉释评》，载《妇女研究论丛》2024年第2期。

第四，彩礼使用情况及嫁妆情况可作为彩礼不予返还的抗辩理由之一。嫁妆最早记载于《诗经》①，传统上，嫁妆一方面是展示女方的经济实力，另一方面也是为女方在男方家的地位提供物质基础。有的女方家庭会将收到的彩礼加上嫁妆作为陪嫁，大部分都是用于双方共同生活。故在考虑彩礼返还问题时，对于已经消费的彩礼，应当判决不予返还。本案中，被告张某抗辩所主张的彩礼在订婚第二天予以返还，但并未提供证据证明，故未予采信。原告刘某甲在与被告张某交往期间，存在不忠诚行为，双方分手主要系刘某甲的过错所致，据此，原、被告双方在尚未进行婚姻登记但共同生活了一段时间的情况下，酌情判决被告返还的彩礼金额为80000元于理有据。

给付彩礼属于以缔结婚姻为最终目的的赠与，双方未办理结婚登记但以夫妻名义共同生活的构成同居关系，当结婚无法实现时赠与行为丧失法律效力，给付人可请求受领人返还彩礼。具体来说，在综合《民法典婚姻家庭编解释一》第五条规定的基础上，应当明确以下彩礼返还规则：（1）未办理结婚登记且未共同生活的或已经办理结婚登记但确未共同生活的，原则上应当全部返还，但是应当扣减已经使用部分。（2）已办理结婚登记且共同生活的，在双方离婚时，按照习俗给付的彩礼，一般不应予以返还。但是，如果共同生活时间较短且彩礼数额过高的，应当在扣减已经使用部分和无法返还的嫁妆部分的基础上，综合考虑彩礼数额、共同生活及孕育情况、双方过错等事实，结合当地习俗，确定是否返还以及返还的具体比例。（3）未办理结婚登记但双方已共同生活，应当在扣减已经使用部分和无法返还的嫁妆部分的基础上，综合考虑共同生活及孕育情况、双方过错等事实，结合当地习俗，确定是否返还以及返还的具体比例。

习近平总书记强调指出，“家庭是社会的基本细胞，是人生的第一所学校。不论时代发生多大变化，不论生活格局发生多大变化，我们都要重视家庭建设，注重家庭、注重家教、注重家风”。②《民法典》规定，家庭应当树立优良家风，弘扬家庭美德，重视家庭文明建设；保护妇女、未成年人、老年人、残疾人的合法权益。人民法院在审理涉及彩礼纠纷案件中要坚决贯彻落实习近平总书记关于家庭家教家风建设的重要论述精神和《民法典》的相关规定。《民法典婚姻家庭编解释一》第五条关于未办理结婚登记手续应返还彩礼的规定，应当限于未共同生活的情形。已经共同生活的双方因未办理结婚登记手续不具有法律上的夫妻权利义务关系，但在审理彩礼返还纠纷时，不应当忽

---

① 《诗经》关于嫁妆的记载：“以尔车来，以我贿迁。”

② 中共中央文献研究室编：《习近平关于全面建成小康社会论述摘编》，中央文献出版社2016年版，第121页。

略共同生活的“夫妻之实”。该共同生活的事实不仅承载着给付彩礼一方的重要目的，也会对女性身心健康产生一定程度的影响，尤其是在孕育子女等情况下。如果仅因未办理结婚登记而要求接受彩礼一方全部返还，有违公平原则，也不利于保护妇女合法权益。本案中，双方当事人虽未办理结婚登记，但双方已订立婚约关系，并共同生活了一段时间。本案判决符合当地风俗习惯，通过平衡各方当事人利益，体现了对妇女合法权益的保护。

（**一审法院独任审判员** 汪 样

编写人 湖南省长沙市岳麓区人民法院 刘 群 吴 帆 汪 样

责任编辑 代秋影

审稿人 刘 敏）

某甲商业公司诉某乙餐饮公司房屋租赁合同纠纷案

——商业租赁案件中开业率的概念及认定标准

关键词：民事　房屋租赁合同　开业率　约定不明　权利义务对等

【裁判要旨】

合同约定不明时，应当从文义解释、双方实际履行情况、有利于实现合同目的的角度综合理解合同内容。对于商业租赁合同中的开业率条款，在双方未作明确约定的情况下，应当遵循从宽把握原则进行认定。

【相关法条】

《中华人民共和国民法典》

第五百一十条　合同生效后，当事人就质量、价款或者报酬、履行地点等内容没有约定或者约定不明确的，可以协议补充；不能达成补充协议的，按照合同相关条款或者交易习惯确定。

【案件索引】

一审：江苏省无锡市惠山区人民法院（2021）苏0206民初5073号（2021年11月8日）

二审：江苏省无锡市中级人民法院（2022）苏02民终773号（2022年5月23日）

【基本案情】

原告某甲商业公司诉称：某乙餐饮公司向其承租某商业广场28、29、30

号房屋，用于经营休闲餐饮，租金每年 24 万元，某乙餐饮公司承租至今，从未支付过租金，故要求某乙餐饮公司支付 2018 年 1 月 1 日起至 2021 年 12 月 31 日止的租金 96 万元。

被告某乙餐饮公司辩称：根据租赁合同约定，某甲商业公司开业率达到 70% 某乙餐饮公司才须支付租金，因某甲商业公司的开业率从未达到 70%，某乙餐饮公司无须支付租金，请求驳回某甲商业公司的诉讼请求。

法院经审理查明：2016 年某甲商业公司（出租方、甲方）与某乙餐饮公司（承租方、乙方）签订房屋租赁合同，约定：某乙餐饮公司向某甲商业公司承租某商业广场 28、29、30 号房屋，房屋使用面积为 225.2 平方米，租赁用途为商用，经营休闲餐饮，租赁期限自 2016 年 11 月 10 日起至 2022 年 1 月 9 日止，免租期自 2016 年 11 月 10 日起至 2017 年 1 月 9 日止，免租期内，乙方免付房屋租金，首年固定租金 2 万元/月，计 24 万元/年，甲方自开业率达到 70% 起向乙方计收租金及物业管理费，甲方开业率未达到 70% 乙方免付租金，租金与物业管理费每季度支付一次。2019 年 7 月，双方签订补充协议，约定租赁期限变更为 2017 年 12 月 14 日起至 2022 年 12 月 13 日止，一致确认某乙餐饮公司开业日为 2017 年 12 月 14 日，一致同意以该日作为计算物业管理费的起租日。

2017 年 8 月 30 日，某乙餐饮公司向某甲商业公司发送告知函，载明：我司于 2016 年 11 月接铺，于 2016 年 12 月 31 日装修完毕并取得相关证照，某甲商业公司的招商进度及整体推进速度一再拖延，严重影响我店铺的经营和投产，请求重新商谈商务条款事项。2017 年 9 月 8 日，某乙餐饮公司向某甲商业公司发函，请求追加一年免租期。2018 年 7 月 25 日，某乙餐饮公司向某甲商业公司发送商洽函，请求某甲商业公司给予一定的租金减免支持：将原合同租期修改为自 2017 年 12 月 14 日起至 2023 年 12 月 13 日止，2017 年 12 月 14 日至 2018 年 6 月 30 日某乙餐饮公司免付租金及物业费，2018 年 7 月 1 日起各月租金及物业费改为后付款，以一个月为一个缴付期，合同期间，乙方于每个月 15 日前向甲方提供上个月营业额报表，若乙方月营业额低于等于 30 万元/月，则乙方免付上个月租金及物业费；若乙方月营业额高于 30 万元/月，则乙方应于提供报表月的下一个月 5 日前支付提供报表月上一个月租金。2018 年 9 月 14 日，某乙餐饮公司向某甲商业公司发函，要求某甲商业公司提供商场开业率已达 70% 的相关证明资料。2018 年 9 月 29 日，某甲商业公司向某乙餐饮公司发送工作联系函，告知公司项目于 2017 年 9 月 2 日开业，开业率为 82%，已满足开业率 70% 的计租条件，要求某乙餐饮公司支付租金。2018 年 10 月 10 日，某乙餐饮公司向某甲商业公司发送回复函，回复函载明：我司于 2017 年 12 月正式对外营业，按照贵司对外提供的招商手册显示，整体商业面积共 5

万平方米，经我司现场勘查，店铺开业时，开业商户大约在2万平方米，贵司开业率未达到70%，我司有权免付租金，2018年10月9日，我司再次勘查现场，开业商户约1.6万平方米，与贵司所说的已达到70%开业率不符。某甲商业公司认为，根据该份回复函，某乙餐饮公司是认可按面积计算开业率的。某乙餐饮公司认为，无论是按面积计算还是按商户数量计算，开业率均没有达到70%。

2020年7月22日，某乙餐饮公司向某甲商业公司发送告知函，认为商场的开业率仍比较低，其按照合同约定一直未向某甲商业公司支付租金。2021年5月11日，某乙餐饮公司向某甲商业公司发送撤店沟通函，告知某甲商业公司门店开业至今月平均亏损超过3万元，其将于2021年5月31日前关闭店铺，并于2021年6月4日搬离，请求某甲商业公司做好准备，并返还保证金4万元。

2021年5月18日，某甲商业公司向某乙餐饮公司发送工作联系函，认为某乙餐饮公司月亏损超过3万元不是事实，要求某乙餐饮公司支付租金，并将其2017年9月开业前后的开业数据汇总成商户情况发送某乙餐饮公司，某乙餐饮公司如对该数据有异议，在收到本函件后15日内提出书面异议，否则视为对该数据认可。某乙餐饮公司认为，某甲商业公司提供的商户情况仅能反映出租情况，并非开业情况，其中大量店铺并没有开业或已经停业，商户情况所列汗蒸浴场包括了物业用房和公寓的面积，不应当计算在内。

某甲商业公司认为，开业率指已经开业店铺的建筑面积除以某甲商业公司在某商业广场上所管理店铺的建筑面积，在2018年之前开业率已达70%；开业率只要某一时间点达到70%，某乙餐饮公司就应当支付租金，而并非要求开业率70%的状态持续存在。

某乙餐饮公司认为，开业率是指已经持续经营的商户数量除以某商业广场内所有商户数量，某甲商业公司管理的商户共计700多户，某甲商业公司提供的商户情况中仅列举56户商户，开业率远低于70%；某甲商业公司应当保持70%的开业率达到一定时间，否则其免付租金；某商业广场业态萧条、门店凋敝，商户陆续开业、陆续停业，开业率从未达70%。

某乙餐饮公司陈述，其签订租赁合同的目的是稳定持续经营发展面包店，某甲商业公司提供房屋租赁合同文本，其提出将开业率纳入合同内容，双方协商一致后签订了房屋租赁合同，其未向某甲商业公司支付过租金，至今仍在持续经营。

【裁判结果】

江苏省无锡市惠山区人民法院于2021年11月8日作出（2021）苏0206

民初5073号民事判决：一、某乙餐饮公司于本判决生效之日起十日内向某甲商业公司支付租金84万元；二、驳回某甲商业公司的其他诉讼请求。

宣判后，某乙餐饮公司提出上诉。江苏省无锡市中级人民法院于2022年5月23日作出（2022）苏02民终773号民事判决：驳回上诉，维持原判。

【裁判理由】

某甲商业公司与某乙餐饮公司签订的房屋租赁合同系双方真实意思表示，合法有效，法院予以确认。本案的争议焦点在于开业率是否达到70%。根据2018年10月10日某乙餐饮公司向某甲商业公司发送的回复函，某乙餐饮公司亦是按照面积计算开业率，某甲商业公司主张开业率按照面积计算，法院予以采信。开业率也许在一定程度上关系到某乙餐饮公司商铺是否盈利，但经营商业本身就是一种风险行为，开业率并非影响某乙餐饮公司盈亏的决定性因素，如赋予某乙餐饮公司在合同履行过程中在任意时间点都能以开业率未达标准而选择随意拒付租金的权利，有失公允，亦不合常理。随着商家的引进和退出，商场开业率也会不断浮动变化，某乙餐饮公司提出将开业率纳入合同内容，但未约定具体可操作的核算开业率的方法，由此引发双方对开业率是否达到70%产生争议。某乙餐饮公司认为开业率未达70%，其长期处于亏损状态，却仍选择继续经营，且持续经营至今，不合常理。而根据2018年7月25日某乙餐饮公司发送的商洽函，某乙餐饮公司请求某甲商业公司给予租金减免支持，从2018年7月1日起各月租金及物业费改为后付款，法院认定某乙餐饮公司应自2018年7月1日起开始支付租金。根据房屋租赁合同及商洽函，租金按季度支付，且先付后租，某甲商业公司主张某乙餐饮公司支付至2021年12月31日止的租金，法院予以支持。某甲商业公司主张按照24万元/年即2万元/月计算租金，未超过房屋租赁合同约定的租金标准，法院予以支持。综上，某乙餐饮公司应向某甲商业公司支付自2018年7月1日起至2021年12月31日止的租金84万元。

【案例注解】

一、开业率条款提出的背景

随着网络电商、快递行业的迅速发展，网络经济迅猛崛起，大量实体店关闭、退租。作为实体经济的重要组成部分之一，大型商业综合体更是受到了剧烈的冲击。许多经营者在入驻商场、开设实体店之前，都会将开业率纳入商铺租赁合同中，以此降低经营风险，减少投资成本。商业地产租赁行为中，由于很多商业项目自身区位、体量、管理水平等因素，在招商过程中存在着极大的不确定性。为了吸引客流、招商引资，不少商场管理人亦会同意经营者的要求，在租赁合同中设定开业率条款，承诺达到一定的开业率，如未达到相应的开业率标准，则给予承租人租金减免、推迟开业等优惠待遇，以此向承租人展示其经营信心。

二、开业的认定

承租人和出租人或为了提高效益、降低成本，或为了招商引资、盘活商铺，在租赁合同中设置开业率条款，从法律的角度而言，开业率属于一个新兴的概念，常见于商业经营管理领域。实践中，租赁双方常常对开业率的概念赋予不同的定义和计算方式。要明确开业率的含义，首先要明确开业的概念。考虑到商铺经营的营收风险，开业并不等同于简单的出租，而应当指的是一种事实上的对外经营的状态。在（2019）浙民申 3669 号一案中，法院对开业的定义为商铺实际对外经营的事实状态，不能因商铺营业情况、某些法律法规要求的条件（如“污染整顿”“工商变更登记”等）而否认商铺已对外经营（开业）的客观事实。

部分承租方为规避自身风险，会在前期选择短期试营业的方式决定是否有加大投入的必要，那么试营业是否能够认定为开业？试营业虽然通常为短期的，但对于商业综合体而言，试营业既能够充分利用商铺资源，增加商业体的鲜活度，又能够在一定程度上减轻承租方的试错成本，增加承租方的经营信心。但是频繁更换商铺品牌，势必会伴随装修期限的增长，笔者认为，开业指的是一种经营状态，在非空置期、非装修期的试营业阶段也一定程度增加了商业综合体的品牌多元化和对消费者的吸引力，在该阶段也应当认定商铺处于开业状态。

三、开业率的概念

开业率的概念通常由租赁双方进行约定，租赁双方可以根据不同的需求，设置不同的开业率的概念，包括但不限于项目整体开业率、楼层或区域开业率、项目同类型开业率、限时开业率等。

（一）开业率的分类

项目整体开业率往往是强势承租方对于出租方的整体要求，多数是因对出租方整体管理能力的不信任，所以要求商业项目整体开业时必须在面积或商铺数上达到特定指标。对于此类开业率，重点在于整体的认定。部分出租人所管理的项目面积低于整体房屋不动产权证显示的建筑面积，故双方对于整体的定义可能会存在争议。比如本案中，出租人提出整体的面积不应包含已由开发商出售给业主的非由其管理的面积以及保温层的面积。楼层或区域开业率一般限于某一楼层或特定业态功能区域，而楼层或区域的规划确定通常与出租人对商业综合体业态规划布局有关。项目同类型开业率指的是项目内同一类型品牌的开业面积或数量，此类承租人在经营中，多数系基于抱团扎堆的意识，希望能够在区域内形成同类型业态共振。

（二）开业率的统计口径

常见的开业率的统计口径有两种，一种是按照开业商户数量占总商户数量的比例计算，另一种是按照开业商户面积占总商户面积的比例计算。随着招商引进及退出的变化，商户业态需求不同，规模不同，受众不同，商业综合体管理人也会根据不同商户的不同需求，对商业综合体内的门面加以区分规划以及调整，进而导致总体商户数量也会相应发生改变。相较于商户数量，商户的面积难以产生物理上的变化，因此，以商户面积作为统计口径，具有更高的适用性。

承租人基于不同的商业考虑可以选择不同的开业率标准，但是无论选择哪一种标准，最终需要有切实可行的考核方式。一般建议承租人对开业率的面积或商户数量以平面图并对规划品牌加以标注的方式，作为考核参照纳入合同附件，以明确开业率的衡量尺度。同时，正是因为开业率概念的自由度高、可选择性多，再加上承租人自身缺乏法律意识，仍不可避免地会出现对开业率约定不明的情况。

（三）开业率约定不明时的处理方式

《民法典》第五百一十条规定："合同生效后，当事人就质量、价款或者报酬、履行地点等内容没有约定或者约定不明确的，可以协议补充；不能达成补充协议的，按照合同相关条款或者交易习惯确定。"故在合同中对开业率约定不明的情况下，对于开业率的计算，首先应当采取文义解释的原则，根据双方合同中约定的开业率的概念，确定开业率的统计方式。在文义解释无法判断的情况下，应当结合双方实际履行情况，判断所采用的开业率计算方式以及开业率是否达标。本案中，双方虽在租赁合同中并未明确约定开业率的计算方式，但从双方的往来函件看，承租人在现场勘查时是按面积统计开业率的，此后出租人在自行制作的商户情况中也同样按照面积统计开业率，故双方约定的开业率应按照面积计算。如从双方的实际履行情况仍然无法判断，笔者认为，应当采取从宽的角度认定开业率是否达标，即以出租人所管理的商业区域（即自持物业）为计算范围，分子、分母数据对象应当保持一致，在合理条件下出租人只须证明达到其中一类开业率即可。

四、开业率的时间性

随着商户的开闭，开业率也会呈现出动态变化的特点，那么在考核开业率的时候，究竟是以某一时间点的瞬时指标作为判断依据还是以动态持续的指标作为判断依据。通常而言，租赁双方可通过约定考察开业率的期限来确定，也即约定限期性的开业率，即承租方要求在项目开业时，项目内品牌或面积必须在一定期限内持续达成约定的开业指标。

如果双方并未约定开业率的考量期限，法院首先应当通过双方的实际履行情况判断开业率达标是以某一时间点还是以某一时间段进行考核。本案中，承租人不认可开业率已达到合同约定的标准，在此情况下，其不可能会想到要支付租金，但是其却在发送给出租人的函件中提出从某一时间开始减免租金，应当视为承租人已经认可从该时间点起开业率已经达到了约定的标准，支付租金的条件成就。如从双方履行情况无法判断开业率以时间点还是时间段为考核依据，笔者认为，还是应当遵循从宽把握的原则，以时间点作为开业率达标的依据更宜。除了如前述参照格式条款对减轻责任一方作不利解释的理由外，从合同目的角度看，设置开业率条款是为了规避商业风险。但是经营商铺本身就是一种风险行为，开业率虽然在一定程度上会影响商铺的盈利能力，但并不是商铺盈亏的决定性因素，最终决定是否继续租赁的因素仍然在于承租人自身经营能力、市场决策等，而该等因素由承租人实际经手把控，出租人对承租人能否盈利的参与度较低，故在合同对此没有明确约定的情况下，如果赋予承租人在任意时间节点随时拒付租金的权利，将承租人自身的商业风险全部转嫁到出租人身上，有失公允，亦不符合权利义务相对等原则。此外，《民法典》第五百一十一条第五项规定：“履行方式不明确的，按照有利于实现合同目的的方式履行。”此处的合同目的应作整体合同目的理解，租赁合同双方基本权利义务在于一方使用租赁物，一方收取租金，达到资源充分利用的目的。开业率条款设置的常见条款在于承租人享受到使用租赁物的权利，但在开业率未达标的情况下，无须承担支付对应价款的义务。任何一方的基本权利落空都将致使合同目的无法充分实现，不利于合同的持续履行，有违公平原则。

五、开业率条款的风险提示

鉴于开业率条款往往是承租人的一种自我保护条款，对于出租人而言，属于一种严苛的限制条款，故在实践过程中，在合同订立时，承租人虽然提出将开业率纳入合同文本，但出租方可能会利用经验优势将开业率文本模糊处理，对开业率的概念、统计口径、时间节点、取证方式都隐而不提，再加上开业率的执行尺度均掌握在出租人手中，在此情况下，该条款经常无法达到预期的设置目的。故而，对于承租人而言，首先应当转变自身观念，要充分意识到开业率条款仅是最后的保障条款，并非双方互利共赢的初衷，商业风险千变万化，盈亏仍然需要自身承担，及时止损也是一种经营策略。其次，承租人应当增强法律意识，在订立合同时谨慎审查，对开业率的概念内涵尽可能予以明确和完善，减少后期双方争执的机会，对于开业率的取证也尽可能通过双方在场、现场跟随核对记录并拍照录像等方式保存必要的证据。对于出租人而言，首先对于开业率条款的设置应当基于谨慎原则，充分与承租人磋商开业率条款的内容，充分理解开业率条款的内涵。但同时，切忌将开业率条款视为紧箍咒，相反可以此为契机，充分利用开业率保障条款，通过分摊损失的承诺，打消承租人的经营顾虑，加强承租人的经营信心，提高招商吸引力，通过定期考察反馈、积极沟通协调等方式，将开业率条款真正落地，而不是仅流于形式，从而实现租赁双方互利共赢的局面。

（**一审法院独任审判员** 张凌彦

二审法院合议庭成员 林中辉 杜伟建 杜凤君

编写人 江苏省无锡市惠山区人民法院 邹迪凡

责任编辑 代秋影

审稿人 刘 敏）

张某诉沈某等土地使用权转让合同纠纷案

——穿透式审判思维的司法运用

关键词：民事　集体建设用地使用权　转让　穿透式审判思维　无效返还

【裁判要旨】

穿透式审判思维是透过现象看本质的裁判方法，旨在深入探究查明当事人的真意，探寻真实的法律关系，整体评判案件全貌，具有破除机械司法、避免程序空转的司法功效。本案表面事实错综复杂、法律关系交织叠套，裁判者通过运用穿透式审判思维，拨开层层迷雾，正确认定参与交易的主体、查明真实的法律关系，并巧妙理顺本案与同一交易链条上其他关联案件的内在关系，实质性化解矛盾纠纷，实现了法律效果与社会效果的有机统一。

【相关法条】

《中华人民共和国土地管理法》（2004 年修正）

第六十三条　农民集体所有的土地的使用权不得出让、转让或者出租用于非农业建设；但是，符合土地利用总体规划并依法取得建设用地的企业，因破产、兼并等情形致使土地使用权依法发生转移的除外。

《中华人民共和国担保法》

第五条[①]　担保合同是主合同的从合同，主合同无效，担保合同无效。担保合同另有约定的，按照约定。

① 对应《民法典》第三百八十八条："设立担保物权，应当依照本法和其他法律的规定订立担保合同。担保合同包括抵押合同、质押合同和其他具有担保功能的合同。担保合同是主债权债务合同的从合同。主债权债务合同无效的，担保合同无效，但是法律另有规定的除外。担保合同被确认无效后，债务人、担保人、债权人有过错的，应当根据其过错各自承担相应的民事责任。"

担保合同被确认无效后，债务人、担保人、债权人有过错的，应当根据其过错各自承担相应的民事责任。

《中华人民共和国合同法》

第五十二条[①] 有下列情形之一的，合同无效：

（一）一方以欺诈、胁迫的手段订立合同，损害国家利益；

（二）恶意串通，损害国家、集体或者第三人利益；

（三）以合法形式掩盖非法目的；

（四）损害社会公共利益；

（五）违反法律、行政法规的强制性规定。

第五十八条[②] 合同无效或者被撤销后，因该合同取得的财产，应当予以返还；不能返还或者没有必要返还的，应当折价补偿。有过错的一方应当赔偿对方因此所受到的损失，双方都有过错的，应当各自承担相应的责任。

《最高人民法院关于适用〈中华人民共和国担保法〉若干问题的解释》[③]

第八条 主合同无效而导致担保合同无效，担保人无过错的，担保人不承担民事责任；担保人有过错的，担保人承担民事责任的部分，不应超过债务人不能清偿部分的三分之一。

《最高人民法院关于适用〈中华人民共和国民法典〉时间效力的若干规定》

第一条 民法典施行后的法律事实引起的民事纠纷案件，适用民法典的规定。

民法典施行前的法律事实引起的民事纠纷案件，适用当时的法律、司法解释的规定，但是法律、司法解释另有规定的除外。

民法典施行前的法律事实持续至民法典施行后，该法律事实引起的民事纠纷案件，适用民法典的规定，但是法律、司法解释另有规定的除外。

【案件索引】

一审：广东省东莞市中级人民法院（2020）粤19民初10号（2021年9月27日）

---

① 《民法典》无对应条文。

② 对应《民法典》第一百五十七条："民事法律行为无效、被撤销或者确定不发生效力后，行为人因该行为取得的财产，应当予以返还；不能返还或者没有必要返还的，应当折价补偿。有过错的一方应当赔偿对方由此所受到的损失；各方都有过错的，应当各自承担相应的责任。法律另有规定的，依照其规定。"

③ 已失效。

二审：广东省高级人民法院（2021）粤民终4619号（2023年2月28日）
再审：广东省高级人民法院（2023）粤民申11032号（2023年11月9日）

【基本案情】

原告张某诉称：其在2016年与某某公司、沈某签订了土地使用权转让的协议书，交易总价7900万元，交易以股权转让的形式进行。其已向沈某支付交易款7100万元。但某某公司至今未能取得案涉土地使用权，该地块目前实际由东莞某镇政府承租使用，张某的合同目的无法实现。故请求法院判令：(1) 解除案涉土地交易关系；(2) 沈某向张某返还交易款7100万元及资金占用利息；(3) 沈某向张某支付违约金1000万元、律师费20万元；(4) 刘某、黄某对沈某案涉债务承担连带清偿责任；(5) 某某公司协助沈某、刘某、黄某将上述款项划转给张某。

被告沈某辩称：某某公司通过与某经合社签订合同的方式，取得了案涉地块的开发使用权。沈某分两次已将其持有的某某公司100%股权转让给张某，并办理了股权变更登记手续，沈某履行了合同义务。其后张某又将股权转让他人，张某不再是某某公司的股东，不具备本案的原告诉讼主体资格。张某签订合同的目的是通过股权受让取得案涉地块开发使用权，其合同目的已实现。张某另将其100%股权转让给古某乙，不存在所谓的经济损失，请求驳回张某的全部诉请。

被告刘某、黄某辩称：刘某和黄某并不是某某公司的股东，也不是实际控制人，仅是中介服务人员，不应当承担责任。

第三人某某公司述称：同意张某的起诉意见。当初某某公司代沈某收取了3950万元，但已经依照沈某的指示转账至其指定账户，某某公司愿意履行协助配合义务。

法院经审理查明：某经合社系某村民小组所属的集体经济组织。2013年，某经合社将案涉地块出让给某某公司，约定某某公司与某村民小组合作开发该地块，用作商住楼及农贸市场建设，使用期限70年。某某公司连同其法定代表人及唯一股东沈某合计向某经合社支付“购地款”2318.4万元。

2016年某某公司再将案涉地块转让给张某，约定转让总价7900万元，地块转让以股权转让的方式进行。其中一份《补充协议》注明，某某公司指《土地使用权转让协议书》签署前股东情况下的公司，并列明黄某、刘某为某某公司实际控制人。张某共计向某某公司、沈某转账7100万元。该7100万元实际由沈某收取，沈某将某某公司的100%股权转让给张某后，将公司账户的款项全部转走。

2020 年，某某公司以某经合社等为被告，向广东省东莞市第三人民法院提起（2020）粤 1973 民初 4251 号（以下简称 4251 号案件）民事诉讼，请求确认双方之间的土地交易无效，各被告向某某公司返还土地转让款 2318.4 万元及资金占用利息。该案判决如下：一、确认某某公司与某经合社之间土地交易无效；二、某经合社向某某公司返还转让款 2318.4 万元及资金占用利息。上述判决作出后，各方均未上诉，判决生效后进入执行阶段，某经合社已向某某公司返还款项。

【裁判结果】

广东省东莞市中级人民法院于 2021 年 9 月 27 日作出（2020）粤 19 民初 10 号民事判决：一、确认案涉《土地使用权转让协议书》无效，案涉《协议书》中关于土地使用权转让的约定无效；二、限沈某于判决发生法律效力之日起七日内向张某返还土地交易款 7100 万元及资金占用利息，该付款义务对应扣减广东省东莞市第三人民法院（2020）粤 1973 民初 4251 号民事判决确定的本金及利息；三、刘某、黄某在沈某前述债务不能清偿部分的三分之一范围内向张某承担赔偿责任；四、驳回张某的其他诉讼请求。

一审宣判后，沈某、黄某不服，提起上诉。广东省高级人民法院于 2023 年 2 月 28 日作出（2021）粤民终 4619 号民事判决：驳回上诉，维持原判。

二审宣判后，刘某不服，提起再审。广东省高级人民法院于 2023 年 11 月 9 日作出（2023）粤民申 11032 号民事裁定：驳回刘某的再审申请。

【裁判理由】

法院生效判决认为：（1）关于张某是否为本案适格原告。张某是《土地使用权转让押金协议书》《土地使用权转让协议书》《补充协议》的签订一方，上述协议在履行过程中其权益受到侵害，故有权提起本案诉讼。（2）关于某某公司的诉讼地位。某某公司虽是本案讼争协议的签订方，但张某作为原告认为沈某是合同真正的缔约方与履约方，请求沈某承担还款责任。故依据“不告不理”的法律原则，本案将某某公司列为第三人而不是被告，符合法律规定。（3）关于本案合同性质的认定。合同性质，应以合同中最能体现当事人权利义务的内容作为认定依据。张某与某某公司签订的《土地使用权转让押金协议书》和《土地使用权转让协议书》，协议内容均是关于土地使用权转让权利义务的约定，而《补充协议》也是围绕不履行上述两份协议承担违约责任条款内容的约定。张某签订合同是以取得讼争地块的开发使用权为目的，故在土地是以某某公司的名义从某村民小组等受让而来的前提下，转让某某公司股权给张某，是张某能够取得土地开发使用权的外在形式。本案各方为达成合同这一目的，在协议内容中约定土地使用权转让和股权转让两项法律关系。土地使用权转让和股权转让虽然是为同一目的而设定，但二者由于约定权利义务内容的不同，可以分别处理。张某请求返还交易款是以土地使用权转让法律关系作为依据，故本案审理的合同性质应认定为土地使用权转让。（4）关于本案合同效力认定及法律后果处理。案涉地块属于某经合社农民集体所有，拟转让给张某用作商住开发，因违反法律的强制性规定，案涉土地交易应属无效。沈某应将其实际收取的土地转让款7100万元返还张某，并支付资金占用利息。张某为某某公司的实际控制人，同意对应扣减4251号民事判决书确定的金额，有利于从根本上理顺当事人之间的权利义务关系，法院予以确认。（5）因案涉土地交易无效，张某依据《补充协议》中的约定，提出违约金1000万元、律师费20万元的诉请，法院不予支持。（6）关于黄某、刘某的责任承担问题。黄某、刘某不是某某公司的实际控制人，仍以实际控制人的身份为沈某不能履行协议应承担的违约责任提供连带责任担保。案涉土地交易关系无效，黄某、刘某提供的担保合同亦应认定为无效。黄某、刘某在签订保证合同时存在过错，应在沈某不能清偿债务部分的三分之一范围内向张某承担赔偿责任。

【案例注解】

2019年最高人民法院发布《全国法院民商事审判工作会议纪要》（以下简称《九民会议纪要》），首次明确提出，各级法院要“通过穿透式审判思维，查明当事人的真实意思，探求真实法律关系”。从此，“穿透式审判思维”这一新名词走入大众视野。所谓“穿透式审判”是一种穿透纷繁复杂的民商事法律关系，深入探究查明当事人的真意，综合判断采信各种证据，准确适用相关法律，对案件作出正确裁判，最终实现实体正义的思维方式①。“穿透式审判思维”是裁判方法，其核心要义是要求裁判者通过缜密的思维，识辨带有主观倾向甚至虚假表象的证据，深入探究查明当事人的真意，揭示被表象掩盖的法律关系，进而发现案件的真实情况。其对立面为机械式审判、话语式审判、概念式审判。本案较为成功地运用“穿透式审判思维”进行事实认定和法律关系定性，并巧妙地理顺了与本案同一交易链条上其他关联案件的内在关

① 参见谢迎春、高岚：《运用“穿透式审判思维”实现民商事纠纷实质性化解》，载《人民法院报》2024年4月26日第5版。

系，实现了矛盾纠纷的实质性化解，具有一定的参考示范价值。

一、穿透案件之事实认定

本案的真正交易主体是谁，谁收取了交易款项，谁才负有返还款项的责任，谁应当被列为被告，这一系列问题具有很强的迷惑性，各方当事人也围绕该问题进行了激烈的辩论。本案的正确审理，需要建立在对上述事实的准确查明和认定之上。

案涉《土地使用权转让押金协议书》《土地使用权转让协议书》的签约主体为张某与某某公司，被告沈某在诉讼中也抗辩，某某公司才是案涉土地使用权交易的转让方，应当由某某公司承担返还款项的责任。从表面上看，沈某的主张符合合同上的签约情况，但本案最终没有采纳其意见，法院认定的交易转让方为沈某。究其原因，通过挖掘案件背后的事实发现，某某公司在本案中是一个“变量”。张某与某某公司签订《土地使用权转让押金协议书》《土地使用权转让协议书》时，某某公司系个人独资公司，其唯一股东为沈某。而在2016年12月30日签订《补充协议》时，张某已取得某某公司51%的股权，合同主体变成了三方，沈某作为合同的丙方出现。这样就出现了一个奇怪的现象，在合同交易尚未完成的情况下，合同的甲方成了乙方的大股东，合同的双方出现“同一”的趋势，这与常理是不符的。而通过探究查明当事人的真意可知，各方交易的目的是通过转让某某公司股权以使张某获得讼争土地的开发使用权。相对于某村民小组而言，开发使用土地的主体依然是某某公司。正是基于这个目的，张某与沈某实施了股权转让的行为。

《补充协议》上某某公司作为乙方，特别注明此处某某公司指《土地使用权转让协议书》签署前股东情况下的公司，即唯一股东为沈某时的某某公司，还约定赔偿损失的承担主体是沈某。从该约定内容来看，在张某取得某某公司股权后，原某某公司在《土地使用权转让押金协议书》《土地使用权转让协议书》中应承担的责任均由沈某承担。本案张某所支付的土地交易款7100万元全部由沈某收取，也进一步说明沈某通过某某公司转让土地，沈某才是土地使用权转让关系的实际转让主体。因而，沈某应对案涉土地使用权的交易承担返还款项责任。张某在2017年1月18日取得某某公司全部股权后，某某公司不再由沈某控制，某某公司不应再对案涉协议无效承担返还款项责任。

其实，各方当事人心目中清楚知悉，2017年1月18日完成股权交易后的某某公司，甚至在2016年12月30日张某已取得51%股权后的某某公司，已非《土地使用权转让押金协议书》《土地使用权转让协议书》签订时的原某某公司，关于这一点，《补充协议》中对合同乙方某某公司的特别注明即是明证。沈某在本案诉讼中抗辩某某公司才是与张某交易的主体，应当由某某公司承担返还交易款的责任，显然是在故意混淆事实。穿透性审判思维所要做的工作，就是去拨开层层迷雾，还原事情的真相。

关于另外一个问题，张某在将某某公司全部股权转让出去的情况下，能否提起本案诉讼。从程序方面讲，张某是《土地使用权转让押金协议书》《土地使用权转让协议书》《补充协议》的签订一方，其认为自己在上述协议履行过程中权益受到侵害，而提起本案诉讼，符合《民事诉讼法》关于原告主体资格的规定，张某有权提起本案诉讼。从实体方面讲，张某提交了与某某公司现名义股东古某乙签订的《股权代持协议》，用于证明张某为某某公司目前的实际控制人和隐名股东，古某乙为名义上的股东。某某公司亦确认张某为实际控制人，同意另案4251号案件确定的金钱债权实际由张某获取。根据上述证据，并综合本案其他情况，可以认定张某为某某公司的实际控制人，对本案享有实体权利。关于案涉地块后续有无再发生流转，某某公司的股权有无再发生转让，以及是否影响本案的走向，对这些问题进行审查，是体系化审判思维的要求。

以上是穿透本案事实认定的主要过程，较好地将哲学中“透过现象看本质”的思维运用到司法实务中，正确认定了本案的真正交易主体，并判决沈某应承担返还土地交易款项的责任。假如本案没有穿透事实的认定，机械适用证据规则，支持沈某的主张，而认定某某公司为承担返还款项责任的主体，则会出现在事实上要求自己向自己还钱的荒唐局面。

关于黄某、刘某的身份认定。本案事实查明，黄某、刘某并未参与合同的实际履行，其仅是中介服务人员。黄某、刘某不是某某公司的实际控制人，却以实际控制人的身份为沈某不能履行协议应承担的违约责任提供连带责任担保，在《土地使用权转让协议书》上作为在场人签名，因此本案认定黄某、刘某在签订保证合同时存在过错，应在沈某不能清偿债务部分的三分之一范围内向张某承担赔偿责任。

二、穿透案件之法律关系

本案究竟是土地使用权转让关系，还是股权转让关系，是双方争辩的焦点之一。被告沈某认为，某某公司通过支付对价的方式，从某村民小组受让取得案涉土地使用权，张某再通过受让某某公司100%股权的方式取得案涉土地使用开发权，张某受让沈某持有的某某公司全部股权，随之取得依附于某某公司的案涉地块权益，张某的合同目的已经全部实现，无权再要求沈某返还交易款项。沈某还据此进一步提出，张某在将某某公司股权转让给古某乙之后，不再是某某公司的股东，与某某公司及案涉地块没有任何利害关系，张某不具备本案诉讼原告主体资格。沈某的主张在表面上似乎成立，且具有很强的迷惑性。

在前诉4251号案件中，法院亦是判令某经合社向某某公司返还土地交易款2318.4万元及利息，似乎是对沈某主张的一个佐证。

法院在审理本案时，进行了法律关系的穿透。本案存在两种法律关系：一是张某与某某公司（沈某）之间的土地使用权交易关系；二是张某与沈某之间的股权交易关系。沈某将其持有的某某公司100%股权作价10万元转让给张某的事实清楚，并办理了工商变更登记。但法院最终认定本案是土地使用权转让关系，理由如下：

其一，张某与沈某股权交易的对价为10万元，该股价很显然未包含案涉土地的价值7100万元。依据《物权法》第九条第一款①规定："不动产物权的设立、变更、转让和消灭，经依法登记，发生效力；未经登记，不发生效力，但法律另有规定的除外。"我国不动产物权变动采取登记生效主义原则，即不动产物权的设立、变更、转移和消灭都应当进行依法登记，登记后始能产生法律效力，未经依法登记的不产生法律效力。案涉土地使用权自始至终属某经合社农民集体所有，从未过户登记至某某公司名下，并未成为某某公司的资产。沈某认为张某已通过受让股权的方式，随之取得依附于某某公司的案涉土地使用权，与事实不符。

其二，张某交付的购地款7100万元也并非由某某公司实际收取，并转化为某某公司的资产。如果该7100万元确实由某某公司收取和使用，并转化为某某公司的资产，则张某无权向沈某主张权利。那么如果事情真的按照这个假定发展，张某交付的7100万元转化为某某公司的资产，张某又通过受让某某公司股权而成为唯一股东，就等于张某支付出去的款项又（间接）回到自己的口袋，而张某只需支付10万元的对价，就可以获得价值大于7100万元的股权，如果这个假定真的成立，那么权利受损的将是沈某。事实上，事情的真相并非如此，前述土地交易款7100万元，均由沈某实际收取。甚至沈某还在某某公司的100%股权转让给张某后，将某某公司账户的剩余款项全部转走清零。

其三，张某签订合同是以取得讼争地块的开发使用权为目的，故在案涉地块是以某某公司的名义从某经合社等受让而来的前提下，转让某某公司股权给张某，只是张某能够取得土地开发使用权的外在形式。本案各方为达成合同这一目的，故在协议内容中约定土地使用权转让和股权转让两项法律关系。土地使用权转让和股权转让虽然是为同一目的而设定，但二者由于约定权利、义务内容的不同，可以分别处理。张某请求返还土地款是以土地使用权转让法律关

① 对应《民法典》第二百零九条第一款："不动产物权的设立、变更、转让和消灭，经依法登记，发生效力；未经登记，不发生效力，但是法律另有规定的除外。"

系作为依据，故本案审理的合同性质应认定为土地使用权转让法律关系，而沈某认为本案应定性为股权转让法律关系缺乏依据。

三、穿透案件之诉讼程序

《九民会议纪要》第三十六条规定，“要防止机械适用‘不告不理’原则，仅就当事人的诉讼请求进行审理，而应向原告释明变更或者增加诉讼请求，或者向被告释明提出同时履行抗辩，尽可能一次性解决纠纷”。本案中，原告张某依据合同有效提出诉讼请求：解除案涉《土地使用权转让协议书》《补充协议》，沈某返还交易款项，支付违约金等。案件审理过程中，法院进行释明，如果法院确认案涉合同无效，张某是否变更诉讼请求，张某表示如果法院认定合同无效，其诉讼请求的数额及责任主体均保持不变。此为诉讼程序的穿透，其目的在于引导当事人变更或增加诉讼请求，尽可能一次性解决纠纷，通过实质性化解矛盾，减轻当事人讼累。另外，由于案涉地块未实际交由某某公司或张某开发使用，故不存在需要向沈某返还的问题，法院未作该问题的释明。

四、穿透案件之法律适用

在对案件的证据、事实及法律关系作出分析认定之后，接下来是选择适用法律条文。在新旧法的选择适用上，本案的法律事实发生在《民法典》施行前，依据司法解释规定，本案法律关系的性质和效力认定均应适用当时的法律法规。《合同法》第五十二条是关于合同无效的一般原则性规定，《土地管理法》（2004 年修正）第六十三条是关于转让集体土地使用权限制的具体法律规定。法律适用的顺序为规则优先于原则，无规则才可以适用原则来进行填补。本案依据前述法律规定，认定《土地使用权转让协议书》无效，《协议书》中关于土地使用权转让的部分内容无效，其他内容有效。本案运用穿透式审判思维进行说理，对有争议的证据进行了深度分析，运用了体系化的思维方法。

五、穿透与关联案件之关系

案涉地块经历了连环交易，系按照“某村民小组→某某公司（沈某）→张某”的路径流转，前诉 4251 号案件是发生在“某村民小组→某某公司”区间的交易，本案是发生在“某某公司（沈某）→张某”区间的交易。按照合同相对性原则的通常理解，两个交易应该是彼此独立，互不影响的。但体系化思维要求我们应对两个关联案件是否相互协调进行审视，这是法律人应当具备的职业敏感性。

4251 号案件判令某经合社向某某公司返还合同款项 2318. 4 万元及资金占用利息。如前所述，某某公司在本案中是一个“变量”，后来的某某公司已非当时交易的某某公司，后来的某某公司实际由张某控制。在4251号案件中，虽然沈某提出应向其返还合同款项的意见，但其未作为有独立请求权的第三人提出诉请。该案判决作出后，沈某提出上诉，法院认为未判决沈某承担义务，其无权上诉。在4251号判决已经生效的情况下，如果本案机械办理，不注意与前案的协调，仍然判决沈某向张某返还款项7100万元及利息，将会出现张某在事实上双重获利的情况，那么两案将会相互抵触。在此情况下，就需要运用穿透式审判思维，协调好两案之间的关系。

本案审理过程中，法院主动向张某释明前述问题，引导其理性诉讼，获得了张某的理解。张某、某某公司主动向法院确认，张某是某某公司的实际控制人和隐名股东，为公平合理及明晰各方权利义务关系，同意由法院将张某本案诉请的款项本息对应扣减4251号判决确定的款项本息。这就是本案判决第二项中关于扣减内容的由来。

以上是穿透本案与同一交易链条上其他关联案件关系的思维过程。经此穿透，既解决了4251号判决存在的瑕疵，避免了当事人通过再审程序纠正错误的诉累，节约了司法资源，又正确处理了本案，化解了两案判决可能出现的矛盾，理顺了当事人之间的权利义务关系，恢复了规则背后应有的实体公正，达到矛盾纠纷实质性化解的目的。

总之，穿透式审判思维要求办案时，不能机械地看待单个事实，要进行整体性思考；不能停留在事物的表面，要透过现象看本质；不能孤立地看待事物，要注意事物之间的普遍联系。穿透式审判思维的本质，是探究当事人的真意，挖掘事情背后的真相，探求真实法律关系，实质性化解矛盾纠纷。司法活动不是简单的逻辑推演，要综合运用法哲学、法社会学、法经济学的分析方法，裁判结果不能违背常情常理，应坚持法理情的统一，追求司法裁判与人民群众公平正义观的高度契合。

（**一审法院合议庭成员** 朱海晖 王相东 杨 诚
二审法院合议庭成员 饶 清 徐玉宝 王 芳
编写人 广东省东莞市中级人民法院 王相东
责任编辑 代秋影
审稿人 刘 敏）

商　事

刘某某诉北京甲公司、张某某合同纠纷案

——股权让与担保债权人的追偿权认定及救济途径

关键词：商事　股权让与　担保权利　救济追偿权　不真正连带责任

【裁判要旨】

公司作为债务人无财产可供执行，股权让与担保债权人作为登记股东在执行阶段被追加为另案被执行人并被实际执行的，无责的股权让与担保债权人对公司等连带责任人及股权让与担保债务人均享有追偿权，公司等责任人及股权让与担保债务人对该股权让与担保债权人构成不真正连带责任，该股权让与担保债权人有权同时或先后向公司等责任人及股权让与担保债务人追偿。

【相关法条】

《中华人民共和国民法典》

第一百七十八条　二人以上依法承担连带责任的，权利人有权请求部分或者全部连带责任人承担责任。

连带责任人的责任份额根据各自责任大小确定；难以确定责任大小的，平均承担责任。实际承担责任超过自己责任份额的连带责任人，有权向其他连带责任人追偿。

连带责任，由法律规定或者当事人约定。

第三百八十八条第一款　设立担保物权，应当依照本法和其他法律的规定订立担保合同。担保合同包括抵押合同、质押合同和其他具有担保功能的合同。担保合同是主债权债务合同的从合同。主债权债务合同无效的，担保合同无效，但是法律另有规定的除外。

第五百七十七条 当事人一方不履行合同义务或者履行合同义务不符合约定的，应当承担继续履行、采取补救措施或者赔偿损失等违约责任。

《中华人民共和国公司法》

第二十三条第三款 只有一个股东的公司，股东不能证明公司财产独立于股东自己的财产的，应当对公司债务承担连带责任。

《最高人民法院关于适用〈中华人民共和国民法典〉有关担保制度的解释》

第六十九条 股东以将其股权转移至债权人名下的方式为债务履行提供担保，公司或者公司的债权人以股东未履行或者未全面履行出资义务、抽逃出资等为由，请求作为名义股东的债权人与股东承担连带责任的，人民法院不予支持。

《最高人民法院关于适用〈中华人民共和国公司法〉若干问题的规定（三）》

第二十六条第一款 公司债权人以登记于公司登记机关的股东未履行出资义务为由，请求其对公司债务不能清偿的部分在未出资本息范围内承担补充赔偿责任，股东以其仅为名义股东而非实际出资人为由进行抗辩的，人民法院不予支持。

【案件索引】

一审：北京市怀柔区人民法院（2022）京0116民初4469号（2022年10月31日）

二审：北京市第三中级人民法院（2023）京03民终980号（2023年3月27日）

【基本案情】

原告刘某某诉称：2015年1月，张某某在收购乙公司股权时从刘某某处借款，张某某为了提供借款担保，以让与担保的形式将乙公司的100%股权登记在刘某某名下，并且将乙公司的法定代表人变更为刘某某。刘某某起诉张某某要求其归还借款的（2021）京0116民初3472号案件确认了让与担保的事实。2015年，张某某经营的甲公司施工时拖欠案外人丙公司工程款305000元。因张某某以乙公司的名义与丙公司签订施工合同，故丙公司提起诉讼后，（2018）京0116民初1185号民事判决书判令乙公司和甲公司共同承担给付丙公司305000元工程款的责任。丙公司申请强制执行后，乙公司和甲公司一直未履行付款义务。2022 年 5 月 26 日和 27 日，法院将刘某某个人账户中的 380475 元作为执行案款扣划，该款应视为在履行让与担保合同中刘某某遭受的损失。甲公司因刘某某被执行免除了被强制执行的风险，应对刘某某的损失承担赔偿责任。因刘某某与张某某之间存在让与担保关系，故刘某某并非乙公司的实际经营人，没有义务代替乙公司承担还款责任。张某某作为乙公司的实际经营人应对乙公司的债务承担还款责任。请求法院判令：甲公司与张某某赔偿刘某某 380475 元，并以 380475 元为基数，按照全国银行间同业拆借中心公布的贷款市场报价利率计算 2022 年 5 月 27 日起至实际给付之日止的利息。

被告甲公司、张某某辩称：（1）刘某某在起诉的时候起诉了乙公司，又撤回了对乙公司的起诉。乙公司的法定代表人刘某某，因为财产混同，才被追加为被执行人。应该追加乙公司为本案第三人来查明事实。（2）根据法律规定，执行依据中的被告没有刘某某，只能通过法定程序来追加，现在没有追加依据，所以甲公司、张某某认为案款支付是有问题的。

法院经审理查明：2015 年 1 月 22 日，刘某某与张某某签订《股权回购协议书》约定，刘某某向张某某提供 2000 万元用于购买乙公司股权和后续经营，乙公司股东同意将股权转让至刘某某，刘某某在办理完股权变更和手续交接后 30 日内将 2000 万元支付给张某某。投资回报每月 50 万元，投资期限 1 年。张某某按约定结清全部投资及回报 10 日内，刘某某将乙公司股权变更至张某某名下。如张某某逾期偿还投资，则其放弃乙公司的股权回购权，刘某某的权益同时消灭。2015 年 1 月 29 日，刘某某被登记为乙公司持股 100% 的股东及法定代表人。2018 年 1 月，刘某某与张某某签订《补充协议》，约定还款期限延长至 2018 年 10 月 31 日。2018 年 7 月，刘某某与张某某签订《结算协议书》，约定本息结算为 3850 万元，至迟 2018 年 10 月 31 日支付。逾期不能结算的，按照《股权回购协议》《补充协议》约定计算结算金额。

2018 年，张某某起诉刘某某要求刘某某返还乙公司股权并将股权变更至其名下，法院认为偿还借款是履行回购义务的前提，张某某未向刘某某偿还借款及利息，判决驳回张某某全部诉讼请求。2021 年，刘某某起诉张某某要求张某某偿还借款及利息并对乙公司的股权折价、拍卖、变卖所得价款优先受偿，法院判决张某某偿还刘某某借款本息 272 万余元及逾期还款利息，刘某某可就乙公司股权进行折价、拍卖、变卖所得价款优先受偿。

2015 年 6 月，乙公司与丙公司签订《施工合同》。2018 年，丙公司起诉乙公司、甲公司，要求两公司连带偿还工程款 30.5 万元。丙公司称《施工合同》是张某某以乙公司实际控制人身份与其签订；张某某作为甲公司法定代表人称其是乙公司实际经营人，因借款抵押关系将公司法定代表人登记为刘某某，《施工合同》由其经手签订，工程实际是甲公司施工，结算亦由甲公司出具欠条。法院判决乙公司、甲公司支付丙公司工程款 30.5 万元，公告费 390 元由乙公司负担，案件受理费 5875 元由乙公司和甲公司负担。

判决生效后，丙公司申请强制执行并申请追加刘某某为被执行人。执行法院经审查认为，乙公司作为有限责任公司（自然人独资）不能清偿法律文书确定的债务，唯一股东刘某某未能证明公司财产独立于自己的财产，丙公司的申请符合法律规定，裁定追加刘某某为被执行人并在乙公司应履行而未履行债务范围内承担连带清偿责任。刘某某并未对此提起追加、变更被执行人异议之诉。后执行法院扣划刘某某银行存款并执行 380475 元，包括工程款 30.5 万元、公告费 390 元、案件受理费 5875 元、执行费 4475 元及迟延履行期间债务利息 64735 元。

【裁判结果】

北京市怀柔区人民法院于 2022 年 10 月 31 日作出（2022）京 0116 民初 4469 号民事判决：一、甲公司于判决生效后十日内给付刘某某 380085 元及利息（以 380085 元为基数，按年利率 3.7%，自 2022 年 5 月 27 日起至实际给付之日止计算）；二、就甲公司上述第一项债务不能清偿的部分，张某某向刘某某承担清偿责任；三、驳回刘某某的其他诉讼请求。

宣判后，甲公司不服，提出上诉。北京市第三中级人民法院于 2023 年 3 月 27 日作出（2023）京 03 民终 980 号民事判决：驳回上诉，维持原判。

【裁判理由】

法院生效裁判认为：根据生效裁判文书确认的事实，刘某某与张某某之间成立借贷法律关系，在张某某未向刘某某偿还借款及利息的情况下，其关于刘某某向其返还乙公司 100% 股权并变更登记至其名下的诉讼请求未能成立，其应向刘某某偿还借款并支付利息，刘某某可就乙公司股权进行折价、拍卖、变卖所得的价款优先受偿。因此，刘某某与张某某之间就借款及将乙公司股权登记至刘某某名下有关事宜成立股权让与担保法律关系。

乙公司与丙公司签订《施工合同》时，刘某某虽为乙公司唯一股东，但其系因与张某某之间存在股权让与担保法律关系方登记为股东，故在刘某某被追加为被执行人并被实际扣划银行存款 380475 元用以执行的情况下，刘某某有权向甲公司主张权利，甲公司应当就刘某某在执行过程中被扣划款项承担相应给付责任。据此判决驳回上诉，维持原判。

【案例注解】

让与担保是债务人或者第三人为担保债务人的债务，将担保标的物的财产权转移至担保权人，从而使担保权人在不超过担保目的的范围内取得担保标的物的财产权，在债务受清偿后，标的物返还债务人或者第三人，在债务不履行时担保权人就该标的物受偿的担保形式，其性质属于非典型担保。股权让与担保，即指以股权作为担保标的物的让与担保形式。①

《民法典》第三百八十八条第一款将股权让与担保等非典型担保纳入“其他具有担保功能的合同”范围，从而在法律上确定了让与担保等非典型担保的定位及适用基础。② 对于让与担保的具体规定，《最高人民法院关于适用〈中华人民共和国民法典〉有关担保制度的解释》（以下简称《民法典担保制度解释》）第六十八条与第六十九条规范了相关案件的裁判规则，从而形成了较为完整的让与担保制度架构。

一、股权让与担保的合同效力及法律效果

根据《股权回购协议书》约定，刘某某向张某某提供借款用于张某某收购乙公司的全部股权，刘某某在乙公司原股东将全部股权转让登记至其名下后向张某某提供借款用于支付股权转让款，待张某某偿还借款本息后，刘某某再将股权转让登记至张某某指定人员名下。实际履行过程中，乙公司的全部股权确实转移登记至刘某某名下，刘某某亦按约定向张某某提供了借款。因此，从双方约定内容及实际履行情况来看，乙公司原股东将其全部股权转移至刘某某名下并完成登记。相较于股东直接将其股权转移至债权人名下这一股权让与担保典型方式，本案股权让与担保方式较为复杂，但不影响最终是在刘某某与张某某之间成立股权让与担保法律关系并且已经完成有关财产权利变动的公示。

《民法典担保制度解释》第六十八条第二款规定：“债务人或者第三人与债权人约定将财产形式上转移至债权人名下，债务人不履行到期债务，财产归债权人所有的，人民法院应当认定该约定无效，但是不影响当事人有关提供担保的意思表示的效力。当事人已经完成财产权利变动的公示，债务人不履行到期债务，债权人请求对该财产享有所有权的，人民法院不予支持；债权人请求

---

① 司伟、陈泫华：《股权让与担保效力及内外部关系辨析——兼议〈民法典担保制度解释〉第68条、第69条》，载《法律适用》2021年第4期。

② 高圣平：《担保法前沿问题与判解研究（第五卷）——最高人民法院新担保制度司法解释条文释评》，人民法院出版社2021年版，第504页。最高人民法院民法典贯彻实施工作领导小组主编：《中华人民共和国民法典物权编理解与适用（下）》，人民法院出版社2020年版，第995页。

参照民法典关于担保物权的规定对财产折价或者以拍卖、变卖该财产所得的价款优先受偿的，人民法院应予支持；债务人履行债务后请求返还财产，或者请求对财产折价或者以拍卖、变卖所得的价款清偿债务的，人民法院应予支持。”

本案中，《股权回购协议书》约定，如张某某逾期偿还投资，则其放弃乙公司的股权回购权，刘某某的借款权益同时消灭。可见，该约定实质是“债务人不履行到期债务，财产归债权人所有”的约定，根据前述司法解释的规定，该约定应属无效，但是不影响刘某某与张某某有关股权让与担保的意思表示的效力。在乙公司的股权已转移登记至刘某某名下且张某某未履行到期债务的情况下，刘某某如果请求对该股权享有所有权，则其该项请求不能得到支持，如果其请求对该股权折价或者以拍卖、变卖该股权所得的价款优先受偿，则可获支持。

二、股权让与担保债权人的权利救济困境

如前所述，当前有关让与担保的制度架构关注让与担保的合同效力，并从功能主义的角度设定让与担保关于担保功能的法律效力，并未就债权人与债务人因让与担保法律关系而产生的相关权利义务作出进一步规定，股权让与担保作为让与担保制度项下分支，实践中具体问题的复杂性更为凸显。如本案所示，刘某某作为债权人在股权让与担保期间因持有目标公司股权而就目标公司的对外债务承担责任的，其后续救济措施目前就无明确规定。

本案中，刘某某被登记为乙公司持股100%的股东后，乙公司与丙公司签订《施工合同》，甲公司认可丙公司实际是为其施工并为丙公司出具工程款欠条，在诉讼中亦对丙公司主张的工程款欠付事实及数额表示认可。《民法典》第五百五十二条规定：“……第三人向债权人表示愿意加入债务，债权人未在合理期限内明确拒绝的，债权人可以请求第三人在其愿意承担的债务范围内和债务人承担连带债务。”因此，乙公司与甲公司应当共同向丙公司承担工程款支付责任。

强制执行过程中，因甲公司与乙公司均未履行生效判决确定的给付义务，丙公司申请追加刘某某为被执行人。根据《公司法》（2018年修正）第六十三条[①]以及《最高人民法院关于民事执行中变更、追加当事人若干问题的规

---

① 《公司法》（2018年修正）第六十三条规定：“一人有限责任公司的股东不能证明公司财产独立于股东自己的财产的，应当对公司债务承担连带责任。”该法已于2023年修订，修订后本条被修改为第二十三条第三款：“只有一个股东的公司，股东不能证明公司财产独立于股东自己的财产的，应当对公司债务承担连带责任。”

定》第二十条[①]的规定，乙公司是作为被执行人的一人有限责任公司，在其财产不足以清偿生效法律文书确定的债务且刘某某不能证明乙公司财产独立于自己财产的情况下，执行法院依据丙公司的申请追加刘某某为被执行人对乙公司的债务承担连带责任并扣划其银行存款用以执行亦属正确。

当事人承担法律责任的基础是其对权利人负有法定或者约定义务，对于权利人丙公司而言，刘某某被追加为被执行人并被扣划银行存款用以执行是由于刘某某是债务人乙公司的唯一股东且其未能证明公司的财产独立于自己的财产，故刘某某向丙公司承担执行程序中的债务清偿责任是源于法人人格及财产的独立性，即一人有限责任公司的股东负有不得使自己财产与公司财产相混同的法定义务。但刘某某实际系因股权让与担保而持有乙公司股权，在其承担执行程序中的债务清偿责任后能否向甲公司追偿，作为股权让与担保债务人的张某某应向刘某某承担何种法律责任，刘某某的权利主张是否具有可选择性及顺序要求，都构成刘某某权利救济过程中可能遇到的问题，本文须解决刘某某作为股权让与担保债权人如何寻求救济途径的问题。

三、股权让与担保债权人的权利救济途径——追偿权

（一）对其他连带责任人的追偿权

1. 债权人行使追偿权的责任对象

《民法典》第一百七十八条第二款规定："连带责任人的责任份额根据各自责任大小确定；难以确定责任大小的，平均承担责任。实际承担责任超过自己责任份额的连带责任人，有权向其他连带责任人追偿。"本案中，由于生效判决基于并存的债务承担规则认定甲公司与乙公司应当共同向丙公司承担工程款支付责任，故两公司如果认为其实际承担的支付责任超过自己的责任份额，则均有权向其他连带责任人追偿；同时，因执行法院基于一人有限责任公司的债务承担规则追加刘某某为被执行人对乙公司的债务承担连带责任，故若刘某某认为其实际承担的责任超过其责任份额，其亦有权向乙公司追偿。因此，可以行使连带责任项下追偿权的主体包括甲公司、乙公司与刘某某，甲公司与乙公司互为追偿权行使主体，刘某某应向乙公司主张追偿权。

从丙公司案件的执行情况来看，最终是由刘某某实际承担了丙公司工程款的清偿责任，故按上述追偿权行使路径的分析，若刘某某认为其实际承担的责

---

① 《最高人民法院关于民事执行中变更、追加当事人若干问题的规定》第二十条规定："作为被执行人的一人有限责任公司，财产不足以清偿生效法律文书确定的债务，股东不能证明公司财产独立于自己的财产，申请执行人申请变更、追加该股东为被执行人，对公司债务承担连带责任的，人民法院应予支持。"该司法解释已于 2020 年修正，修正后本条未作修改。

任超过其责任份额，则应由其向乙公司追偿，如果乙公司亦认为其不应承担责任，则应继续由其向甲公司追偿。事实上，甲公司在丙公司案件中已明确表示工程实际系其施工，工程款欠条亦由甲公司出具，故可认定工程款支付责任的最终承担主体应为甲公司。由于刘某某是在执行程序中因未能证明乙公司财产独立于其自己财产才被追加为被执行人并承担连带责任，故乙公司作为法人的独立人格被否认。因此，基于法人人格否认制度，从诉讼经济的角度考虑，刘某某径行以自己的名义向甲公司行使追偿权在程序上是适当的，在实体上也符合实质公平的内在要求。

2. 债权人行使追偿权的权利范围

刘某某可向甲公司行使追偿权的范围与双方的责任份额相关。本案中，执行法院在追加刘某某为被执行人后扣划其银行存款共计 380475 元，包括工程款、公告费、案件受理费、执行费以及迟延履行期间的债务利息。前述款项中，工程款应由甲公司最终承担，迟延履行期间的债务利息与工程款相关，案件受理费与执行费应由败诉方与被执行人承担，由甲公司承担亦具有事实基础。唯公告费系因向乙公司公告送达而产生，刘某某作为乙公司登记的法定代表人，应当到庭参加诉讼以查明案件事实，故由其自行承担公告费的损失具有合理性。因此，刘某某的被执行款项中公告费属于其应自行承担的责任份额，其余 380085 元有权向甲公司追偿。

（二）对股权让与担保债务人的追偿权

如果说股权让与担保债权人对其他连带责任人的追偿尚可通过追偿权传递、法人人格否认制度及诉讼经济原则予以解释，那么其要求债务人承担责任的请求权基础则需要更为周延的考量。刘某某作为债权人在被追加为被执行人并被扣划银行存款用以执行后对债务人张某某的请求权基础及张某某的责任承担问题，是本案需要解决的另一个核心问题。

1. 担保法制度与公司法制度关于名义股东责任规定之差异与衔接

《民法典担保制度解释》第六十九条规定："股东以将其股权转移至债权人名下的方式为债务履行提供担保，公司或者公司的债权人以股东未履行或者未全面履行出资义务、抽逃出资等为由，请求作为名义股东的债权人与股东承担连带责任的，人民法院不予支持。"原因在于，股权让与担保情形下，债权人仅在名义上受让股权，实质不具有股东身份，不享有与股东身份相关的表决、分红等权利，也不负有出资和清算义务，故对公司债务不承担基于股东身份的法律责任。① 同时，《最高人民法院关于适用〈中华人民共和国公司法〉

① 最高人民法院民事审判第二庭：《最高人民法院民法典担保制度司法解释理解与适用》，人民法院出版社 2021 年版，第 571 页。

若干问题的规定（三）》（以下简称《公司法解释三》）第二十六条第一款规定："公司债权人以登记于公司登记机关的股东未履行出资义务为由，请求其对公司债务不能清偿的部分在未出资本息范围内承担补充赔偿责任，股东以其仅为名义股东而非实际出资人为由进行抗辩的，人民法院不予支持。"根据上述规定，二者关于名义股东应否承担公司资本制度项下相关责任的规定存在差异。之所以如此，是因为《公司法解释二》在设定有关股权代持的规则时尚未将股权让与担保的情形列入其中。①

本案中，就上述规范性法律文件的衔接，笔者认为，首先，虽然《民法典担保制度解释》规定公司债权人请求股权让与担保债权人承担公司资本制度项下责任的主张不能得到支持，但基于《公司法》《公司法解释三》名义股东（股权让与担保债权人）与公司承担连带责任或承担补充赔偿责任的，其本质与《民法典担保制度解释》第六十九条的规定并不矛盾。其次，关于上述二规定的适用，应考虑特殊规范与一般规范的适用规则，如现有证据能够指向债务人的债权人是因股权让与担保而登记为公司股东，则原则上该股权让与担保债权人不适用《公司法》《公司法解释三》中关于股东承担责任的规定。再次，《公司法解释三》第二十六条第二款规定："名义股东根据前款规定承担赔偿责任后，向实际出资人追偿的，人民法院应予支持。"既然股权代持情形下的名义股东在向公司债权人承担公司资本制度项下责任后有权向实际出资人追偿，那么对于股权让与担保情形下的名义股东（股权让与担保债权人）而言，其持有股权系为担保债权实现，故其向公司债权人承担责任后亦应有权向实际出资人（股权让与担保债务人）追偿。

基于以上分析，股权让与担保债权人可根据《担保制度司法解释》的规定，在认定其担保权利人身份的基础上，直接阻却其公司制度项下名义股东相关责任的承担；在无法直接认定其股权让与担保债权人身份时，其亦可根据《公司法解释三》的规定，向实际出资人即股权让与担保债务人追偿。

当然，处理该类案件应遵循"一次性解决纠纷"原则，尽量通过一个诉讼解决当事人之间的纠纷，避免就同一案件事实重复起诉，以提高诉讼效率、节约司法资源、减轻当事人诉累。在基础法律关系纠纷中伴随股权让与担保法律关系认定、股权让与担保债权人身份确认问题的，原则上应一并解决，在认定股权担保法律关系、确认股权让与担保债权人身份的前提下，对基础法律关

① 最高人民法院民事审判第二庭：《最高人民法院民法典担保制度司法解释理解与适用》，人民法院出版社2021年版，第575页。

系中的权利义务争议一并予以解决。

2. 股权让与担保债务人承担责任的性质

通过上述分析可以看出，在争议未能一次性解决的场合，股权让与担保债权人因持有股权而对公司债权人承担责任后有权向股权让与担保债务人追偿，股权让与担保债务人于此情形下向债权人承担的责任在性质上应属违约责任。根据《民法典》第五百七十七条、第五百八十四条的规定，当事人一方不履行合同义务或者履行合同义务不符合约定的，应当承担赔偿损失等违约责任，损失赔偿额应当相当于因违约所造成的损失，但是不得超过违约一方订立合同时预见到或者应当预见到的因违约可能造成的损失。

具体到本案，刘某某因股权让与担保而持有乙公司的全部股权，《施工合同》虽然由乙公司盖章，但从张某某与丙公司的陈述可知该合同系张某某以乙公司实际控制人、实际经营人的身份签订，故在执行法院追加刘某某为被执行人时，刘某某作为名义股东，事实上缺乏证明乙公司财产独立于其自己财产的能力，张某某明知其已将乙公司全部股权转移至刘某某名下为其债务履行提供担保，仍然以乙公司名义签订《施工合同》，乙公司因此在诉讼中与甲公司承担连带责任，继而导致刘某某被追加为被执行人并被实际执行，故张某某的行为构成违约，应当向刘某某承担赔偿损失的违约责任。张某某承担的损失赔偿额应相当于刘某某因其违约所造成的损失，刘某某可向甲公司追偿的380085元应属刘某某因张某某违约所造成的损失，均应作为张某某应当承担的损失赔偿金额。

四、连带责任人与股权让与担保债务人的责任关系

（一）连带责任人与股权让与担保债务人形成不真正连带责任

就实体法而言，多数人之债需要讨论债权人与债务人之间的外部关系以及多个债务人（或债权人）之间的内部关系。① 就外部关系论，根据义务人之间承担责任的关系不同，除了按份责任、连带责任之外，还包括不真正连带责任。不真正连带责任虽无法律明确规定，但在实践中由侵权之债与违约之债形成不真正连带责任的情况较为常见，通常产生于合同上的损害赔偿责任与他人侵权行为竞合的情况下。所谓不真正连带责任，是指多数债务人基于不同发生原因而偶然产生的同一内容的给付，各负全部给付义务，因债务人之一的履行而使全体债务均消灭的债务。其具有债的发生原因不同、各债务人同一给付系

① 卜元石：《中国法学对外交流与研究中的概念对接——以多数人之债实体与程序的中德比较研究为例》，载《法学研究》2024年第3期。

偶然产生、债的消灭原因不同、终局责任有所不同等特征。[①]

就本案而言，综合债的发生原因、数行为人甲公司与张某某对同一人刘某某之不同法律关系、赔偿责任涉及同一给付的偶然性等问题，甲公司与张某某之间应构成不真正连带责任，其各自应当在刘某某全部债权范围内承担赔偿责任。据此，在股权让与担保债权人同时基于股权让与担保及因该法律关系衍生的其他法律关系对股权让与担保债务人及其他义务人均享有追偿权时，相关义务人对股权让与担保债权人共同形成不真正连带责任关系。

（二）股权让与担保债权人可同时或先后行使追偿权

不真正连带责任的权利人是否仅能选择一方义务人提起诉讼抑或对各义务人均可主张，理论界意见尚未统一。司法实践的观点亦不相同，有法院认为两种请求权诉讼标的不同，法律关系亦有所不同，要求当事人择一行使；[②] 另有法院认为，择一起诉对利益受损害的债权人保护不周，应允许当事人提起共同诉讼。[③] 在不真正连带责任场合，债权人先后分别提起诉讼的情况亦较为常见，裁判观点的不同亦可能指向不同处理结果。[④]

根据不真正连带之债的责任承担原理，任一义务人承担责任后，权利人的请求权即获满足，其对其他义务人的权利亦归于消灭。因此，笔者认为，在不真正连带责任案件中，应准许当事人采取普通共同诉讼或先后诉讼的方式主张权利。主要原因在于：首先，从法律性质上看，债权人享有数个债的请求权，且产生原因各不相同，依据的法律关系亦各自独立；其次，权利人对各义务人以同时或先后提起诉讼的方式主张权利，并未加重义务人的义务负担；最后，从救济途径实现的效果看，由于义务人的履行能力不同，若债权人仅有权向一方义务人主张，则可能面临生效法律文书无法全面执行的风险，从而丧失对其他义务人的主张途径，对权利人而言亦有失公平。本案即为股权让与担保债权人同时向不真正连带责任人主张追偿权之情形。

（三）不真正连带责任人对股权让与担保债权人的责任承担方式

从责任的外部承担方式看，不真正连带责任与补充责任实质上并不相同，补充责任的承担以终局责任人无清偿能力为前提；而不真正连带责任的承担并无该条件，各义务人均负有同时承担全部责任的义务，至于义务人是否按比例

① 王国庆：《民法典多数人之债实体与程序融贯研究——以不真正连带责任为对象》，载《法律适用》2022 年第 8 期。

② 参见河北省承德市中级人民法院（2017）冀 08 民终 997 号民事判决书、重庆市第三中级人民法院（2017）渝 03 民终 519 号民事判决书。

③ 参见广东省广州市中级人民法院（2014）穗中法民一终字第 1535 号民事判决书、广东省揭阳市中级人民法院（2015）揭中法民二终字第 61 号民事判决书。

④ 参见北京市第三中级人民法院（2024）京 03 民终 962 号民事判决书。

分担应当在各义务人的内部追偿关系之间进行。综上，不真正连带责任人有义务共同对股权让与担保债权人承担全部清偿责任。

（一审法院独任审判员 刘 颖
二审法院独任审判员 尚晓茜
编写人 北京市第三中级人民法院 尚晓茜 刘 衍
责任编辑 韩 煦
审稿人 刘 敏）

某甲公司诉李某某股东资格确认纠纷案

——有限责任公司股东除名效力的裁判标准

关键词：商事　股东除名　重大事由　合意原则　除名程序

【裁判要旨】

股东除名是对股东最严厉的惩罚并且具有终局性，故股东会在修改章程中关于除名事由进行表决时应经全体股东共同合意一致通过。在进行除名决议前，应当履行前置程序，并且股东会会议的召开程序应当符合法定要求。

【相关法条】

《中华人民共和国公司法》（2018 年修正）

第二十条第一款① 公司股东应当遵守法律、行政法规和公司章程，依法行使股东权利，不得滥用股东权利损害公司或者其他股东的利益；不得滥用公司法人独立地位和股东有限责任损害公司债权人的利益。

第二十三条第三项② 设立有限责任公司，应当具备下列条件：

（三）股东共同制定公司章程；

《最高人民法院关于适用〈中华人民共和国公司法〉若干问题的规定（三）》

第十七条 有限责任公司的股东未履行出资义务或者抽逃全部出资，经公司催告缴纳或者返还，其在合理期间内仍未缴纳或者返还出资，公司以股东会决议解除该股东的股东资格，该股东请求确认该解除行为无效的，人民法院不予支持。

在前款规定的情形下，人民法院在判决时应当释明，公司应当及时办理法

---

① 该法已于 2023 年修订，修订后本条文被修改为第二十一条第一款：“公司股东应当遵守法律、行政法规和公司章程，依法行使股东权利，不得滥用股东权利损害公司或者其他股东的利益。”

② 该法已于 2023 年修订，修订后本条文被修改为第四十五条：“设立有限责任公司，应当由股东共同制定公司章程。”

定减资程序或者由其他股东或者第三人缴纳相应的出资。在办理法定减资程序或者其他股东或者第三人缴纳相应的出资之前，公司债权人依照本规定第十三条或者第十四条请求相关当事人承担相应责任的，人民法院应予支持。

【案件索引】

一审：北京市朝阳区人民法院（2020）京0105民初66699号（2021年8月27日）

二审：北京市第三中级人民法院（2021）京03民终17739号（2022年2月7日）

【基本案情】

原告某甲公司诉称：李某某系某甲公司的股东，但李某某并未依约按期履行出资义务，而是逾期出资20万元。2017年4月19日，某甲公司召开股东会会议并修改公司章程，规定了包括公司股东经营与公司有竞争关系的业务、违反治安管理规定、给公司形象造成负面影响等四项解除股东资格的事由。后李某某因犯非国家工作人员受贿罪被判处有期徒刑一年。某甲公司召开股东会会议，决定解除李某某的股东资格，退还李某某20万元入资款，其持有的10%的股权由其他股东按照持股份额同比例收购。李某某在收到该决议后未提出异议。诉请：（1）确认李某某不享有甲公司的股东资格；（2）判令李某某协助某甲公司将李某某名下持有的5.2万元出资变更至腾某名下，将其持有的12.6万元出资变更至孙某名下，将其持有的2.2万元出资变更至王某某名下；（3）本案诉讼费用由李某某负担。

被告李某某辩称：（1）解除股东资格必须严格依照法律规定的事由和程序进行，李某某不存在被除名的法定事由。（2）甲公司在召开修改公司章程的股东会会议前没有通知李某某参会，该次会议召开违反法定程序。李某某当时没有在决议和修订后的章程上签字，章程的内容也就不对李某某发生法律效力。

法院经审理查明：2015年5月20日，孙某、腾某、刘某某、李某某、王某某签订《增资入股协议》，约定李某某和王某某向某甲公司出资，某甲公司将注册资本由50万元增加至200万元，其中李某某出资100万元，李某某最晚于2015年4月20日前向指定验资专用账户入资20万元，剩余80万元自本年度起以其所占股比分红折抵，直至全部扣减完毕。后某甲公司完成工商变更登记，李某某出资20万元，持股10%。

2017 年 4 月 7 日，某甲公司召开 2017 年第一次股东会会议并通过决议，某甲公司股东一致同意全体股东完成公司注册资本实缴义务。李某某在落款处签字并手写“同意按照注册实际占股比例实缴即 10% 股份，缴 20 万元整，其他的部分可有条件进入、重新讨论”。

2017 年 4 月 19 日，某甲公司召开 2017 年第二次股东会会议并通过决议，李某某缺席该次会议。该次会议通过章程修正案，规定了某甲公司可以依据以下四项取消股东资格或减持其股份：（1）公司股东经营与公司有竞争关系的业务；（2）严重违反股东义务并给公司造成损失的；（3）违反治安管理规定，给公司形象造成负面影响；（4）股东违反员工守则禁止条款。李某某未在该章程中签字确认。

2017 年 6 月 13 日，李某某通过银行汇款向某甲公司支付出资款 20 万元。

2019 年 6 月 19 日，李某某因涉嫌犯非国家工作人员受贿罪被刑事拘留，2019 年 7 月 26 日被逮捕。2020 年 6 月 3 日，李某某被判处有期徒刑一年。

2019 年 9 月 25 日，某甲公司召开股东会会议，决定解除李某某股东资格，退还李某某 20 万元入资款，李某某所持股份由孙某、腾某、王某某收购。李某某未出席该次会议，也未在落款处签字。

【裁判结果】

北京市朝阳区人民法院于 2021 年 8 月 27 日作出（2020）京 0105 民初 66699 号民事判决：驳回原告某甲公司的诉讼请求。

宣判后，某甲公司不服，提起上诉。北京市第三中级人民法院于 2022 年 2 月 7 日作出（2021）京 03 民终 17739 号民事判决：驳回上诉，维持原判。

【裁判理由】

法院生效裁判认为：关于某甲公司 2017 年 4 月 19 日修改的公司章程是否对李某某产生约束力。根据《最高人民法院关于适用〈中华人民共和国公司法〉若干问题的规定（三）》（以下简称《公司法解释三》）第十七条第一款规定，有限责任公司的股东未履行出资义务或抽逃全部出资，经公司催告缴纳或者返还，其在合理期间内仍未缴纳或者返还出资的，公司才可以以股东会决议解除股东资格。此外，法律并未禁止公司通过内部自治程序在章程中对股东除名的情形作出规定，但鉴于股东除名是对股东最严厉的处罚手段，应对内容及程序进行严格的限制，防止小股东被随意剥夺股东资格的情形发生。根据本案查明的事实，某甲公司的初始章程并未规定股东除名的情形，该公司于

2017 年 4 月 19 日召开股东会会议，该次会议表决通过了修改公司章程的决议，修改后的章程规定了股东除名的条件。根据《公司法》相关规定，股东会会议的召开须履行包括但不限于提前通知全体股东等法定召集程序。但本次会议召开前，某甲公司现有证据不足以证明其依法履行了通知程序，李某某并未参加该次股东会会议，会后亦未进行追认，且本案诉讼中，李某某明确表示反对该决议内容。因此，某甲公司 2017 年 4 月 19 日章程修改内容对李某某不发生法律效力。

关于某甲公司于 2019 年 9 月 25 日作出的除名决议是否能够产生解除李某某股东资格的法律效力。如前所述，某甲公司 2017 年 4 月 19 日章程修正内容对李某某不产生约束力，而此前的公司章程中并未对股东除名作出规定，根据《公司法解释三》第十七条第一款规定，即使李某某被刑事处罚，某甲公司亦不能据此将其除名。某甲公司上诉主张李某某未在认缴出资期限内缴纳出资款故不应取得股东资格，但根据本案查明的事实，李某某已于 2017 年 6 月 13 日向某甲公司缴纳 20 万元出资款。虽然缴纳时间晚于其承诺的出资期限，但并不符合上述司法解释规定的解除股东资格的情形。此外，该次股东会会决议亦不符合程序要求。某甲公司在该次股东会会议召开时，李某某处于刑事羁押状态，某甲公司并未采取有效方式对李某某进行通知，保障李某某的股东权利，故该次股东会决议不能产生解除李某某股东资格的法律效力。

【案例注解】

股东除名制度是《公司法》中化解股东矛盾的重要途径。允许公司基于某种合理的事由解除问题股东的股东资格，不仅有利于公司作为组织体继续存续，而且能够维护公司和其他股东的合法权利。《公司法解释三》第十七条规定了股东会有权通过解除未履行出资义务或抽逃全部出资股东的股东资格的决议，一般认为，该条司法解释虽然没有直接确立股东除名制度，但为司法机关认定股东除名的公司决议效力提供了裁判依据。然而，有关股东除名的相关争论在司法实践中并未消弭。首先，股东除名的事由是否仅限于《公司法解释三》第十七条规定的两种情形，股东能否通过公司章程规定其他的除名事由。其次，股东会对股东除名事由的表决是采用资本多数决还是一致同意。最后，被除名股东的权利通过何种途径可以得到救济。以上问题，不仅是本案的争议焦点，而且在理论和实务中也未完全达成共识，仍存在诸多争论，需要进一步探讨有限责任公司股东除名制度完善之可能。

一、股东除名的法理分析和裁判现状

（一）股东除名的应然层面——概念和价值

有限责任公司的股东除名制度，是从商业合伙、无限公司等以无限责任为特点的商业主体中发展起来的，目的是解决公司个人行为能力或债务承担能力减损，危及其他股东利益的问题；或者作为打破公司僵局中解散公司的替代措施，以求尽量维持企业存续。① 在后来的立法演进中，除名制度逐渐脱离了原有的组织形式，拓展至两合公司的有限责任公司；并且其所承载的功能也扩张为对于严重损害团体利益或严重不履行商事组织义务的惩罚，从而满足商事组织在不解散的前提下进行有效自治的需要。发展至今，股东除名制度在有限责任公司治理中所贡献的制度价值也越来越获得认可，主要体现在以下三个方面：

第一，维护公司资本真实性。近年来，学界逐渐开始对“资本信用”进行反思和批判，指出公司资本不足以承担公司对外交往的信用基础的重任，应当由“资本信用”转为“资产信用”。② 同时，我国从立法层面也取消了最低注册资本制，公司资本从实缴制过渡到认缴制。但是，不可否认的是，资本对于公司仍有极其重要的作用，不应当否定资本制度所发挥的作用。《公司法》及其司法解释对瑕疵出资责任的规定均是基于债权请求权，其目的也仅是要求股东补齐出资，如果股东丧失出资能力或者仍然逃避出资义务，则现有的制度安排不能维护公司的资本利益。为此，有的学者提出了股东除名的合同解除说，即将公司和股东视为出资合同的相对方，如果股东拒不履行出资义务则视为根本违约，公司作为守约方有权解除合同，股东因合同的解除而丧失股东身份。由此可见，相较于瑕疵出资股东补齐出资的法律责任，股东除名则更具有威慑力，可以在一定程度上有效减少股东不出资或抽逃出资的情况发生，从而维护公司资本的真实性。

第二，体现商法是团体法的特征。公司是一个团体，而团体与其成员之间并非一种平等关系，为维护团体的正常运转，团体有权要求其成员遵守一定的行为准则，并对危害团体正常运转的成员施以惩罚。③ 有限责任公司作为封闭性公司，所有权与经营权合一，④ 股东不单是公司的所有者，同时也是切实参与到公司运营中的成员，负有维护公司利益、促进公司发展的忠实义务，因而

---

① 汪晨：《驱逐有限责任公司的“离心股东”——以构建股东除名制度为核心》，载《证券法苑》2011 年第 2 期。

② 赵旭东：《从资本信用到资产信用》，载《法学研究》2003 年第 5 期。

③ 李建伟：《有限责任公司的股东除名制度研究》，载《法学评论》2015 年第 2 期。

④ 参见林承铎：《有限责任公司股东退出机制研究》，中国政法大学出版社 2009 年版，第 26 页。

也须遵守团体的纪律并接受违反纪律时的惩罚。最严重的惩罚便是除名，使其丧失成为团体成员的资格。

第三，实现公司治理的自治。公司法属于私法，意思自治、权利本位等司法原则都适用于公司法。① 因此，有限责任公司的制度设计必须蕴含对股东自治、公司自治的尊重。“作为社团法人之一种，公司有权利在符合法律规定的范围内对公司的组织以及股东与公司之间的法律关系进行构筑。”② 因而，学界的主流观点也认为股东可以在法定条件之外再约定其他条件，实现公司的个性化治理。据此，某些股东基于公司章程所规定的特定条件而导致的被除名，也应当得到法律的尊重和认可。

（二）股东除名的实然层面——共识和争议

在中国裁判文书网，以“股东除名”作为关键词进行检索，2011 年至 2022 年期间，共有民事案件 654 件，以与公司有关的纠纷为一级案由的案件 482 件。以上案件中，主流的裁判观点认为：第一，不仅被除名的股东可以提起确认公司决议无效的诉讼，公司在被除名的股东不配合办理变更登记的情况下，也可以提起确认公司决议效力有效的诉讼，此时可将被除名的股东列为第三人，从而产生诉讼对抗。③ 第二，公司在决定解除股东资格之前，应当履行前置程序，向瑕疵出资的股东进行催告，并给予该股东一定的合理期间缴纳出资，如果该股东逾期仍未缴纳才得以召开股东会会议解除该股东资格。④ 第三，在股东会进行表决时，因表决事项与瑕疵出资的股东存在利害关系，故瑕疵出资的股东应当回避表决。⑤

然而，在司法实践中，不同的法院对于股东除名的一些问题仍然存在重大分歧和争议。实务界争议的主要问题包括除名事由是否可以在公司章程中规定、公司对股东除名事由的决议适用何种表决规则、除名决议应当是人数多数决还是资本多数决。长久以来，不同法院对争议问题的裁判结果大相径庭。甚至在同一起案件中，对于公司章程是否可以约定除名事由的认定，一审和二审法院也存在完全相反的观点。江苏省南京市江宁区人民法院认为：公司章程及其修正案是全体股东经合意通过而产生的，对公司全体股东均有约束力。如股东违背章程以及有关修正案之中的规定，公司有权依据章程的规定剥夺该股东

① 李建伟：《公司法学》（第二版），中国人民大学出版社 2011 年版，第 162 页。

② 汪晨：《驱逐有限责任公司的“离心股东”——以构建股东除名制度为核心》，载《证券法苑》2011 年第 2 期。

③ 参见北京市第三中级人民法院（2015）三中民（商）终字第 10163 号民事判决书。

④ 参见山东省高级人民法院（2020）鲁民终 1382 号民事判决书。

⑤ 参见广东省深圳市中级人民法院（2019）粤 03 民终 5007 号民事判决书。

的股东资格。① 二审法院江苏省南京市中级人民法院则认为：股东的股权属于股东的固有权利，在未经法定程序的情况下禁止剥夺，该案股东已经全面履行出资义务，且未抽逃出资，所以即使该股东作出违规交易的行为，公司章程修正案中关于剥夺股东资格的条款也因违法而无效。② 另外，对于公司章程中约定的除名事由是经全体股东一致同意，还是可由公司通过资本多数决的方式修改章程增设除名条款，也缺乏广泛的共识。

二、股东除名事由适当扩张与限制

（一）股东除名事由的扩张：满足司法实践的现实需求

股东对公司的核心义务就是出资，因此取得股东资格的核心条件就是出资。如果股东不履行出资义务，则其在《公司法》的框架内将承担以下三种责任：一是其向公司承担补齐出资的责任，并向其他股东承担违约责任；二是限制其股东权利，如限制分红权、优先认股权；三是解除其股东资格。《公司法》对前两种民事责任作出具体的且有实际操作性的规定，但未对第三种责任作出明确的指引性规定。为弥补立法的不足，《公司法解释三》在借鉴国外立法和总结实践经验的基础上，引入股东除名制度，为解决相关纠纷提供了直接的规范依据。《公司法解释三》第十七条将股东除名的事由严格限定在完全未履行出资义务或抽逃全部出资这两种行为，但是，这两种除名事由远不能满足司法实践的现实需求。因此，股东在公司章程中将重大事项作为股东除名的事由予以确定，可以一定程度上解决法律供给不足的问题。之所以允许在公司章程中约定除名事由，主要有以下两个考量：第一，章程系公司内部宪章，是公司自主安排内部事务的自治性文件。在不违反国家法律、行政法规的强制性规定，亦不违反公序良俗和诚信原则的情况下，股东有权在章程中就股东除名事由作出具体安排。第二，考察域外立法，《意大利民法典》规定，有限责任公司的设立文件可以规定因正当理由将股东除名的特殊情况；③ 另有学者考证，在德国公司实务中，有限责任公司章程中记载有除名规定的比例高达百分之九十。

（二）股东除名事由的限制：维护小股东的合法权利

赋予公司章程就股东除名事由进行约定的自由，并非意味着股东在创设除名事由时就不受任何限制，否则公司章程将沦为控股股东进行“合法”侵害小股东利益的工具——通过对公司章程的修改，随意设置有针对性的事由，从

① 参见江苏省南京市江宁区人民法院（2014）江宁商初字第464号民事判决书。

② 参见江苏省南京市中级人民法院（2015）宁商终字第737号民事判决书。

③ 参见费安玲等译：《意大利民法典》，中国政法大学出版社2004年版，第631页。

而将原本适格的股东除名。因此，为防范适用风险，应当从除名事由的实质内容和决议程序两方面予以规范。

除名事由的实质内容。股东将其认为必要的、正当的除名事由规定在公司章程中，系将其意志贯穿于公司治理，因此，公司章程中的除名事由应当遵循以下几点要求：一是除名事由不应当违背公序良俗和诚信原则。诚如德国学者所言："章程所载之除名条款，如属滥用除名事由或者股份收买价格远低于市者，应视为有违善良风俗而无效。"二是股东除名的事由必须是与股东自身相关，可以是自身原因，也可以是股东对公司所为的不当行为。如果该事由与股东自身完全无关，则不能作为股东除名的事由。三是除名事由应当具有重大性和正当性，即该事由必须危害或者可能危害公司和其他股东的共同利益，不能只是为了个别股东的个人利益。

除名事由的决议程序。如前所述，除名事由应当规定在公司章程中，因此，除名事由的决议程序即等同于章程或章程修正案的决议程序。如果除名事由系记载于初始章程，依照《公司法》关于初始章程应当由全体股东共同制定的规定，该初始章程应当经过全体股东一致同意自然无须赘述。① 而真正产生争议的是在公司成立后，公司通过章程修正案增加股东除名的条款，在此情境下，股东会应当适用何种表决规则。有的观点认为，章程中的除名事由条款必须是股东通过正当程序订立或修改，而且股东会决议必须经绝对多数股东同意才能通过。② 另有观点认为，股东权的整体处分非股东同意不得以资本多数决予以强制处分，是民事权利保护的应有之义。在公司与修改章程时投反对票的股东之间并未建立任何合同关系的情况下，以资本多数决原则通过的章程或者股东会决议不能约束反对股东。③ 笔者赞同第二种观点，即除名事由的决议应当由股东一致同意。理由是，虽然《公司法》（2018 年修正）第四十三条第二款④规定修改公司章程经代表三分之二以上表决权的股东通过即可，但是，股东除名系对股东身份的剥夺，不同于公司章程的其他内容，该措施是对股东最严厉的惩罚，具有终局性。为了防止小股东受到大股东的排挤，大股东

① 当然，有的学者也认为初始章程也不是全体股东合意的产物，实际上也是通过多数决的方式表决。参见吴飞飞：《论公司章程的决议属性及其效力认定规则》，载《法制与社会发展》2016 年第 1 期。

② 汪晨：《驱逐有限责任公司的"离心股东"——以构建股东除名制度为核心》，载《证券法苑》2011 年第 2 期。

③ 常州市中级人民法院民二庭课题组：《股权转让若干审判实务问题研究》，载《人民司法·应用》2008 年第 23 期。

④ 该法已于 2023 年修订，修订后本条款被修改为第六十六条第三款："股东会作出修改公司章程、增加或者减少注册资本的决议，以及公司合并、分立、解散或者变更公司形式的决议，应当经代表三分之二以上表决权的股东通过。"

利用控制权随意剥夺小股东的股东身份，应当由全体股东在对某些事由可以作为除名事由时作出共同的意思表示。

本案中，某甲公司在章程中约定了除法定的除名事由以外的四种事由，该行为并不违反法律规定，应当得到肯定。考察以上四种事由的实质内容，不仅符合公序良俗和诚信原则的要求，同时也是与股东自身完全相关的重大和正当事由。因此，可以认定除名事由具有正当性。但是，某甲公司并没有证据证明通知过李某某参加该次股东会会议，故该次会议的召集程序违法。同时，该次会议中表决规则为三分之二以上表决权即可通过，也不符合股东一致同意的原则。因此，某甲公司在章程中对除名事由的约定不能对李某某发生法律效力。

三、股东除名的程序规则

（一）前置程序

《公司法司法解释三》规定了股东除名的前置程序，即在股东不履行出资义务或者抽逃全部出资时，公司应当首先向该股东进行催告，并给予一定的合理期限补缴出资。拓展至其他除名事由，亦应当首先书面通知拟被除名的股东，告知其存在的不当行为，并要求其在合理期限内纠正不当行为，同时，还应当告知其不按期消除该情形的法律后果。至于何谓“合理”，前述司法解释并未给出明确的界定，而是交由法官自由裁量。参照国内外立法，可以将该催告期限定为一个月。① 本案中，某甲公司认为李某某存在章程约定的除名事由的行为时，没有向李某某发送书面通知，告知其公司意欲对其除名，其应在合理期限内纠正不当行为。因此，某甲公司没有履行除名的前置程序，存在程序违法行为。

（二）除名决议

关于除名决议的表决，《公司法解释三》并未对此作出规定，但按照一般理解应当是按照多数决的规则通过决议即可。然而，其中仍有两个重要问题需要厘清：第一，召开股东会会议就股东除名问题进行讨论和表决时，拟被除名的股东是否应当回避表决。由于讨论事项与拟被除名的股东存在直接的利害关系，故应当适用关联股东表决权回避规则，即股东会在进行表决时，该股东不应当享有表决权。第二，表决时适用的多数决规则是指资本多数决还是人数多数决。从《公司法》对于若干表决事项的表决比例的规定来看，有限责任公

① 《中外合资经营企业合营各方出资的若干规定》（已失效）第七条规定：“合营一方未按照合营合同的规定如期缴付或者缴清其出资的，则构成违约。守约方应当催告违约方在一个月内缴付或者缴清出资。逾期仍未缴付或者缴清的，视同违约方放弃在合营合同中的一切权利，自动退出合营企业。”《瑞士债务法》第七百七十九条第二款规定：“在不少于一个月的延期内，付款的股东经两次挂号信催告后仍未付款的，将被开除资格，但并不因此免除其支付到期款项的责任。”

司股东会决议的作出以适用资本多数决为原则，以适用人数多数决为例外。在适用人数多数决的场景下，往往与股东身份的变动相关。股东除名也是一种典型的股东身份变动，事关股东之间的人身信任关系，并且该事项与公司资本的组成关系甚小，因此，适用人数多数决则具有更强的合理性。本案中，某甲公司在召开解除李某某股东资格的股东会会议时，没有向李某某送达会议召开通知，虽然当时李某某处于刑事羁押状态，但公司仍然可以通过李某某的家属或其他有效方式进行送达，而不能因其被羁押便剥夺其参会的权利。因此，某甲公司该次会议的召集不符合程序要求。

（三）被除名股东的股权利益如何处置

股东被除名以后，直接的法律效果是股东身份被剥夺，该股东与公司、其他股东之间的身份关系也随之丧失。那么相应的股权利益应当根据除名原因区分两种情形处理。

其一，因股东未履行出资义务或者抽逃全部出资而被除名。由于该股东并未向公司缴付过任何出资，其不应享有任何股权利益，故公司或其他接受该部分股权的股东无须向其支付任何对价或补偿。其二，因符合公司章程约定的其他除名事由而被除名。由于股东被除名的原因并非出资问题，故其应当享有相应的股权利益，至于股权利益如何确定，则可通过评估程序予以确定。需要注意的是，在评估过程中，既要合理保护退出股东的正当权益，又要注意估价本身应当适当，不能使估价本身对于股东不当行为产生反向的激励作用。

综上所述，法律允许公司通过章程约定股东除名事由，但因股东除名对于股东而言属于最严厉的惩罚，故在司法实践中对除名事由的实质内容、决议程序以及除名的程序规则进行更为严格的审查，从而保护所有股东的合法权益。

（**一审法院独任审判员** 代 策
二审法院合议庭成员 王东军 江 惠 邢 军
编写人 北京市朝阳区人民法院 代 策
责任编辑 李 明
审稿人 刘 敏）

吾某诉某财保公司保险纠纷案

——机动车交通事故中乘客能否转化为第三者的标准界定

关键词：商事　机动车交通事故　乘客被甩出　商业三者险　交强险

【裁判要旨】

乘客因车辆在行驶过程中与路侧隔离护栏发生碰撞被甩出车外后死亡，该结果系因事故发生时源自车内的危险所致。在乘客的伤亡后果不存在因其他风险介入而发生与本车碰撞、碾压等叠加因素的情况下，受害者乘客的身份不能转化为“第三者”，亦不属于交强险及商业三者险的理赔对象。

【相关法条】

《中华人民共和国民法典》

第一千一百七十九条　侵害他人造成人身损害的，应当赔偿医疗费、护理费、交通费、营养费、住院伙食补助费等为治疗和康复支出的合理费用，以及因误工减少的收入。造成残疾的，还应当赔偿辅助器具费和残疾赔偿金；造成死亡的，还应当赔偿丧葬费和死亡赔偿金。

第一千二百一十三条　机动车发生交通事故造成损害，属于该机动车一方责任的，先由承保机动车强制保险的保险人在强制保险责任限额范围内予以赔偿；不足部分，由承保机动车商业保险的保险人按照保险合同的约定予以赔偿；仍然不足或者没有投保机动车商业保险的，由侵权人赔偿。

《中华人民共和国保险法》

第六十五条　保险人对责任保险的被保险人给第三者造成的损害，可以依照法律的规定或者合同的约定，直接向该第三者赔偿保险金。

责任保险的被保险人给第三者造成损害，被保险人对第三者应负的赔偿责任确定的，根据被保险人的请求，保险人应当直接向该第三者赔偿保险金。被保险人怠于请求的，第三者有权就其应获赔偿部分直接向保险人请求赔偿保险金。

责任保险的被保险人给第三者造成损害，被保险人未向该第三者赔偿的，保险人不得向被保险人赔偿保险金。

责任保险是指以被保险人对第三者依法应负的赔偿责任为保险标的的保险。

《中华人民共和国道路交通安全法》

第七十六条 机动车发生交通事故造成人身伤亡、财产损失的，由保险公司在机动车第三者责任强制保险责任限额范围内予以赔偿；不足的部分，按照下列规定承担赔偿责任：

（一）机动车之间发生交通事故的，由有过错的一方承担赔偿责任；双方都有过错的，按照各自过错的比例分担责任。

（二）机动车与非机动车驾驶人、行人之间发生交通事故，非机动车驾驶人、行人没有过错的，由机动车一方承担赔偿责任；有证据证明非机动车驾驶人、行人有过错的，根据过错程度适当减轻机动车一方的赔偿责任；机动车一方没有过错的，承担不超过百分之十的赔偿责任。

交通事故的损失是由非机动车驾驶人、行人故意碰撞机动车造成的，机动车一方不承担赔偿责任

【案件索引】

一审：浙江省衢州市衢江区人民法院（2023）浙0803民初1844号（2023年10月20日）

二审：浙江省衢州市中级人民法院（2023）浙08民终1371号（2023年12月28日）

【基本案情】

原告吾某诉称：2022年6月3日3时10分许，吾某驾驶浙H62×××小型面包车搭载叶某等4人在行驶过程中与路侧隔离护栏发生碰撞，造成4伤（含吾某）1死的交通事故，吾某负事故全部责任。吾某为3名受伤人员（不含吾某）支付医疗费共计170000余元，为死者叶某支付抢救费2292.99元。后吾某向某财保公司申请理赔，某财保公司以叶某属车上人员，应按照机动车车上人员责任保险（乘客）的限额10000元赔付。吾某认为，叶某系在事故发生并被甩出被保险车辆之外后受伤致死，故叶某已从被保险车辆的车上人员转化为本车人员以外的第三者，应属于不特定的“车下人员”即“第三者”，

属于交强险、商业三者险的理赔范围，某财保公司应予赔偿。况且，案涉保险条款系格式条款，而根据《交通道路安全法》第七十六条第一款的规定，叶某系因交通事故造成伤亡，故应对保险条款作有利于被保险人和受益人的解释，依法应由保险公司在机动车第三者责任强制保险责任限额范围内予以赔偿。现因吾某于 2022 年 10 月 17 日、2023 年 4 月 2 日先后支付叶某亲属 200000 元赔偿款，叶某亲属亦同意就吾某垫付的 200000 元赔偿款由吾某向保险公司追偿。请求法院判令：（1）某财保公司支付吾某已垫付赔偿金 200000 元；（2）诉讼费用由某财保公司承担。

被告某财保公司辩称：根据案涉事故认定书载明的事实，本案事故是因吾某驾驶车辆搭载其他 4 人行驶过程中所致，叶某应按照车上人员进行赔付。某财保公司对吾某赔偿叶某家属赔偿款无异议，但车上乘客保险限额为 10000 元/座，故仅同意在吾某已支付叶某家属的情况下按照 10000 元的限额进行赔付。

法院经审理查明：浙 H62 × × × 小型面包车登记所有人为吾某，2021 年 11 月 9 日吾某在某财保公司处为该车投保机动车交通事故责任强制保险（死亡伤残赔偿限额 180000 元，医疗费用赔偿限额 18000 元，财产损失赔偿限额 2000 元，无责任死亡伤残赔偿限额 18000 元，无责任医疗费用赔偿限额 1800 元，无责任财产损失赔偿限额 100 元）和机动车商业保险［机动车损失保险责任限额 55000 元，机动车第三者责任保险责任限额 2000000 元，机动车车上人员责任保险（司机）责任限额 10000 元/座 ×1 座，机动车车上人员责任保险（乘客）责任限额 10000 元/座×5 座］，保险期均为 2021 年 11 月 9 日 12 时起至 2022 年 11 月 9 日 24 时止。2022 年 6 月 3 日凌晨，吾某驾驶浙 H62 × × × 小型面包车搭载叶某等 4 人行驶途中，与路侧隔离护栏发生碰撞，造成叶某受伤经医院抢救无效后死亡、吾某及其他 3 名乘客受伤、车辆受损的交通事故。叶某经抢救无效于 2022 年 6 月 3 日 4 时 53 分死亡。《道路交通事故认定书》认定，吾某负该起事故全部责任，叶某等 4 人均无事故责任。2023 年 4 月 18 日，吾某与叶某法定继承人签订《赔偿协议书》，叶某法定继承人同意由吾某就其垫付的 200000 元赔偿款向保险公司追偿，追偿的款项归吾某所有。

另查明：某财保公司《机动车交通事故责任强制保险条款》第五条载明，交强险合同中的受害人是指因被保险机动车发生交通事故遭受人身伤亡或者财产损失的人，但不包括被保险机动车本车车上人员、被保险人。某财保公司《机动车商业保险条款（2020 版）》第三条载明，本保险合同中的第三者是指因被保险机动车发生意外事故遭受人身伤亡或者财产损失的人，但不包括被保险机动车本车车上人员、被保险人；第四条载明，本保险合同中的车上人员是指发生意外事故的瞬间，在被保险机动车车体内或车体上的人员，包括正在上下车的人员。

【裁判结果】

浙江省衢州市衢江区人民法院于2023年10月20日作出（2023）浙0803民初1844号民事判决：一、被告某财保公司于判决生效之日起十日内支付原告吾某垫付款10000元［机动车车上人员（乘客叶某）责任保险限额］；二、驳回吾某的其他诉讼请求。

宣判后，吾某提起上诉。浙江省衢州市中级人民法院于2023年12月28日作出（2023）浙08民终1371号民事判决：驳回上诉，维持原判。

【裁判理由】

法院生效裁判认为：对于受害人叶某在本案事故发生前系乘客，为车上人员，双方均无异议。本案的主要争议焦点为，交通事故发生时叶某是否由车上人员转化为第三者。本案为保险纠纷，而保险所经营的是风险，当事故发生的原因系保险人承保的风险时，保险人才须承担赔偿责任。故本案关键在于，须根据保险近因原则，判断叶某受到的伤害（风险）是源自车内危险还是车外危险，是否可由车上人员转化为第三者，从而确定是否属于本案机动车第三者责任保险、机动车交通事故责任强制保险的理赔对象。本案中，叶某从车后门被甩出车外，系因吾某在驾车行驶过程中与路侧隔离护栏发生碰撞所致。该事故发生过程所持续的时间虽极短，但仍可清晰区分，吾某驾驶的案涉车辆与路侧隔离护栏发生碰撞在前，叶某被甩出车外在后。即事故发生之初叶某还在车内空间时，风险已经开始发生，且没有该风险前因便不会导致叶某脱离车辆，其被甩出车外造成后续伤亡是该碰撞事故直接产生的后果。况且，吾某亦未提供有效证据证明叶某被甩出车外后存在与本车或其他车辆发生碰撞、碾压的情形，即叶某的伤亡没有其他风险因素介入。故此，可以确定叶某伤亡结果系由车内风险造成，其在案涉交通事故发生瞬间仍为车上人员而非“第三者”。故法院仅对叶某死亡所致的车上人险部分予以支持，而对其他诉讼请求予以驳回。

【案例注解】

当被保险车辆发生交通事故时，如本车人员脱离了被保险人车辆，能否将其视为交强险和商业三者险中的“第三者”，受害人是否属于肇事车辆交强险和商业三者险的理赔对象，在司法实践中存在争议。在审理此类案件时，须将车上人员区分为驾驶人和乘客，再根据具体情况加以判断。当车上人员为驾驶人时，通常认为驾驶人作为机动车行驶过程中的操作者，决定了其对危险的掌控地位，且其法律地位相当于被保险人，原则上不应纳入“第三者”的范围。若过度扩张认定驾驶人为“第三者”，将不利于保障整个保险体系的平衡与功能发挥，故只有当其丧失对危险的掌控力时才存在转化为“第三者”的可能。关于车上人员为乘客时是否能转化为“第三者”及在何种情况下才可转化为“第三者”，实务中有不同的理解和认识，有必要厘清相关考量因素及判断标准，为该类案件的审查与认定提供参考。

一、关于“第三者”范围的界定

交强险和商业三者险均属于责任保险，《保险法》第六十五条第四款规定：“责任保险是指以被保险人对第三者依法应负的赔偿责任为保险标的的保险。”《机动车交通事故责任强制保险条例》第三条规定：“本条例所称机动车交通事故责任强制保险，是指由保险公司对被保险机动车发生道路交通事故造成本车人员、被保险人以外的受害人的人身伤亡、财产损失，在责任限额内予以赔偿的强制性责任保险。”第二十一条第一款规定：“被保险机动车发生道路交通事故造成本车人员、被保险人以外的受害人人身伤亡、财产损失的，由保险公司依法在机动车交通事故责任强制保险责任限额范围内予以赔偿。”根据上述相关规定，可以将保险合同中的“第三者”界定为，因被保险机动车发生意外事故遭受人身伤亡或者财产损失的人，但不包括投保人、被保险人和保险事故发生时被保险机动车本车上的人员。

之所以将本车车上人员排除在保险赔偿范围之外，一方面是基于责任险是以被保险人对他人承担的责任作为保险标的，该责任源于机动车的运行风险。就车上人员责任险与商业三者险而言，车上人员责任险承担的是机动车在运行中对车内的乘车人员产生的不确定的“车内风险”，该风险应当是造成损失的直接原因。商业三者险承担的则是机动车对车外不确定的“第三者”产生的“车外风险”，“车外风险”是造成第三者损失的直接原因。交强险和商业三者险将“车上人员”排除在承保范围外，实质上是将承保风险限制于机动车运行中产生的“外部风险”。另一方面是因为在保险事故发生时，因被保险人及其允许的合法驾驶人属于侵权人，作为本车的乘客等车上人员因与驾驶人在同一空间，处于侵权车辆内部。在第三者作为受害人的身份与侵权人的身份存在对立关系的情况下，根据侵权法基本原理，不论行为人对自身之损害系故意为之或放任发生，其损害结果均应由行为人自负，否则将出现侵权人是受害人的逻辑悖论。①

二、乘客是否可以转化为“第三者”

关于车上人员能否转化为“第三者”，司法实践中倾向于认为在符合特定条件的情况下，车上人员可以转化为“第三者”。如空间位置说认为，以事故发生时受害人所处的空间位置来区分，在事故发生时脱离车辆的都可以认定为“第三者”；② 脱离车辆原因说认为，根据车上人员脱离车辆的具体原因和情形来判断是否转化为“第三者”，正常下车后遭受本车伤害的可以转化为“第三者”，在事故发生过程中被抛出车外的不能转化为“第三者”；③ 不利解释说认为，特殊情况下脱离车辆的本车人员是否属于“第三者”应采纳对保险人不利的解释；④ 险种区别说认为，根据交强险和商业三者险的区别，对于车上人员与“第三者”的转化问题分别规定。⑤

笔者赞成上述有条件转化即脱离车辆原因说的观点，主要理由为：一方面，从对危险的控制力来看，相较于驾驶人对车辆实际控制以及对危险具有较强的把控力，作为受害人的乘客与其他普通“第三者”对机动车危险的控制力并无实质差别，均处于弱势地位。另一方面，交通事故的发生是一个连续的过程，乘客所处的位置亦可能在不同的变动之中，危险发生的时间点和损害结果发生的时间点可能存在错位的情况，空间概念只有在特定的时间概念下才具有意义，不能简单地割裂其中的关联性和整体性。

① 最高人民法院民事审判第一庭编著：《最高人民法院关于道路交通损害赔偿司法解释理解与适用》，人民法院出版社2015年版，第225页。

② 《湖南省高级人民法院关于审理涉及机动车交通事故责任强制保险案件适用法律问题的指导意见》第三条规定：“交强险中的本车人员，是指保险事故发生瞬间，位于机动车驾驶室或车厢内的人员。”《安徽省高级人民法院关于审理道路交通事故损害赔偿纠纷案件若干问题的指导意见》第十条规定：“本车驾乘人员脱离本车车体后，遭受本车碰撞、碾压等损害，请求本车交强险赔偿的，人民法院予以支持。”

③ 《广西壮族自治区高级人民法院关于审理机动车交通事故责任纠纷案件有关问题的解答》第六条规定：“车上人员能否转化为‘第三者’作为本车交强险和商业三者险限额赔偿范围的理赔对象，应根据案情区别对待：（一）发生交通事故时，车上人员被抛出本车，一般不应认定其为本车的‘第三者’；（二）车上人员正常下车后，遭受本车碰撞、碾压等伤害，可以认定其身份已经转换为本车的‘第三者’。”

④ 《江苏省高级人民法院关于当前商事审判若干问题的解答（二）》第十一条第三款规定：“本车其他人员应根据具体的时空状况认定是否属于‘第三者’。事故中脱离车辆的，存在属于‘车上人员’和不属于‘车上人员’两种理解。按照格式条款不利解释原则，应作对保险人不利的解释，认定事故中脱离车辆的本车其他人员不属于‘车上人员’。”

⑤ 重庆市高级人民法院民一庭《关于当前民事审判疑难问题的解答》和重庆市高级人民法院民二庭《关于车上人员正常离开被保险车辆后被该保险车辆伤害是否适用商业第三者责任险的答复》就分别从交强险和商业三者险的角度作了规定。

三、乘客转化为“第三者”的考量因素及判断标准

在认定乘客与“第三者”身份转化时应准确把握相关考量因素及判断标准，可以将导致乘客伤亡的最直接、最有效、起决定性作用的原因作为乘客是否可以转化为本车的第三者的依据。如前所述，因为保险经营的是风险，故当事故发生的原因系保险人承保的风险时，保险人理应承担赔偿责任，找到支配损害结果发生的最本质的原因便可确定赔偿范围。若因车内风险遭受的损害应通过车上人员险和运输合同的合同责任来解决，因车外风险遭受的损害则可以转化为第三者寻求交强险的救助。概言之，可根据保险近因原则分析乘客受到的伤害（风险）是源自车内危险还是车外危险，以判断是否可由车上人员转化为第三者，从而确定是否属于交强险和商业三者险的理赔对象。

具体可综合以下因素及标准进行考量。首先，须注意乘客所处的位置，因为乘客的位置并非固定不变，其可能发生变化，如乘客作为车上人员，其在下车休息时已然脱离了车辆本身，此时不属于车上人员。其次，要关注事故发生时间节点，看在事故发生的初始时间乘客是否处于车内空间，此处的“交通事故发生时”应理解为危险发生时而非事故损害发生时，因为事故的发生往往在极短的瞬间完成，难以区分危险发生时是否已经产生损害，而且事故的最终结果往往在危险发生时已经注定，只是欠缺时间成就。最后，如有二次碰撞，还须判断是否存在其他介入因素，即该二次碰撞后果非同一事故所致。

四、乘客转化为“第三者”的类型化分析

情形一：上下车过程中伤亡。上下车是一个连续的过程，乘客经历了车内外的空间转换，故应以乘客的最终目的是否实现来作为标志，若目的还未实现，应判定处于转化前的状态。乘客在上车过程中，身体大部分是处于车外，和车辆还未形成紧密的依附关系，缺少车辆的保障，应认定为车外人员；乘客在下车过程中，身体大部分处于车内，与机动车的依附关系未完全结束，还享有机动车的保障功能，具有更强的抵御风险的能力，应认定为车内人员。简言之，未完成上车目的的乘客仍按照车外人员处理，未完成下车目的的乘客仍按照车内人员处理，当事故发生时乘客的身份为车外人员，可认定其为“第三者”。

情形二：非正常情况下被甩出车外后伤亡。乘客被甩出车外伤亡是一个连续的过程，在事故发生的初始时间即乘客还在车内空间时，伤害已经开始发生，且没有风险这个前因也不会导致乘客脱离车辆，被甩出车外的后续伤亡是车内伤害的延伸结果，并没有其他因素介入，虽然其伤亡的后果发生在车外，但因其最终结果是由车内风险造成的，故无法转换为本车的第三者。

情形三：非正常情况下被甩出车外后与本车接触伤亡。常见于乘客被甩出车外后又遭受本车碰撞、碾压导致伤亡，此种情况下车内风险仅仅是一个诱因，乘客被本车碰撞、碾压并非其被甩出车后的必然结果。比如，乘客因本车急刹车被甩出车外后，后方车辆追尾导致本车前行，又碾压到乘客，本车乘客遭受本车碾压时又叠加了后车追尾助推前行的外力作用，可以认定本车乘客转化为第三者。又如，本车上坡过程中撞击到路障致使乘客摔下车外，本车因撞击熄火而滑坡，在滑坡过程中碾压到摔倒在地的乘客，本车乘客遭受本车碾压亦叠加了坡道特殊地势的外力作用，亦可以认定本车乘客转化为第三者。这些情况正是由于其他因素介入，切断了车内风险与损害后果之间的因果关系，即车外风险是导致损害后果发生的决定性原因，所以乘客可以转化为本车的第三者。但若为本车乘客被甩到空中又坠落碰撞到本车的情况，因此时的“二次碰撞”实质与致使乘客被甩出车外的事故仍系同一次事故，乘客被甩到空中后自然坠落，在无叠加外力作用的情况下撞击到本车，因具有一定的必然性、客观性，则无法转化为第三者。

本文所涉案件中，受害人叶某在事故发生前系乘客，故要判断在交通事故发生时叶某是否由车上人员（乘客）转化为第三者，则须分析叶某受到的伤害（风险）是源自车内危险还是车外危险。因案涉事故系吾某在驾车行驶过程中与路侧隔离护栏发生碰撞所致，叶某因此由车后门被甩出车外。虽该事故发生过程所持续的时间极短，但仍可清晰区分出，吾某驾驶的案涉车辆与路侧隔离护栏发生碰撞在前，叶某被甩出车外在后。即事故发生之初叶某还在车内空间时，风险已经开始产生，且没有该风险前因便不会导致叶某脱离车辆，故其被甩出车外造成后续伤亡是该碰撞事故直接产生的后果。故在缺乏有效证据证明叶某被甩出车外后存在与本车或其他车辆发生碰撞、碾压的情形，即在叶某的伤亡后果没有其他风险因素介入的情况下，无法认定其身份由车上人员（乘客）转化为第三者。

（**一审法院合议庭成员** 郑荣祥 高建忠 汪艳青
二审法院合议庭成员 洪学军 杨日洪 姜秀莲
编写人 浙江省衢州市中级人民法院 杨日洪 朱 媛
责任编辑 韩 煦
审稿人 刘 敏）

某证券公司诉虞某股权转让纠纷案

——新三板挂牌公司终止挂牌，控股股东、实际控制人能否因控制地位的变化而免于履行其作出的股权回购承诺

关键词：商事　股权转让　新三板挂牌公司　终止挂牌　股权回购　异议股东

【裁判要旨】

新三板公司申请终止挂牌的情况下，公司控股股东、实际控制人出具回购异议股东股份的《承诺》，并经公司发布公告确认。该承诺不同于投资方利用优势地位在上市公司定向增发等再融资过程中与上市公司及其控股股东、实际控制人订立的“定增保底”性质条款，未违反《证券法》公平原则和相关监管规定，故一经作出即生效。即便嗣后公司控股股东、实际控制人因客观原因发生变更，但《承诺》确定的回购合同义务（债务）的变更及转让应取得相对人（债权人）的同意，在未与相对人协商一致的情况下，原控股股东、实际控制人之回购义务不因其在承诺后身份关系的变化而免除。

【相关法条】

《中华人民共和国民法典》

第一百三十九条　以公告方式作出的意思表示，公告发布时生效。

第一百四十条第一款　行为人可以明示或者默示作出意思表示。

第一百四十三条　具备下列条件的民事法律行为有效：

（一）行为人具有相应的民事行为能力；

（二）意思表示真实；

（三）不违反法律、行政法规的强制性规定，不违背公序良俗。

第五百零九条第一款　当事人应当按照约定全面履行自己的义务。

【案件索引】

一审：上海市静安区人民法院（2022）沪0106民初22095号（2023年8月3日）

【基本案情】

原告某证券公司诉称：2017年，原告参加了某科技公司的股票定向增发，并取得某科技公司89万股，支付总价2492万元。2019年7月15日，某科技公司发布《关于申请公司股票终止挂牌对异议股东权益保护措施的公告》（以下简称《异议股东权益保护公告》），该公司控股股东、实际控制人被告虞某承诺由被告或被告指定的第三方在股票终止挂牌后12个月内，对异议股东所持有的股票以不低于取得成本的价格进行回购。2019年7月31日，某科技公司召开2019年第二次临时股东大会，审议通过了《关于申请公司股票在全国中小企业股份转让系统终止挂牌的议案》。2019年8月19日，原告作为异议股东在回购申报有效期间内签署了《异议股东回购申请说明书》，并于2019年8月21日收到被告签字确认的《签收确认函》。根据《关于某科技公司股票终止挂牌的公告》，某科技公司自2020年1月17日起在新三板终止挂牌，故被告应在2021年1月16日前履行回购义务。鉴于回购期限已至，原告先后向某科技公司及虞某发送了回购告知函以及律师函，被告至今未能履行回购义务，故诉至法院，请求判令：（1）被告向原告支付股权回购款24920000元（人民币，下同）及逾期付款利息（以本金24920000元为基数，按全国银行间同业拆借中心公布的一年期贷款市场报价利率即LPR，自2021年1月17日起计算至实际给付之日，暂计至2023年5月25日的付款利息为2194496.16元）；（2）被告向原告支付律师费损失100000元及保全担保费损失15152元。

被告虞某辩称：对某证券公司诉请的股权回购款本金及利息计算金额无异议，不同意承担律师费和保全担保费，不认可某证券公司诉请。虞某自2019年10月16日被采取强制措施羁押后，某科技公司后续公告并非虞某本人意思表示，羁押之后公告的内容，某证券公司应当向公告主体主张。虞某被羁押后，2019年11月左右，虞某持有的公司股权基本都已转让给其他股东，目前虞某只占有公司极小部分股权，虞某并非实际控制人。因此，虞某认为其不再有回购义务。某证券公司的股权投入资金系打入公司的资本金，并非虞某个人所有，故不应由虞某承担回购责任。

法院经审理查明：2017年1月18日，某科技公司《股票发行情况报告书》载明："本次发行完成后，……虞某通过直接或间接方式共持有本公司74.13%股份，仍为公司控股股东和实际控制人。"

2019年7月12日，虞某出具《承诺》，载明本人或指定的第三方对异议股东持有的公司股份按照以下方式进行回购："（一）回购对象条件：1.公司2019年第二次临时股东大会股权登记日登记在册的股东。2.未参加审议本次终止挂牌事项股东大会或参加审议本次终止挂牌事项股东大会未投赞成票的股东……满足前述所有条件的股东可以要求回购，其要求回购股份的数量以公司2019年第二次临时股东大会股权登记日，由中国证券登记结算有限责任公司出具的《证券持有人名册》记载的信息为准……"

2019年7月15日，某科技公司发布《董事会决议公告》，载明审议通过《关于申请公司股票在全国中小企业股份转让系统终止挂牌的议案》等。同日，某科技公司发布《异议股东权益保护公告》，其中载明的回购对象条件、回购价格、回购申报有效期限以及联系方式等内容均与前述《承诺》一致。

2019年7月15日，某科技公司发布《承诺公告》，载明"承诺开始日期：2019年7月31日；承诺履行期限：2019年第二次临时股东大会召开日起一个月内；承诺结束日期：2019年8月30日；承诺主体：虞某；承诺主体与挂牌公司的关系：控股股东、实际控制人；承诺内容：虞某承诺于本承诺函签署之日起30日内，对回购相对人提出的回购请求，按以下约定对其所持股份实施回购：1.回购相对人：审议公司股票终止挂牌事宜股东大会的异议股东；2.回购承诺期间：股东大会审议通过后30日内；……6.承诺内容自本公告发布之日起生效。新增承诺事项的原因：公司已申请公司股票在全国中小企业股份转让系统终止挂牌，为充分保障异议股东的合法权益，公司控股股东、实际控制人做出上述补充承诺。"

2019年8月1日，某科技公司发布《股东会决议公告》，载明审议通过《关于申请公司股票在全国中小企业股份转让系统终止挂牌的议案》《关于申请公司股票终止挂牌对异议股东权益保护措施的议案》等。

2019年8月19日，某证券公司向某科技公司及其实际控制人虞某发出《异议股东回购申请说明书》，载明某证券公司未参加临时股东大会，符合"异议股东"认定，某证券公司在指定时间内向虞某提出异议股东回购申请。同月21日，虞某向某证券公司出具《签收确认函》，确认已收到上述《异议股东回购申请说明书》。

2020年1月14日，全国中小企业股份转让系统有限责任公司发布《关于某科技公司股票终止挂牌的公告》，决定自同月17日起终止某科技公司股票挂牌。同月16日，某科技公司发布《终止挂牌公告》，公司股票自同月17日起在股转系统终止挂牌。

另查明：2019 年 11 月 5 日，某科技公司董事会决议，因虞某涉及经济犯罪不能履行职务，同意虞某辞去公司董事长等职务；2020 年 6 月，虞某将所持公司股份转让给案外人，虞某仅持 300 万股，持股占比 4.4%；2020 年 7 月，虞某将 300 万股转让给案外人，持股比例为 0；现某科技公司法定代表人为卿某。

【裁判结果】

上海市静安区人民法院于 2023 年 8 月 3 日作出（2022）沪 0106 民初 22095 号民事判决：一、虞某于判决生效之日起十日内支付某证券公司股权回购款 24920000 元及逾期付款利息（以本金 24920000 元为基数，按全国银行间同业拆借中心公布的一年期贷款市场报价利率，自 2021 年 1 月 17 日起计算至实际给付之日止），虞某支付股权转让款后，股权归虞某所有，某证券公司应配合办理相关股权变更手续；二、虞某于判决生效之日起十日内支付某证券公司律师费损失 100000 元；三、某证券公司其余诉讼请求不予支持。宣判后，原、被告双方均未上诉，判决已生效。

【裁判理由】

法院生效裁判认为：本案争议焦点为，虞某是否对某证券公司股权具有回购义务；回购义务履行的时间及方式如何确定。

关于争议焦点一。虞某 2019 年 7 月 12 日出具的《承诺》，主体清晰，内容明确，意思表示真实，该回购承诺一经作出即生效，某科技公司并就此发布了《异议股东权益保护公告》《承诺公告》。按照《承诺》及公告要求，某证券公司符合公告载明的“异议股东”范围，有权要求虞某按照《承诺》及相应公告回购其股权。

关于争议焦点二。某证券公司于 2019 年 8 月 19 日即向虞某发出《异议股东回购申请说明书》，符合“在临时股东大会决议公告之日起 30 日内”提出异议，并已明确要求回购某证券公司持有的股权。而虞某已于 2019 年 8 月 21 日向某证券公司出具《签收确认函》，确认已收到某证券公司提交的《异议股东回购申请说明书》。故此，某证券公司已按照《承诺》要求的回购时间及方式申报股权回购。虞某理应按照《承诺》向某证券公司履行股权回购义务。此外，虞某于 2019 年 7 月 12 日出具的《承诺》明确：回购承诺履行期间为公司股票在全国股转系统终止挂牌后 12 个月内。某证券公司主张公告载明的 18 个月系笔误的主张，合理有据，予以采纳。虞某应在终止挂牌后 12 个月内履行回购承诺。因本案双方并未就回购价格协商一致，故某证券公司主张以其取得公司股权的成本价 24920000 元作为回购价格，合法有据。虞某未及时履行回购义务，某证券公司主张相应逾期付款利息，亦应支持。

【案例注解】

司法实践中，涉及新三板挂牌公司的股权回购纠纷屡见不鲜。《最高人民法院关于为深化新三板改革、设立北京证券交易所提供司法保障的若干意见》明确："在上市公司定向增发等再融资过程中，对于投资方利用优势地位与上市公司及其控股股东、实际控制人或者主要股东订立的'定增保底'性质条款，因其赋予了投资方优越于其他同种类股东的保证收益特殊权利，变相推高了中小企业融资成本，违反了证券法公平原则和相关监管规定，人民法院应依法认定该条款无效。"而本案系新三板挂牌公司因申请终止挂牌，公司控股股东、实际控制人出具回购承诺引发的纠纷，不同于上述"定增保底"性质的条款。本案判决对所涉股权回购承诺的性质、效力作出司法认定，从而为维护中小股东或异议股东合法利益提供了有力的司法保障。

一、新三板挂牌公司终止挂牌制度概述

（一）新三板市场的诞生

经中国证监会批准，新三板市场于 2006 年 1 月正式推出，该市场的全称为"中关村科技园区非上市股份有限公司股份报价转让系统"，其推出的目的是解决和完善"老三板"在调节资源配置、促进股票交易流通等方面的不足，同时为更多处于初创期、成长期以及具有创新能力的中小微企业提供股票流通的机会。在新三板市场扩容至武汉东湖、上海张江、天津滨海后不久，经国务院批复同意，设立全国中小企业股份转让系统有限责任公司，在借鉴原三板市场经验的基础上，该公司建设了新的运营平台"全国中小企业股份转让系统"。2013 年 1 月，原"代办股份转让系统"（包括原 STAQ、NET 系统）的挂牌企业全部转移至全国中小企业股份转让系统。①

（二）新三板市场终止挂牌的两种方式

合理的市场准入机制和完善的退出制度是一个具有持续活力和发展空间的资本市场必须存在的制度。新三板市场终止挂牌，是指在新三板市场挂牌交易的公司基于法定或约定的原因而丧失场外交易市场挂牌交易权利和资格的过程。2021 年 5 月 28 日发布，2023 年 2 月 17 日第二次修订的《全国中小企业

① 门志涛：《我国新三板市场退市制度研究》，青岛大学 2016 年硕士学位论文。

股份转让系统挂牌公司股票终止挂牌实施细则》第二条①明确了终止挂牌的两种方式，即主动终止挂牌制度和强制终止挂牌制度。

主动终止挂牌制度是指挂牌公司由于挂牌公司股东大会决议解散公司、挂牌公司因新设合并或者吸收合并，将不再具有独立主体资格并被注销等原因，主动向全国股转系统公司申请终止其股票挂牌的制度。②

强制终止挂牌制度则是因为挂牌公司发生了《全国中小企业股份转让系统挂牌公司股票终止挂牌实施细则》第十八条规定的终止挂牌的情形，全国股转系统公司按规定而终止其股票交易。例如，挂牌公司年度报告中的财务报告被注册会计师出具否定意见或无法表示意见的审计报告的……又如，挂牌公司因涉及国家安全、公共安全、生态安全、生产安全和公众健康安全等领域的重大违法行为被立案侦查或调查等情况。

本案中，某科技公司于2019年申请其股票终止挂牌发生的时间在《全国中小企业股份转让系统挂牌公司股票终止挂牌实施细则》出台前。某科技公司发布《异议股东权益保护公告》，后某科技公司召开股东大会，审议通过了《关于申请公司股票在全国中小企业股份转让系统终止挂牌的议案》，最后由全国中小企业股份转让系统有限责任公司发布《关于某科技公司股票终止挂牌的公告》，可见，从某科技公司终止挂牌的程序看，应当属于某科技公司主动终止挂牌的情形。

二、终止挂牌时异议股东股权回购权的法理基础

异议股东股份回购请求权，是指对公司某项行为反对但又无力阻止的股东可以要求公司以公平价格购买其持有的股份，从而退出公司的权利。③ 终止挂牌时异议股东股权回购权主要有以下三项理论基础：

（一）契约期待权理论

公司契约理论认为，公司由“契约束”所组成，股东之间、股东与公司之间形成契约关系。股东在缔结契约时，就蕴含着其希望以缔结时本身的意思表示来维持契约的履行，当公司作出违背其最初意思表示的决议之时，虽中小

① 《全国中小企业股份转让系统挂牌公司股票终止挂牌实施细则》第二条第一款规定：“挂牌公司主动向全国中小企业股份转让系统有限责任公司（以下简称全国股转公司）申请终止股票挂牌，或者挂牌公司触发规定的终止挂牌情形，全国股转公司强制终止其股票挂牌的，适用本细则。”

② 《全国中小企业股份转让系统挂牌公司股票终止挂牌实施细则》第七条规定：“挂牌公司股东大会审议通过的，可以向全国股转公司申请终止其股票挂牌。挂牌公司出现下列情形之一的，应当向全国股转公司申请终止其股票挂牌：（一）挂牌公司股东大会决议解散公司；（二）挂牌公司因新设合并或者吸收合并，将不再具有独立主体资格并被注销；（三）全国股转公司认定的其他申请终止挂牌的情形。”

③ 王东光：《股东退出法律制度研究》，北京大学出版社2010年版，第97页。

股东的意思已无力改变契约履行的变化，但基于情势变更等原因，中小股东有权选择退出公司，没有人可以强迫其成为另一个完全不同的企业的投资者。①

（二）制度平衡理论

该理论认为，异议股东股份回购请求权的基础是大股东与中小股东权益博弈的衡平。为保护商事经营活动的效率，股东会决议原则已经由一致通过原则演变到资本多数决原则，资本多数决原则导致当决议事项涉及股东的基础性权益时，要赋予那些被迫服从大股东意志的中小股东出售自己股份的权利。资本多数决制度正是以此而修正，但是为保证公司日常经营之资本，异议股东股份回购的适用情形应该受到严格限制，仅在对股东的基础性权益产生严重影响的情形下适用。②

（三）成本效益分析法理论

该理论认为，当股东们对涉及企业经营等重大问题产生争议时，若无异议股东股份回购请求权这一项制度，那些持有不同意见的股东可能会选择如提请司法解散这样更为激进的方式保障自己的权益。这样，就会严重影响公司正常经营活动的开展，导致公司运作效率低下。因而赋予那些不赞成大股东意见的中小股东离开公司的权利，无疑是更有效率的安排。③

三、“定增保底”条款的识别以及本案股权回购的性质

需要指出的是，实践中一些上市公司在定向增发时，投资方为了降低风险，往往会要求与上市公司大股东或实际控制人签订“定增保底协议”，该协议的有效性曾在司法实践中发生争议。《最高人民法院关于为深化新三板改革、设立北京证券交易所提供司法保障的若干意见》明确表示，在上市公司定向增发等再融资过程中订立的“定增保底”性质条款，赋予了投资方优越于其他同种类股东的保证收益的特殊权利，变相推高了中小企业融资成本，违反了《证券法》公平原则和相关监管规定，法院应依法认定该条款无效。

然而，本案系新三板挂牌公司终止挂牌时发生的异议股东股权回购，且系某科技公司以向社会公开的方式予以发布，其目的也是一视同仁地保护异议股东的合法权利，并未赋予某类股东特殊权利。这就与挂牌上市公司在定向增发等再融资过程中，对于投资方利用优势地位与上市公司及其控股股东、实际控制人或者主要股东订立的“定增保底”性质条款具有本质差异。因此，本案

① ［美］罗伯特·C·克拉克：《公司法则》，工商出版社1999年版，第355页。

② 胡仕炜：《主动退市下的中小投资者权益保护制度研究》，华东政法大学2019年硕士学位论文。

③ 胡仕炜：《主动退市下的中小投资者权益保护制度研究》，华东政法大学2019年硕士学位论文。

股权回购不属于“定增保底”性质条款，未违反《证券法》公平原则和相关监管规定。

四、终止挂牌时股权回购承诺效力的司法审查

本案中，某证券公司合法取得某科技公司89万股，依法成为某科技公司股东。2019年7月12日，因某科技公司申请公司股票在全国中小企业股份转让系统终止挂牌，为充分保障异议股东的合法权益，公司控股股东及实际控制人虞某出具《承诺》，以公司股票成本价格回购异议股东股份。某科技公司并就此发布了《异议股东权益保护公告》《承诺公告》。按照《承诺》及公告要求，某证券公司系某科技公司在册股东，未参加临时股东大会，符合公告载明的“异议股东”范围，有权要求虞某按照《承诺》及相应公告回购其股权。然而，虞某抗辩，其因涉及刑事犯罪自2019年10月起被羁押，相应的股权已转让，其现在已不是某科技公司的控股股东及实际控制人，即不再具有回购义务。法院认为，《承诺》合法有效，虞某作为承诺人，仍然具有股权回购义务。具体分述如下：

首先，虞某2019年7月12日出具的《承诺》，主体清晰，内容明确，意思表示真实，合法有效。该回购承诺并非“定增保底”性质的条款，一经作出即生效。某证券公司作为“异议股东”，根据《承诺》要求虞某回购股权，合法有据。

其次，虞某的《承诺》又经某科技公司于2019年7月15日发布《异议股东权益保护公告》《承诺公告》，再次确认承诺内容，表明虞某作为公司控股股东、实际控制人对异议股东承诺回购股权。上述公告应当具有公示效力，公众及投资者对公告具有信赖利益。退言之，即使本案虞某的回购承诺系按照公告方式作出，公告发布时（即2019年7月15日）虞某承诺对异议股东回购股权的意思表示也已生效。

再次，虽然虞某现已不是某科技公司控股股东及实际控制人，但其承诺的回购义务并不能因此免除。第一，本案《承诺》系虞某个人作出，回购义务主体明确，系虞某个人。该回购承诺合法有效，且未经撤回或撤销，也不存在其他违法无效的情形，一经作出即生效。第二，虞某作出《承诺》后，回购义务系虞某的合同义务，即使虞某主张应由变更后的公司实际控制人等其他主体履行回购义务，合同义务（债务）的变更及转让也应取得相对人（债权人）的同意。第三，作为承诺时的公司控股股东、实际控制人，虞某作出回购承诺后并不因身份关系变化而免责。公司的实际控制人，一般指公司控股股东，或虽不是公司股东，但是可以通过协议、投资或其他方式，对公司的经营、决策造成决定性的影响，对公司产生实际支配的人。实际控制人通过股权代持、关

联关系、出具承诺等方式支配公司事务并对市场和投资者产生重大影响。某科技公司作为挂牌上市公司，经营主体对公司的实际控制人作出的承诺具有信赖利益。虞某作为公司当时的实际控制人，对全体异议股东作出的回购承诺，对公司及市场具有重要影响。在法律上，该承诺一经作出即生效。就内容而言，本案《承诺》亦未明确承诺人的股权回购义务因其实际控制人身份的变化而免除。第四，公司控股股东、实际控制人的回购义务亦不因其实际控制人身份关系的变化而免除。否则，公司的控股股东、实际控制人均可在作出相关承诺后通过改变股权份额或实际控制人身份等方式而脱责。

此外，本案虞某现虽已转让股权、不再担任公司董事长且主张不再是公司实际控制人，但虞某至今未对某证券公司的股权履行过回购义务，公司其他股东或主体也并未向某证券公司履行过股权回购义务。即使虞某不再是某科技公司控股股东、实际控制人，亦不能免除其在作为公司控股股东及实际控制人时向相对人作出的承诺。某证券公司仍可向其主张权利，要求虞某履行回购义务。

五、股权回购义务履行时间、方式的司法审查

首先，关于回购申报问题。某证券公司作为异议股东，根据《承诺》及公告的要求，“异议股东申报股份转让的期限为自公司2019年第二次临时股东大会决议公告之日起30日内，异议股东须在此期限内将异议股东盖章、签字的书面回购申报文件以亲自送达、邮寄送达等方式交付至公司”。本案中，某证券公司2019年8月19日即向虞某发出《异议股东回购申请说明书》，符合“在临时股东大会决议公告之日起30日内”提出异议，并已明确要求回购某证券公司股权。虞某于2019年8月21日向某证券公司出具《签收确认函》，确认已收到某证券公司提交的《异议股东回购申请说明书》。故此，某证券公司已按照《承诺》要求的回购时间及方式申报股权回购。虞某理应按照《承诺》向某证券公司履行股权回购义务。

其次，关于回购承诺履行期间的问题。虞某于2019年7月12日出具的《承诺》明确：回购承诺履行期间为公司股票在全国股转系统终止挂牌后12个月内；而某科技公司于2019年7月15日发布的《异议股东权益保护公告》却载明：回购承诺履行期间为公司股票在全国股转系统终止挂牌后18个月内。对此，法院认为，虞某系因某科技公司申请公司股票终止挂牌，其作为公司控股股东、实际控制人对异议股东作出《承诺》，而《异议股东权益保护公告》系对虞某该份《承诺》之公告，《异议股东权益保护公告》的内容源于《承诺》，且应与《承诺》一致。鉴于虞某对案涉《承诺》的真实性并无异议，且该承诺一经作出即生效，故某证券公司主张公告载明的18个月系笔误，合理

有据，予以采纳。故此，虞某回购承诺履行期间应为公司股票在全国股转系统终止挂牌后12个月内。现已查明，某科技公司股票自2020年1月17日起在股转系统终止挂牌，故虞某应在此后12个月内履行回购承诺。另外，《承诺》及相关公告均载明，回购价格原则上为回购相对人取得公司股票的成本价格，具体回购价格及方式以双方协商为准。因本案双方并未就回购价格协商一致，故某证券公司主张以其取得公司股权的成本价格24920000元作为回购价格，合法有据。虞某未及时履行回购义务，某证券公司主张相应的逾期付款利息，亦应支持。

（**一审法院合议庭成员** 陆晓峰 李 超 郑 珂

编写人 上海市静安区人民法院 李 超

责任编辑 韩 煦

审稿人 刘 敏）

知识产权

北京某公司诉大连某公司、王某某等侵害经营秘密纠纷案

——大量的简单信息经过长期的积累组合，可否构成法律保护的经营秘密

关键词：知识产权　经营秘密　简单信息　大量　积累　组合

【裁判要旨】

原告主张的客户信息仅包括客户名称和电话号码，但原告主要通过电话销售的方式推销保健品，故客户名称（姓名）、联系方式应为其推销产品的重要渠道，对于原告具有极为重要的商业价值。原告提举的客户信息量大，创建经历的时间长。结合原告所举的通过广告宣传其产品及联系方式的证据，可以证明原告为汇集前述信息投入了较多的智力劳动，经过较长时间的积累，形成大量信息的汇集，通过公开渠道及简单加工整理难以获取该大量的客户信息。故简单的客户信息经长期积累，达到较大的数量，具有明显的商业价值，可以构成法律所保护的经营秘密。

【相关法条】

《中华人民共和国民法典》

第一千一百六十七条　侵权行为危及他人人身、财产安全的，被侵权人有权请求侵权人承担停止侵害、排除妨碍、消除危险等侵权责任。

《中华人民共和国反不正当竞争法》

第九条　经营者不得实施下列侵犯商业秘密的行为：

（一）以盗窃、贿赂、欺诈、胁迫、电子侵入或者其他不正当手段获取权

利人的商业秘密；

（二）披露、使用或者允许他人使用以前项手段获取的权利人的商业秘密；

（三）违反保密义务或者违反权利人有关保守商业秘密的要求，披露、使用或者允许他人使用其所掌握的商业秘密；

（四）教唆、引诱、帮助他人违反保密义务或者违反权利人有关保守商业秘密的要求，获取、披露、使用或者允许他人使用权利人的商业秘密。

经营者以外的其他自然人、法人和非法人组织实施前款所列违法行为的，视为侵犯商业秘密。

第三人明知或者应知商业秘密权利人的员工、前员工或者其他单位、个人实施本条第一款所列违法行为，仍获取、披露、使用或者允许他人使用该商业秘密的，视为侵犯商业秘密。

本法所称的商业秘密，是指不为公众所知悉、具有商业价值并经权利人采取相应保密措施的技术信息、经营信息等商业信息。

第十七条 经营者违反本法规定，给他人造成损害的，应当依法承担民事责任。

经营者的合法权益受到不正当竞争行为损害的，可以向人民法院提起诉讼。

因不正当竞争行为受到损害的经营者的赔偿数额，按照其因被侵权所受到的实际损失确定；实际损失难以计算的，按照侵权人因侵权所获得的利益确定。经营者恶意实施侵犯商业秘密行为，情节严重的，可以在按照上述方法确定数额的一倍以上五倍以下确定赔偿数额。赔偿数额还应当包括经营者为制止侵权行为所支付的合理开支。

经营者违反本法第六条、第九条规定，权利人因被侵权所受到的实际损失、侵权人因侵权所获得的利益难以确定的，由人民法院根据侵权行为的情节判决给予权利人五百万元以下的赔偿。

第三十二条 在侵犯商业秘密的民事审判程序中，商业秘密权利人提供初步证据，证明其已经对所主张的商业秘密采取保密措施，且合理表明商业秘密被侵犯，涉嫌侵权人应当证明权利人所主张的商业秘密不属于本法规定的商业秘密。

商业秘密权利人提供初步证据合理表明商业秘密被侵犯，且提供以下证据之一的，涉嫌侵权人应当证明其不存在侵犯商业秘密的行为：

（一）有证据表明涉嫌侵权人有渠道或者机会获取商业秘密，且其使用的信息与该商业秘密实质上相同；

（二）有证据表明商业秘密已经被涉嫌侵权人披露、使用或者有被披露、使用的风险；

（三）有其他证据表明商业秘密被涉嫌侵权人侵犯。

《最高人民法院关于审理侵犯商业秘密民事案件适用法律若干问题的规定》

第一条 与技术有关的结构、原料、组分、配方、材料、样品、样式、植物新品种繁殖材料、工艺、方法或其步骤、算法、数据、计算机程序及其有关文档等信息，人民法院可以认定构成反不正当竞争法第九条第四款所称的技术信息。

与经营活动有关的创意、管理、销售、财务、计划、样本、招投标材料、客户信息、数据等信息，人民法院可以认定构成反不正当竞争法第九条第四款所称的经营信息。

前款所称的客户信息，包括客户的名称、地址、联系方式以及交易习惯、意向、内容等信息。

【案件索引】

一审：辽宁省大连市中级人民法院（2022）辽02民初566号（2023年4月10日）

二审：辽宁省高级人民法院（2023）辽民终921号（2023年8月30日）

【基本案情】

原告北京某公司诉称：被告王某某、吴某、李某、胡某某、张某某均系原告公司离职员工，该五人在职期间窃取原告的客户数据并成立被告大连某公司。大连某公司与原告经营模式、客户数据、产品线等完全相同，导致原告销售业绩直线下滑，损失极其严重。王某某、吴某、李某、胡某某、张某某违反法定或约定的保守商业秘密的义务，允许大连某公司使用其所掌握的商业秘密，大连某公司在明知的前提下，使用了上述商业秘密，均属于侵犯商业秘密的行为。请求法院判令：（1）被告大连某公司、王某某、吴某、李某、胡某某、张某某停止侵害原告的商业秘密即客户名单的行为；（2）被告赔偿原告损失1000万元（其中经济损失970万元、律师费30万元）。

被告大连某公司、王某某、李某辩称：原告提交的证据并未体现出其主张的案涉商业信息的具体内容，仅凭劳动合同不足以证明原告采取了与其商业价值等具体情况相适应的合理保护措施，也不足以让他人知道该信息为秘密信息。商业秘密中的客户名单应区别于相关公知信息而成为具有一定特殊性的深度信息，而不是简单的名称、地址、联系方式的罗列。被告的客户数据均有合法来源。原告主张的损失不存在且数额计算无依据。

被告张某某辩称：被告并非原告的员工，无法接触原告的商业秘密。原告所提交的客户数据不能被认定为商业秘密中的客户名册。

被告胡某某、吴某辩称：原、被告之间并未签订竞业禁止及保密协议。被告在2015年10月15日即退出大连某公司，并未实际参与经营。原告的客户数据不能被认定为商业秘密中的客户名单，被告未接触原告的商业秘密，离职后也并未从事相同的行业，不存在原告所谓的侵害行为。

法院经审理查明：北京某公司成立于2008年12月，住所地位于北京市，登记经营范围包括销售食品、医疗器械等。北京某公司陈述其实际经营项目为销售保健品。王某某于2011年1月至2014年10月在北京某公司工作，劳动合同约定的工作岗位为“销售经理”。李某于2013年2月至2015年10月在北京某公司工作，劳动合同约定的工作岗位为“客服专员”，曾担任该公司的团队经理，从事电话销售。胡某某于2012年7月至2019年7月在北京某公司工作，劳动合同约定的工作岗位为“客户代表”。北京某公司与王某某、李某、胡某某签订的劳动合同，均约定：“乙方（劳动者）应当对在工作中知悉的甲方（北京某公司）和甲方客户的商业秘密承担保密义务。甲方有权要求乙方订立保密协议。”北京某公司与李某、胡某某签订的“禁止竞争协议”及“保密协议”约定，“保密信息包括但不限于有关公司产品和其特性的信息……或其他有关公司或任何客户、顾问或受许可者的事宜”。大连某公司成立于2015年9月23日，住所地位于辽宁省大连市，登记经营范围包括保健品销售、食品经营等。大连某公司陈述其实际经营项目为销售保健品。大连某公司成立时的投资人为王某某、张某某、李某、胡某某、吴某，2015年11月15日变更为王某某、张某某、李某。2021年，北京某公司向大连市市场监督管理局投诉大连某公司侵犯其商业秘密。大连市市场监督管理局向大连某公司工作人员及王某某、李某进行了调查并制作了询问笔录，在大连某公司提取了电子数据，后委托第三方就北京某公司与大连某公司的客户信息进行比对。2022年1月25日，大连市市场监督管理局向大连某公司作出书面答复：“你公司使用的客户信息不构成侵犯北京某公司的商业秘密（客户信息），不予行政处罚。”北京某公司提举的商业秘密为其客户信息，共计218327条，创建日期为2013年4月至2015年9月，北京某公司仅主张其中的客户姓名、联系电话为其商业秘密。

【裁判结果】

辽宁省大连市中级人民法院于2023年4月10日作出（2022）辽02民初

566号民事判决：一、被告大连某公司立即停止侵害原告北京某公司经营秘密即客户名单的行为；二、被告大连某公司于本判决生效之日起十日内共同向原告北京某公司赔偿经济损失及为制止侵权行为所支付的合理开支共计500000元；三、被告王某某、李某、胡某某对第二判项被告大连某公司应承担的赔偿责任，就其中的100000元承担连带赔偿责任；四、驳回原告北京某公司的其他诉讼请求。

宣判后，北京某公司以判决数额过低为由，大连某公司、王某某、李某、胡某某以未侵害经营秘密为由提出上诉。辽宁省高级人民法院于2023年8月30日作出（2023）辽民终921号民事判决：驳回上诉，维持原判。

【裁判理由】

法院生效裁判认为：（1）原告拥有经营秘密。原告于证据交换时展示了其存储的客户的名称、地址、联系方式以及交易记录、意向、内容等信息，后于庭审前提交包括客户姓名、电话号码、卡号、媒体名称、创建时间的客户信息。原告主张其商业秘密包括客户姓名、电话号码及联系地址，但所举证据中并无联系地址。关于客户姓名、电话号码是否能成为法律所保护的经营秘密，本案中应考虑以下因素：首先，原告的经营模式。原告主要通过电话销售的方式推销保健品，故客户名称（姓名）、联系方式应为其推销产品的重要渠道，对于原告具有极为重要的商业价值。如果前述信息被有同业竞争关系的其他人获取，则可能出现客户被他人知悉并被夺走的风险。因此，仅就客户的名称、联系方式，原告具有作为经营秘密予以保护的合理动机。其次，原告客户信息的表现形式。原告提举的客户信息中，同时具备姓名和联系电话的信息为45325条，去除重复的客户名称，仍有37616条，创建时间前后经历29个月。结合原告所举的通过广告宣传其产品及联系方式的证据，可以证明原告为汇集前述信息投入了劳动，并经过较长时间的积累，形成大量信息的汇集，通过公开渠道及简单加工整理难以获取该大量的客户信息。故原告主张的前述客户信息，可以构成经营秘密。其余仅有电话号码的部分信息，原告不能举证或合理说明具有商业价值的，不能成为法律保护的经营秘密。

被告主张电话号码具有公知性，在互联网上可以查询，但未举证证明，对被告的主张不予支持。

原告所采取的保密措施适当。首先，原告与被告王某某、李某、胡某某签订的劳动合同，均约定了三被告对原告的商业秘密负有保密义务。虽然劳动合同中未明确说明商业秘密的内容，但就原告的经营模式而言，本案原告的客户名称和联系电话是原告赖以生存的重要信息，亦是被告王某某、李某、胡某某完成本职工作所必需的信息，上述被告应知晓客户信息对原告的重要性。原告已在劳动合同中提示对商业秘密应予保密，基于客户信息的重要性，被告应对工作中所获取或知悉的客户信息予以保密，否则，本案被告应承担的保密义务无从体现，亦有违民事活动应遵循的公平和诚信原则。李某、胡某某与原告签订了保密协议，协议中明确了"客户事宜"为需要保密的事项，可以认定原告在该协议中说明了商业秘密的内容。其次，关于原告的保密措施。《反不正当竞争法》对侵犯商业秘密行为的规制，主要在于预防侵权人实施侵害他人商业秘密的行为，保密措施是证明权利人具有保密意愿的证据之一。本案原告的客户信息内容简单，获取或者复制信息不需要复杂的技术手段。因此，不能苛求原告采取更为严格的保密措施。在劳动合同中约定保密义务及签订保密协议，应视为原告采取了适当的保密措施，原告主张的商业秘密具有保密性。

（2）被告可以接触到原告的经营秘密。被告王某某、李某、胡某某在原告处的工作岗位，均为原告的主要业务岗位，可以接触到原告的经营秘密。被告王某某从原告处离职后，被告李某、胡某某尚未从原告处离职时，三人即参与投资成立被告大连某公司，故该公司亦可以接触到原告的经营秘密。被告张某某、吴某未在原告处工作，原告主张二人在案外人工作期间获取了原告的经营秘密，但原告所举证据不足以证明案外人拥有原告在本案中所称的经营秘密，故无法认定张某某、吴某获取了原告的经营秘密。

（3）被告大连某公司、王某某、李某、胡某某实施了侵犯原告经营秘密的行为。原告已举证证明被告大连某公司、王某某、李某、胡某某能够接触到原告的经营秘密，原告与被告大连某公司经营模式相同，具有同业竞争关系。原告亦提举了行政机关在调查时形成的《客户信息分析情况说明》，该证据记载被告的客户信息与原告客户信息部分相同。被告否认《客户信息分析情况说明》的真实性，并主张自己的客户信息有合法来源，被告应对自己的主张承担举证责任。现被告不能提举其客户信息用于本案比对，并证明其客户信息与其所述的合法来源相关，应当承担举证不能的不利后果。根据双方所举证据，原告主张被告侵犯其经营秘密更为可信。

（4）被告大连某公司、王某某、李某、胡某某应承担民事责任。被告大连某公司应停止侵害原告的商业秘密即客户名单的行为。被告王某某、李某、胡某某向大连某公司披露原告的经营秘密后，侵权行为已经完成，原告未举证证明王某某、李某、胡某某仍存在继续获取或披露原告经营秘密的行为，故对原告主张王某某、李某、胡某某停止侵害其客户名单的诉讼请求不予支持。

关于赔偿数额，原告未举证证明其因被侵权所受到的实际损失、侵权人因侵权所获得的利益，根据被诉侵权行为的性质、情节，以及被告大连某公司、王某某、李某、胡某某在共同侵权行为中的不同作用，原告委托律师代为参加诉讼的事实，酌定被告大连某公司向原告赔偿经济损失及为制止侵权行为所支付的合理开支共计500000元，被告王某某、李某、胡某某对大连某公司应承担的赔偿责任，就其中的100000元承担连带赔偿责任。

【案例注解】

一、商业秘密的概念

《反不正当竞争法》第九条第四款规定："本法所称的商业秘密，是指不为公众所知悉、具有商业价值并经权利人采取相应保密措施的技术信息、经营信息等商业信息。"《最高人民法院关于审理侵犯商业秘密民事案件适用法律若干问题的规定》第一条第二款和第三款规定："与经营活动有关的创意、管理、销售、财务、计划、样本、招投标材料、客户信息、数据等信息，人民法院可以认定构成反不正当竞争法第九条第四款所称的经营信息。前款所称的客户信息，包括客户的名称、地址、联系方式以及交易习惯、意向、内容等信息。"上述法律和司法解释明确了经营秘密中的客户信息的范围，以及判断经营秘密的新颖性和秘密性的标准，并明确经营秘密应具有价值性。

二、关于客户信息秘密性的判断

侵害商业秘密案件，权利人为获得更多的胜诉机会，常常选择扩大秘密点的范围来主张权利，导致人民法院不得不向其释明举证责任随之加重，亦增加败诉的风险。本案与之相反，权利人限缩了秘密点的范围。一般而言，客户信息中的内容越多，说明权利人为收集、整理、加工信息所投入的智力劳动越多，越能够说明信息的新颖性与秘密性。故本案应首先考量权利人主张的信息是否足以成为商业秘密。

本案中，原告于证据交换时展示了其存储的客户的名称、地址、联系方式以及交易记录、意向、内容等信息，后于庭审前提交包括客户姓名、电话号码、卡号、媒体名称、创建时间的客户信息。原告主张其商业秘密包括客户姓名、电话号码及联系地址，但所举证据中并无联系地址。原告提举的客户信息中，同时具备姓名和联系电话的信息为45325条，去除重复的客户名称仍有37616条，创建时间前后经历29个月。原告陈述通过广告宣传吸引客户与其联系，取得客户的联系方式，并提举了证据予以证明，故原告为汇集客户信息投入了劳动，并经过较长时间的积累，形成大量信息的汇集，通过公开渠道及简单加工整理显然难以获取该大量的客户信息。故原告主张的前述客户信息，符合商业秘密的新颖性和秘密性的标准。被告抗辩电话号码具有公知性，在互联网上可以查询，但未举证证明。《反不正当竞争法》第三十二条第一款规定："在侵犯商业秘密的民事审判程序中，商业秘密权利人提供初步证据，证明其已经对所主张的商业秘密采取保密措施，且合理表明商业秘密被侵犯，涉嫌侵权人应当证明权利人所主张的商业秘密不属于本法规定的商业秘密。"根据法律规定，被告对其抗辩主张不能举证证明，应当认定原告主张的客户信息具有秘密性。

三、关于客户信息价值性的判断

客户信息的价值性，对于本案判断其是否属于商业秘密亦具有重要意义。如客户的姓名、电话对经营活动无益，那么就没有必要作为商业秘密予以保护。本案原告主要通过电话销售的方式推销保健品，故客户名称（姓名）、联系方式应为其推销产品的重要渠道，对于原告具有极为重要的商业价值。如果前述信息被有同业竞争关系的其他人获取，则可能出现客户被他人知悉并被夺走的风险。因此，仅就客户的名称、联系方式，原告具有作为经营秘密予以保护的合理动机。但原告所举证据中，有部分信息仅有电话号码，无法体现出商业价值，不能成为法律保护的经营秘密。

四、关于原告保密措施适当性的判断

原告所采取的保密措施是否适当，是判断权利人是否有保密意愿的事实之一，应结合诉争信息的种类、内容、保守秘密的难易程度等因素综合判断保密措施的适当性。对容易获取并使用的信息，更多依靠诚信的法律原则约束行为人，而非严格的保密措施防止侵权行为的发生。权利人只要有保密的意愿，并采取了适当的保密措施即可，否则可能与商业运行的客观实际不符。原告与被告王某某、李某、胡某某签订的劳动合同，均约定了三被告对原告的商业秘密负有保密义务。虽然劳动合同中未明确说明商业秘密的内容，但就原告的经营模式而言，客户名称和联系电话是原告赖以生存的重要信息，亦是被告完成本职工作所必需的信息，被告应知晓客户信息对原告的重要性。基于客户信息的重要性，被告应对工作中所获取或知悉的客户信息予以保密，否则，本案被告应承担的保密义务无从体现，亦有违民事活动应遵循的公平和诚信原则。李某、胡某某与原告签订了保密协议，协议中明确了"客户事宜"为需要保密的事项，可以认定原告在该协议中说明了商业秘密的内容。本案原告的客户信息内容简单，获取或者复制信息不需要复杂的技术手段。因此，在劳动合同中约定保密义务及签订保密协议，应视为原告

采取了适当的保密措施。

五、被告是否侵权及其相应责任

被控侵权人是否能够接触到权利人的商业秘密，既是确定被告是否实施侵权行为的前提，也是佐证商业秘密的价值性的事实之一。被告王某某、李某、胡某某在原告处的工作岗位，均为原告的主要业务岗位，可以接触到原告的经营秘密。被告王某某从原告处离职后，被告李某、胡某某尚未从原告处离职时，三人即参与投资成立被告大连某公司，该公司亦可以接触到原告的经营秘密。原告曾向行政机关举报被告侵权，后于本案中提举了行政机关在调查时形成的《客户信息分析情况说明》，该证据记载被告大连某公司的客户信息与原告客户信息部分相同。被告对前述证据的真实性不认可，但不提交自己的客户信息以供比对。因此，可以判定被告王某某、李某、胡某某、大连某公司接触并使用了原告的商业秘密，应承担侵权责任。被告张某某、吴某未在原告处工作，原告未提交其他证据证明该二人能够接触原告的客户信息，故张某某、吴某不应承担责任。

原告主张的客户信息的具体内容，亦是判定被告应承担的民事责任的重要因素。本案中，原告未举证证明其因被侵权所受到的实际损失、侵权人因侵权所获得的利益，被告抗辩未实施侵权行为，拒不提供其财务账目，故应当根据被诉侵权行为的性质、情节，酌定原告的损失。原告的客户信息实际上还包括了可以反映客户偏好的交易记录、交易意向等内容。前述信息对于权利人的商业价值更大，更能反映原告的智力成果。但原告出于不愿再次泄露商业秘密的考虑，仅主张了客户名称和联系电话为商业秘密，价值性有所降低，应当在原告主张的被侵害的权利范围内判定其损失。被告推销产品并非完全依靠原告的客户信息，可考虑被告工作人员接受行政机关调查时陈述的销售金额及销售人员人数，扣除经营成本，判定被告大连某公司的获利，并在获利的基础上考虑原告客户信息对被告获利的作用，综合确定赔偿金额。被告王某某、李某、胡某某的侵权行为系披露商业秘密，应就大连某公司的部分赔偿金额承担连带责任。

（**一审法院合议庭成员**　逄春盛　董英杰　吴义军
二审法院合议庭成员　蒋　策　刘善超　王珊珊
编写人　辽宁省大连市中级人民法院　董英杰
责任编辑　姚俊萍
审稿人　丁文严）

吴某诉某农业公司、某网络公司侵害商标权纠纷案

——商标性使用和描述性正当使用的边界认定

关键词：知识产权　商标性使用　描述性正当使用　边界认定　混淆可能性

【裁判要旨】

1. 保护注册商标专用权仅限于禁止他人将商标用于标识商品或服务的来源，而不能禁止他人非商标性使用。

2. 判断被诉行为是否构成商标性使用，应当判断被诉行为是否存在混淆可能性，具体应结合商标近似程度、商标显著性和市场知名度以及相关公众的注意程度等因素进行考量。

3. 注册商标专用权人无权禁止他人为描述或者说明其产品或者服务的特点而善意使用注册商标中含有的公有领域内的描述性信息，该行为可以依法认定为正当使用而不构成商标侵权。

【相关法条】

《中华人民共和国商标法》

第四十八条　本法所称商标的使用，是指将商标用于商品、商品包装或者容器以及商品交易文书上，或者将商标用于广告宣传、展览以及其他商业活动中，用于识别商品来源的行为。

第五十七条　有下列行为之一的，均属侵犯注册商标专用权：

（一）未经商标注册人的许可，在同一种商品上使用与其注册商标相同的商标的；

（二）未经商标注册人的许可，在同一种商品上使用与其注册商标近似的商标，或者在类似商品上使用与其注册商标相同或者近似的商标，容易导致混淆的；

（三）销售侵犯注册商标专用权的商品的；

（四）伪造、擅自制造他人注册商标标识或者销售伪造、擅自制造的注册商标标识的；

（五）未经商标注册人同意，更换其注册商标并将该更换商标的商品又投入市场的；

（六）故意为侵犯他人商标专用权行为提供便利条件，帮助他人实施侵犯商标专用权行为的；

（七）给他人的注册商标专用权造成其他损害的。

第五十九条　注册商标中含有的本商品的通用名称、图形、型号，或者直接表示商品的质量、主要原料、功能、用途、重量、数量及其他特点，或者含有的地名，注册商标专用权人无权禁止他人正当使用。

三维标志注册商标中含有的商品自身的性质产生的形状、为获得技术效果而需有的商品形状或者使商品具有实质性价值的形状，注册商标专用权人无权禁止他人正当使用。

商标注册人申请商标注册前，他人已经在同一种商品或者类似商品上先于商标注册人使用与注册商标相同或者近似并有一定影响的商标的，注册商标专用权人无权禁止该使用人在原使用范围内继续使用该商标，但可以要求其附加适当区别标识。

【案件索引】

一审：广西壮族自治区钦州市钦北区人民法院（2022）桂 0703 民初 1995 号（2022 年 12 月 5 日）

二审：广西壮族自治区钦州市中级人民法院（2023）桂 07 民终 182 号（2023 年 4 月 26 日）

【基本案情】

原告吴某诉称：（1）吴某申请注册的第 6086203 号商标经原国家工商行政管理总局商标局①予以核准注册，核定使用商品（第 29 类），该商标经持续、积极使用以及投入大量广告进行宣传，已经在广西乃至全国范围内具有极高的知名度。（2）某农业公司在某网购平台上开设店铺“海鸭子海鸭蛋”，在

① 根据《第十三届全国人民代表大会第一次会议关于国务院机构改革方案的决定》，将国家工商行政管理总局的商标管理职责整合，组建中华人民共和国国家知识产权局。

店铺中设置“红树林”作为商品搜索的关键词，在海鸭蛋产品上使用“红树林”作为商品标识，有傍名牌、搭品牌便车的恶意，容易引起市场混淆和消费者误认，其行为已构成对吴某的第 6086203 号商标专用权的侵犯。（3）某网络公司为某农业公司侵犯吴某商标专用权提供网络商品交易平台，属于为实施侵犯注册商标专用权行为提供便利条件，某网络公司的行为亦构成对吴某的第 6086203 号商标专用权的侵犯。请求法院判令：（1）某农业公司立即停止在“海鸭子海鸭蛋”店铺的商品标题上使用“红树林”商标文字，并下架相关商品；（2）某农业公司赔偿吴某经济损失及合理费用支出共计 200000 元；（3）判令某网络公司立即删除“海鸭子海鸭蛋”店铺中所有使用“红树林”商标文字作为商品标题名称的商品链接。

被告某农业公司辩称：（1）某农业公司使用的是“红树林”文字的通用含义，是对商品特性的说明，属于合理使用，注册商标权人无权禁止；（2）吴某注册的“红树林”商标在海鸭蛋上使用不具备显著性，该使用行为不属于商标法意义上的使用，而构成对商标中描述性信息的正当使用；（3）吴某的商标不具有知名度，其提供的新闻报道不具有连续性，且多为本地的报道，不能证明其在全国具有知名度；（4）吴某请求的赔偿数额不合理，其起诉行为涉嫌“碰瓷式”维权，浪费司法资源，有悖公序良俗。综上所述，某农业公司并无任何侵犯吴某商标权的情形，既没有使用与吴某注册商标相同或近似的商标，也没有伪造吴某的注册商标，没有更换其注册商标并将该更换商标的商品又投入市场，更没有突出使用引起任何误导公众的行为，故某农业公司并未侵权。

被告某网络公司辩称：（1）某网络公司为提供信息发布平台的服务提供商，并非涉诉商品信息的发布者，因用户发布信息产生的法律后果由用户自行承担；（2）某网络公司在吴某起诉前，并不知晓侵权信息的存在，对侵权行为的发生不存在主观过错；（3）某网络公司在事前已尽到注意义务，在事后已采取制止侵权的必要措施。

法院经审理查明：吴某经原国家工商行政管理总局商标局核准，于 2009 年 8 月 21 日注册了第 6086203 号商标，核定使用商品（第 29 类）：蛋黄、蛋、蛋粉、咸蛋、皮蛋、鹌鹑蛋、木耳、干食用菌、鱼片、腌制鱼、海参（非活）、鱼翅、鱼肚、鱼肉干、鱿鱼、海米、海蜇皮、干贝（截止），注册有效期限自 2009 年 8 月 21 日至 2019 年 8 月 20 日，续展注册有效期至 2029 年 8 月 20 日。2022 年 4 月 21 日，吴某的委托代理人周某在某公证处的监督下，对网上被告店铺内的产品信息进行了证据保全，公证员查明事实后由某公证处出具（2022）桂华强证字第 564 号公证书，证明：登录网络平台，在主页搜索栏选择“店铺”并输入“海鸭子海鸭蛋”，点击“搜索”出现“海鸭子海鸭蛋”

店铺，点击资质显示该店铺的经营者为某农业公司。返回店铺主页，点击“所有宝贝”，显示多款海鸭蛋产品，产品图片下方的文字描述中包含了“红树林特产烤海鸭蛋 20 枚 70 克特大咸熟广西北部湾红心流油咸蛋鸭蛋”“【海鸭子特大】70 克装熟咸鸭蛋广西北部湾红树林红心流油烤海鸭蛋”“广西红树林海鸭蛋蛋黄即食熟咸鸭蛋黄月饼粽子蛋黄酥烘焙原料零食”等内容。

另查明：某农业公司成立于 2016 年 12 月 13 日，注册资本 500 万元，经营范围：对农业的投资，家畜、家禽及水产品的养殖、加工销售，农副产品销售，蛋制品加工销售等。某农业公司在某网络公司开发的域名为“T***. com”平台上开设店铺名为“海鸭子海鸭蛋”的网店，该网店经营海鸭蛋等产品。

【裁判结果】

广西壮族自治区钦州市钦北区人民法院于 2022 年 12 月 5 日作出（2022）桂 0703 民初 1995 号民事判决：驳回吴某的诉讼请求。

宣判后，吴某提起上诉。广西壮族自治区钦州市中级人民法院于 2023 年 4 月 26 日作出（2023）桂 07 民终 182 号民事判决：驳回上诉，维持原判。

【裁判理由】

法院生效裁判认为：（1）关于某农业公司在销售相关产品的标题中使用“红树林”三个字是否侵害吴某注册商标的合法权益的问题。根据《商标法》第五十七条、《商标法实施条例》第七十六条的规定，是否属于商标性使用行为，关键在于被诉行为是否发挥识别商品或服务来源的作用。本案中，某农业公司在网上销售的涉案商品与吴某持有的注册商标核定使用商品类别相同。某农业公司在网上销售的涉案商品，在商品下面的文字介绍中使用了“红树林特产烤海鸭蛋”“广西北部湾红树林”“广西红树林海鸭蛋”“红树林海鸭子烤海鸭蛋”“红树林烤海鸭蛋”“广西红树林特产烤海鸭蛋”“北部湾红树林特产”等文字，但某农业公司在使用包含有“红树林”文字时是与其他商品描述文字如该商品的规格、制作方法、产品属性等文字共同使用于商品下方的商品描述中。从整个文句的语义、内容来看，应当是指其经营的海鸭蛋来源于放养在红树林的海鸭所产的蛋以及对蛋品的规格、制作方法、产品特性的描述，并非指该鸭蛋的品牌，不属于商标性使用的行为。在产品下方的文字描述中以及网店介绍、产品的详情页中均没有单独使用“红树林”三个字，也没有突出使用“红树林”三个字，更没有使用吴某的注册商标，仅凭某农业公司在产品下方使用包含有“广西红树林”“北部湾红树林海鸭蛋”等文字，普通消费者只要施以一般注意力即不会产生误认或混淆。吴某主张某农业公司在网上销售海鸭蛋产品下方的标题中使用包含“红树林”三个字容易导致消费者误认或混淆某农业公司经营的商品，没有事实依据，不予采信。（2）某农业公司在产品下方使用包含“红树林”“北部湾红树林”“广西红树林”等文字对产品进行必要介绍，是正当使用“红树林”文字的行为，不构成侵权。众所周知，红树林是生长于热带、亚热带海岸潮间带，由红树植物为主体的常绿乔木或灌木组成的湿地木本植物群落，是鱼、虾、蟹、贝类等海洋生物生长繁殖的重要场所，该场所为鸭子提供丰富的食物来源，当地居民有在红树林下放养鸭子的传统。广西北部湾沿海一带也分布着大片红树林，当地居民历来有将鸭子放养于红树林浅海滩涂的传统，通常把放养在红树林浅海滩涂的鸭子所产的蛋称为“红树林海鸭蛋”，该称谓在吴某注册商标前早已经存在。因此，某农业公司在不突出、不单独使用“红树林”三字的情况下，在商品海鸭蛋的下方标题中使用包含有“红树林”的文字对商品的来源地、制作方法等特点进行介绍，属于正当使用直接表示商品其他特点的文字的行为，吴某无权限制他人正当使用。（3）吴某主张其持有的商标知名度较高，某农业公司有傍名牌、搭品牌便车的恶意。本案中吴某经营的产品不属于地理标志保护产品，其持有的商标不是地理标志集体商标或证明商标，也不属于国家驰名商标，在诉讼中吴某提供的证据不足以证明其持有的商标在广西、全国有较高的知名度，也不能证明某农业公司存在故意攀附该商标知名度进行销售的行为，应承担举证不能的不利后果。综上，吴某主张某农业公司在销售相关产品中使用“红树林”三个字侵犯了其注册商标专用权的合法权益缺乏事实和法律依据，法院不予支持。

【案例注解】

近年来，各地通过电商购物平台销售地理标志性产品成为提高农产品附加值和促进产业发展的有效途径，对于打造农产品品牌和促进乡村振兴具有十分重要的意义。红树林海鸭蛋生产于北部湾国家红树林保护区的滩涂地，海鸭放养于北部湾的红树林浅海滩涂，以每日海潮落后红树林滞留的鱼、虾、蟹、贝类等海洋生物为食物，故海鸭所产的海鸭蛋本身较其他地区拥有更多的微量元素和更高的营养价值，是广西北部湾海域的地理标志性产品。本案的争议焦点为吴某注册了涉案商标，某农业公司在其网店销售的海鸭蛋产品信息中使用“红树林”文字，是属于对涉案注册商标的描述性正当使用抑或商标性使用，是属于商标侵权行为还是“碰瓷式维权”行为，这也是当下司法实践中的重难点问题。笔者将通过对本案案情的梳理以及对商标性使用和正当使用的边界认定，尝试就上述问题进行探讨。

本案一审法院认为某农业公司在其网店销售的海鸭蛋产品信息中使用“红树林”文字不构成商标性使用，属于正当使用，驳回了吴某的诉讼请求。二审法院认为“红树林”在吴某注册涉案商标前早已存在，且某农业公司在不突出、不单独使用“红树林”三字的情况下，属于正当使用直接表示商品其他特点的文字的行为，最终判决驳回上诉，维持原判。

一、被诉行为是否构成商标性使用

认定商标侵权的前提是被诉行为构成商标性使用。《商标法》第四十八条规定，“商标的使用，是指将商标用于商品、商品包装或者容器以及商品交易文书上，或者将商标用于广告宣传、展览以及其他商业活动中，用于识别商品来源的行为”。商标是用以区别不同企业所提供的商品或服务的标识，商标近似并不仅仅是商标各构成要素在事实上的近似，更是一个法律概念，即应从制止商标侵权的目的是禁止市场混淆的前提出发。因此，商标是否具有混淆可能性，系判断被诉行为是否侵犯注册商标专用权的必要条件。如果被诉行为不会产生混淆后果，则意味着该注册商标专用权人利益不会因此受到影响，相应地，该行为亦不应被认定构成商标侵权。保护注册商标专用权仅限于禁止他人将商标用于标识商品或服务的来源，而不能禁止他人非商标性使用。判断被诉行为是否构成商标性使用，应当判断被诉行为是否存在混淆可能性，在司法实践中具体应结合商标近似程度、商标显著性和市场知名度以及相关公众的注意程度等因素进行考量。

具体到本案中，涉案商标由“红树林”中文及字母“MAN GROVE”上下组成，某农业公司在其网店海鸭蛋产品图片下方的标题描述中所使用的表述虽含有“红树林特产”“红树林烤海鸭蛋”“红树林海鸭蛋蛋黄”等文字，但该处文字与其他描述产品规格、品质的词语连用，其意在表明其销售的海鸭蛋产品为放养于滨海红树林植物群落的鸭子所产，突出其产品的品质及特性，其文意并非表明产品品牌；吴某主张其涉案商标具有较高的知名度，某农业公司存在故意攀附的意图，但吴某商标并未被依法认定为驰名商标，不是地理标志集体商标或证明商标，吴某提供的证据不足以证明其持有的涉案商标在广西、全国有较高的知名度；本案中该处“红树林”字体也与吴某的商标中的文字字体有明显区别，某农业公司在其网店首页和产品详情页均未使用原告的涉案商标，以普通消费者的一般注意力，即可辨别二者商品的来源，不会产生混淆或误认。因此，某农业公司在其海鸭蛋产品描述中使用“红树林”文字不具有混淆可能性，也就不属于商标性使用。

二、描述性正当使用的边界认定

《商标法》第五十九条第一款规定："注册商标中含有的本商品的通用名称、图形、型号，或者直接表示商品的质量、主要原料、功能、用途、重量、数量及其他特点，或者含有的地名，注册商标专用权人无权禁止他人正当使用。"我国的注册商标权人对注册商标依法享有商标专有权，但在一些情况下，他人可以对注册商标中的一些要素进行正当性使用，其中，如何去界定描述性正当使用的边界问题，目前我国还缺乏明确的法律规定。在司法实践中，判断被诉行为是否属于描述性正当使用，一般可以以该词汇的普遍性、相关公众对于该词汇的通常认识以及该使用行为是否超出合理必要限度为边界认定。一般来说，商标可以表明商品或者服务的来源，其显著性的强弱影响着商标是否能与商品提供者之间建立特定、稳定的联系，如果商标中含有公有领域内的描述性信息，就会在辨识上混淆界限，降低注册商标的显著性，导致注册商标在长期使用中越来越无法起到识别商品或服务来源的作用。注册商标专用权人无权禁止他人为描述或者说明其产品或者服务的特点而善意使用注册商标中含有的公有领域内的描述性信息，该行为可以依法认定为正当使用而不构成商标侵权。如果商标含有公有领域内的描述性信息，或者这些描述性标识本身，因为获准注册后完全为商标注册人排他占有，而绝对禁止他人进行任何形式的使用，则会在为商标注册人带来垄断利益的同时严重损害社会公众利益。

具体到本案，红树林是生长于热带、亚热带海岸潮间带，由红树植物为主体的常绿乔木或灌木组成的湿地木本植物群落，是鱼、虾、蟹、贝类等海洋生物生长繁殖的重要场所，该场所为鸭子提供丰富的食物来源，当地居民有在红树林下放养鸭子的传统。广西北部湾沿海一带也分布着大片红树林，当地居民历来有将鸭子放养于红树林浅海滩涂的传统，因在北部湾海域红树林中养殖的海鸭相较于其他海鸭营养更丰富而富有独特性，"红树林海鸭蛋"也因此成为北部湾的地理标志性产品。吴某注册的涉案商标含有公有领域内的描述性信息"红树林"，该词汇在作为商标注册前本已被用于全国范围内普遍描述一类自然植被，或与在北部湾海域的红树林海鸭蛋建立了一定的联系。对于吴某注册的涉案商标来说，其显著性是较弱的，一般消费者通常不会将该词汇"红树林"与吴某的商标建立唯一、稳定的联系；本案的某农业公司在其网店商品下面的文字介绍中使用了"红树林特产烤海鸭蛋""广西北部湾红树林""广西红树林海鸭蛋""红树林海鸭子烤海鸭蛋""红树林烤海鸭蛋""广西红树林特产烤海鸭蛋""北部湾红树林特产"等文字，从对词汇的使用方式来看，是对其经营的海鸭蛋来源于放养在红树林的海鸭所产的蛋以及对蛋品的规格、制作方法、产品特性的描述，并非指该鸭蛋的品牌，某农业公司将"红树林"

用于描述自己的商品，并没有超出一般描述性文字的表现形式，也没有超出合理必要限度，吴某也没有证据证明某农业公司存在故意攀附其商标知名度进行销售的行为。综上所述，本案在涉案商标注册申请日之前，“红树林”已与北部湾海域“红树林海鸭蛋”建立一定的联系，且吴某亦未使该涉案商标获得新的特定含义，未建立与该商标的唯一对应关系，其无权禁止他人正当使用“红树林”文字。

随着注册商标制度的蓬勃发展和知识产权排他性的保护进入深水区，商标权不可避免地存在着一些被滥用的情形，“碰瓷式维权”应运而生，该案的一、二审判决明确了商标性使用和正当使用的边界认定，判决结果彰显了法院依法平衡商标权人、其他经营者及社会公众之间的利益。本案涉及广西北部湾海域的地理标志性产品“红树林海鸭蛋”，鼓励商标权人积极申请地理标志的集体商标和证明商标，可以借助政府发展当地特色产业和品牌建设的东风形成自身的品牌价值，这对于区域打造农产品品牌和促进乡村振兴也具有十分重要的意义。

同时，本案也具有一定的警示作用，一方面，商标权人要警惕商标中的元素特别是文字内容有可能被通用化或者成为核准商品上的描述性词汇的趋势，需要宣传、使用以及联系确保自己的商标在显著性上不被弱化；另一方面，法律给予了商标权人排他性的商标权保护，商标权人在积极使用和依法维权的同时，不能因此通过“碰瓷式维权”消耗商誉，而要通过呵护和培塑自身品牌提升商标的经济价值。对于经营者来说，经营者应当本着诚信原则对同领域的注册商标予以合理避让，不恶意攀附他人商誉，采用法律许可的正当方式规范经营及宣传行为，同时也要积极应对“碰瓷式维权”的恶意诉讼，维护自身的合法权益。

（**一审法院合议庭成员**　冯怀泳　李丽峰　苏玉芬
二审法院合议庭成员　何燕飞　覃世玲　叶　枝
编写人　广西壮族自治区钦州市钦北区人民法院　谢惠徽
责任编辑　姚俊萍
审稿人　丁文严）

甲公司诉乙公司等侵害著作权纠纷案

——静态图案使用场景下舞蹈作品的保护范围及侵权认定规则

关键词：知识产权　舞蹈作品　独创性　静态使用　侵权判断

【裁判要旨】

1. 舞蹈作品的实质内核是动作、姿势、表情，但服装、妆容、道具等元素使得舞蹈作品的表现形式更加丰富多样，服装、妆容、道具等元素的运用对于舞蹈作品思想情感的表达亦起到了积极作用。舞蹈创作者将服装、妆容、道具等元素作为体现该舞蹈创作内容的一部分，在舞蹈中予以固定，并对其进行了个性化的选择和编排，故该舞蹈中结合了服装、妆容、道具等元素的舞者动作、姿势和表情的整体画面，属于舞蹈作品的独创性表达。

2. 舞蹈作品展现的通常是人体连续的舞蹈动作，被诉装饰图案为静态图案，二者客观表现形式虽有不同，但该种区别并不意味着当然不存在使用舞蹈作品的行为，能体现舞蹈作品独创性表达的静态舞蹈画面属于可受《著作权法》保护的舞蹈作品组成部分，静态图案方式的使用行为是否构成对舞蹈作品著作权之侵犯，关键仍在于判断静态图案是否使用了舞蹈作品的独创性表达。

【相关法条】

《中华人民共和国著作权法》

第三条　本法所称的作品，是指文学、艺术和科学领域内具有独创性并能以一定形式表现的智力成果……

《中华人民共和国著作权法实施条例》（2013 年修订）

第四条第六项　著作权法和本条例中下列作品的含义：

（六）舞蹈作品，是指通过连续的动作、姿势、表情等表现思想情感的作品；

【案件索引】

一审：北京市东城区人民法院（2021）京0101民初11814号（2021年12月3日）

二审：北京知识产权法院（2022）京73民终973号（2022年12月21日）

再审：北京市高级人民法院（2023）京民申1039号（2023年11月27日）

【基本案情】

原告甲公司诉称：其经杨某授权，依法享有《月光》舞蹈作品的著作权、邻接权以及其他相关知识产权等合法权益。乙公司某门店、丙公司、乙公司，未经许可，擅自在共同运营的某餐厅某店（以下简称涉案餐厅）中，将涉案作品复制在屏风上，作为餐厅主体装潢的一部分置于店堂中央位置，侵害了甲公司对涉案舞蹈作品享有的著作权。同时，上述行为使相关公众误认为涉案餐厅与杨某存在商业联合、广告代言等特定联系，使相关消费者产生混淆，进而使得三被告取得竞争优势，亦构成不正当竞争行为。故诉至法院，请求法院判令：三被告发布消除影响声明，并共同赔偿甲公司经济损失978161元及合理开支21839元。

被告丙公司、乙公司某门店、乙公司共同辩称：《月光》舞蹈中的造型是立体、动态的，被诉装饰图案为平面静态使用，公众不会认为是对舞蹈的使用；涉案餐厅使用的被诉装饰图案源于云南孔雀舞的代表动作，涉案餐厅选取公有领域的相关动作图案用于餐厅装饰不构成侵权；被诉装饰图案是人物剪影，未显示任何面部特征，其形体动作和服饰亦属于傣族舞蹈中的常见形式，未使用杨某舞蹈动作中的独创性表达，不应当认定构成实质性相似。

法院经审理查明：《月光》舞蹈于2003年1月由杨某创作完成，同期在《云南映象》大型舞蹈中，作为其中一个章节公开表演，并在2006年中央电视台春节联欢晚会中表演。甲公司经杨某授权，依法享有《月光》舞蹈作品的全部知识产权及相关合法权益。涉案餐厅中央放置一架屏风，其上有一个较大的圆形光影，内有一个一名高盘发髻、身着紧身长裙的舞蹈女子剪影，被诉装饰图案在舞蹈进行过程中可以找到相应的动作和造型。涉案餐厅悬挂乙公司某门店营业执照，现场结账时取得的POS机签购单载明的商户名称及发票上载明的销售方均为乙公司。某菜肴品牌官方微博、官方微信公众号及官方网站的运营主体、某菜肴系列商标的注册人均为丙公司。相关网络宣传、网友评论中有网友在评价某菜肴餐厅时提到杨某的相关内容。

【裁判结果】

北京市东城区人民法院于2021年12月3日作出（2021）京0101民初11814号民事判决：一、本判决生效之日起十日内，丙公司、乙公司某门店赔偿甲公司经济损失3万元及合理开支2万元；二、驳回甲公司的其他诉讼请求。

一审宣判后，丙公司、乙公司某门店、乙公司提出上诉。北京知识产权法院于2022年12月21日作出（2022）京73民终973号民事判决：驳回上诉，维持原判。

二审宣判后，甲公司申请再审。北京市高级人民法院于2023年11月27日作出（2023）京民申1039号民事裁定：驳回甲公司的再审申请。

【裁判理由】

法院生效裁判认为：《月光》舞蹈以一轮明月作为突出背景，通过灯光的明暗对比所营造出的人体剪影效果，整体呈现出女子在月光下舞蹈的美好意境；由杨某演绎的女子以高盘发髻、身着紧身长裙的人物造型，在月亮背景的映衬下，通过其手臂、腰肢、臀、腿、膝等部位做出展现女子身体曲线之美的舞蹈动作，上述连续的舞蹈动作转化为抽象、多变的肢体语言，在灯光、舞美、服装、音乐等元素的配合下，艺术化地表现了月光的圣洁以及月光下女人的柔美。《月光》舞蹈作品作者将服化道元素作为体现该舞蹈创作内容的一部分，在舞蹈中予以固定，并对其进行了个性化的选择和编排，该作品中静谧感的营造以及作品思想感情的表达，除了通过连续的动作、姿势、表情予以表现外，也与服化道元素密不可分。因此，《月光》舞蹈中结合了服化道元素的舞者动作、姿势和表情的整体画面可以体现该舞蹈作品的独创性表达。

被诉装饰图案均由两部分构成，中心位置为一名高盘发髻、身着紧身长裙的舞蹈女子剪影，外围是圆形的图案或者造型，每幅装饰图案在女子舞蹈姿态上存在差异。根据被诉装饰图案与《月光》舞蹈作品的比对结果，被诉装饰图案可对应《月光》舞蹈中的具体画面。前述《月光》舞蹈中结合了人物造型、月光背景、灯光明暗对比等元素的特定舞蹈姿态并非进入公有领域的舞蹈表达，属于《月光》舞蹈作品具有独创性表达的组成部分。由此，被诉装饰图案与《月光》舞蹈作品的独创性内容构成实质性相似，侵犯了《月光》舞蹈的著作权。

【案例注解】

随着文化艺术形式的不断发展，舞蹈作品的内容及表现形式也在不断变化和丰富，舞蹈本身也具有了更为多元的社会意义，从传统单一的肢体动作演化为融合了服装、化妆、道具、音乐、舞美等艺术元素的表演形式。因此，对舞蹈作品的认识也应与时俱进。与此同时，侵权使用舞蹈作品的表现形式也更加多样，突破了传统意义上对“连续”舞蹈动作动态抄袭使用的行为模式，以静态图案展现舞蹈动作的新型使用方式是否应受到《著作权法》的规制，也开始进入法律评价的视野。为进一步探析舞蹈作品权利保护的新思路，笔者将从舞蹈作品保护范围的内涵与外延以及静态使用中实质性相似的认定标准两个维度展开论述。

一、舞蹈作品客体保护范围的理解及适用

（一）非人体动作要素的法律地位

我国《著作权法实施条例》第四条第六项对舞蹈作品的内涵进行了笼统的规定，“舞蹈作品，是指通过连续的动作、姿势、表情等表现思想情感的作品”。舞蹈作为一个通过人体肢体展现的艺术形式，其本质在于人体的舞蹈动作、表情和姿势，通过一个个具有审美意义的舞蹈动作或姿势进行流畅、连续的动作设计，形成具有起承转合的整体，向观众呈现舞者所要表达的情感和主题。虽然人体动作在舞蹈作品中处于核心地位，但在舞蹈表演的最终呈现阶段，为了实现较为完整的视听效果，人体动作往往会与音乐、服装、妆容、灯光等非人体动作元素相结合以丰富表现形式。这些元素是否应当纳入舞蹈作品的保护范围。对于这一问题，郑成思教授认为：“如果舞蹈作品中的服装、布景和音乐等也以某种形式固定在该文字作品中，则构成舞蹈作品的一部分。”①已有司法实践也对舞蹈中的上述元素应当归属于舞蹈作品的一部分持肯定态度，例如杨某甲、李某某与某师范学院、吕某著作权权属侵权纠纷案中，法院认为，涉案作品“以碇步桥作为背景，从舞蹈的编排、舞蹈所用服装及道具，通过连续的舞蹈动作在灯光、舞美、服装、音乐等元素的配合下，整体呈现出一群着舞服的女子跨过小巧的碇步桥，展现江南特色文化，表达温润婉约情感的社会生活，体现出较高的独创性和艺术价值，属于著作权法规定的舞蹈作品”②。

---

① 郑成思：《知识产权论》（第三版），法律出版社2005年版，第288页。

② 参见江苏省淮安市中级人民法院（2019）苏08民初145号民事判决书。

笔者认为，如何理解舞蹈作品的客体保护范围还应回归我国著作权的相关规定及立法精神进行剖析。《著作权法实施条例》第四条第六项界定了舞蹈作品作为受《著作权法》保护的一种作品类型，其可版权性的部分，即舞蹈作品的核心内容是连续的“动作”“姿势”“表情”，但是在“动作”“姿势”“表情”后还有一个“等”字，该定义中的“等”字给舞蹈作品的保护范围预留了解释空间。虽然关于舞蹈作品的法律规定在立法时，较难对尚未出现的新构成元素的具体内容或者形态进行规定，但是关于“等”字的解释应当符合舞蹈的客观发展情况，尊重舞蹈领域中创作者对舞蹈形式的创新和发展。随着文化艺术形式的不断进步，舞蹈作品的内容和表现形式也在不断地变化和丰富，为了增加舞蹈的艺术性及可观赏性，非人体动作元素如音乐、灯光、服装、妆容、道具等也是创作者用以表达思想和情感的必然选择，也是对创作的诠释与表达，从而与舞蹈作品中的动作、姿势和表情产生了密不可分的关系。同时，由《著作权法实施条例》第四条对不同类型作品的定义可知，除建筑作品、摄影作品、类电作品之外的其他类型作品定义中列举作品构成要素时亦包含“等”，且多作“等”外“等”理解，故将舞蹈作品构成元素作适当扩展，并不违反《著作权法》的相关规定。① 因此，舞蹈表演中的人物造型、服装、灯光、舞美、音乐等非人体动作元素，都可以与人体动作相结合来共同表达特定的主题和思想感情，因此凝结了上述要素的舞蹈动作应当作为一个融合的整体共同进行保护。

（二）舞蹈作品独创性的例外

一个舞蹈作品受到《著作权法》保护，并不意味着该舞蹈作品中的所有动作都符合独创性的要求，某个舞种中的传统标准舞蹈动作属于公有领域的内容，不能为个人所独占，应在独创性判断时予以排除。比如，芭蕾舞的基础站姿和手臂动作有5种，手臂和脚的不同动作的组合形成了芭蕾舞中的基本动作；再如藏族民间舞蹈的踢踏动律等。这些基本动作早就属于公有领域，应被排除在舞蹈作品的独创性体现之外。这一观点在司法实践中也获得肯定，如“千手观音”案中，法院认为“顺风旗、商羊腿是我国传统舞蹈动作，大佛的形象亦属于公有领域的信息，据此创作出的舞蹈静态动作不可避免地会出现相同或相近似的情况，但这种公有领域的思想内容不应为个人所独占”②。因此，不论是否新颖或者有多高的创作难度，单个舞蹈动作一旦进入公有领域就无法受到《著作权法》的保护。但是，虽然这些单个舞蹈动作不属于个人，但如果这些基本动作的编排、组合、连接能体现出个性和创意，仍然可以满足独创

① 参见北京市高级人民法院（2023）京民申1039号民事裁定书。

② 参见北京市海淀区人民法院（2006）海民初字第26765号民事判决书。

性的要求。

在司法实践中，由于法官并非舞蹈领域的专业人士，故需要当事人提交证据证明某个舞蹈动作属于公有领域的内容，且该证据必须明确指向具体舞蹈动作的表达，而并非停留在抽象的思想范畴。如在杨某《月光》舞蹈案中，《月光》作为云南傣族舞，必然存在一些傣族舞中的通用基本动作，被告主张涉案装饰图案中的动作属于公有领域的内容，但其提交的证据主要为理论文章，并未涉及具体舞蹈动作的表达。

上述规则在涉及舞蹈作品独创性判断时应予注意，但本案中并不存在此种情形。因为即使被告能够证明涉案“三道弯”舞蹈动作属于傣族舞中的基本动作，但《月光》舞蹈中的“三道弯”动作是在巨大的月亮背景前、以人物剪影的形式表现出来，故结合了人物造型、月亮背景、灯光明暗对比的这一舞蹈动作，已经形成了新的具有独创性的表达，不再是公有领域的通用基本动作，属于涉案舞蹈作品保护范围的内容。

二、静态使用场景下侵害舞蹈作品著作权的考量因素

以静态图案方式复制舞蹈动作所引发的侵害著作权纠纷在我国司法实践中尚属首次，引发了社会广泛关注。结合本案，笔者看来，侵权行为表现和作品的实际使用形态没有必然的联系，无论是舞蹈作品之间的整体与部分使用，还是动图抄袭或静态复制使用，关于著作权侵权认定的思考维度都应遵循“接触+实质性相似”的基本原则，即被诉侵权作品与原告主张权利的在先作品的相关内容相同或者实质性相似，被告在创作时接触过原告主张权利的作品或者存在接触的可能，且被告不能举证或者说明被诉侵权作品合法来源的，可以认定被告侵害了原告的著作权。下文将对涉案静态使用舞蹈作品场景下适用上述规则的重点及难点问题展开分析。

（一）侵权比对对象的厘清

从促进舞蹈作品传播的角度来说，舞蹈作品除了现场观看外，亦会对舞蹈作品的现场表演进行录制，进而将舞蹈作品固定下来以被广泛传播。因此，舞蹈作品的表现载体既可以是现场表演，也可以是基于表演所形成的视听作品或录像制品。被录制的视频不仅体现出了舞蹈作品的内容，该视频本身亦可能构成《著作权法》上的视听作品或录像制品。在静态使用场景下进行实质性相似比对时，通常会使用到上述视听作品或录像制品的画面作为比对载体。

对舞蹈作品的静态使用，就是静态地固定呈现舞蹈作品中的某一瞬间，比对时就需将被诉静态图案与舞蹈作品中的某一静态画面进行比对。此时，需要厘清的是，与静态图案进行比对的对象是舞蹈作品本身的独创性表达，无论该

舞蹈作品以何种载体呈现，即便舞蹈作品是以视听作品或录像制品呈现，但被比对的仍是其中呈现的舞蹈作品本身。当然，如果被诉静态图案直接复制于记录舞蹈表演所形成的视听作品或录像制品，则亦可能构成对视听作品或录像制品著作权的侵犯。

（二）实质性相似规则的适用

判断静态使用行为是否侵害舞蹈作品著作权的关键在于判断静态画面是否使用了舞蹈作品的独创性表达。如上文所述，舞蹈作品的实质内核是动作、姿势、表情，如果舞蹈创作者将服装、妆容、道具等元素作为体现该舞蹈创作内容的一部分，在舞蹈中予以固定，并对其进行了个性化的选择和编排，故该舞蹈中结合了服装、妆容、道具等元素的舞者动作、姿势和表情的整体画面，属于舞蹈作品的独创性表达。能体现舞蹈作品独创性表达的静态舞蹈画面属于可受《著作权法》保护的舞蹈作品组成部分。在杨某《月光》舞蹈案中，被诉装饰图案均为一名高盘发髻、身着紧身长裙的女子在月光背景下做出舞蹈动作的人物剪影图，每幅被诉图案仅舞蹈动作存在差异。根据被诉装饰图案与《月光》舞蹈作品的比对结果，被诉装饰图案展现的每个舞蹈动作均在《月光》舞蹈中有相同舞蹈动作可对应，而这些《月光》舞蹈中的静态画面，是结合了人物造型、月光背景、灯光明暗对比等元素的特定舞蹈动作，并非进入公有领域的舞蹈表达，系《月光》舞蹈作品具有独创性表达的组成部分。所以，被诉装饰图案与《月光》舞蹈作品的独创性内容构成实质性相似。

（三）舞蹈作品构成要件中"连续"的理解

笔者认为，《著作权法》仅在舞蹈作品的构成要件中提到了"连续"的要求，并未要求侵权行为的使用方式也必须是连续的。舞蹈作品确实通常是通过人体连续的舞蹈动作来展现，而被诉装饰图案为静态图案，二者客观表现形式确有不同，但是该种区别并不意味着改变了舞蹈作品的形态，就当然不存在使用舞蹈作品的行为。《千手观音》舞蹈作品案也表达了同样观点，法院认为"在判断著作权侵权时，应判断被控侵权作品与权利作品之间的相似性部分是否构成来源于权利作品的独创性表达，而无需考虑实质性相似部分是否构成权利作品的作品类型"①。

上述理解在其他作品形式侵权案中亦得到印证。在涉《三生三世十里桃花》"图解电影"案②中，法院同样认定流动画面的电影类作品的实质是静止画面的集合和连续播放，类电作品中一帧帧的画面亦应是该作品的组成部分。

① 参见北京市海淀区人民法院（2006）海民初字第26765号民事判决书。

② 参见北京互联网法院（2019）京0491民初663号民事判决书、北京知识产权法院（2020）京73民终187号民事判决书。

因此，判断被告是否存在提供作品的行为，关键还是在于考察被诉图片集是否使用了涉案剧集具有独创性的表达，不应因改变了作品形态就认为不存在提供作品的行为。

（四）“数量”因素的辅助判断

虽然构成侵害舞蹈作品著作权的行为并未要求使用方式是连续的，但不可否认的是，舞蹈作品的本质体现为动态连续性动作，一张静态图案的使用方式与多张静态图案的使用方式，在判断是否构成实质性相似进而认定构成侵权的难度上会有明显差异。静态图案的使用数量越多，所体现出使用的舞蹈动作或姿势越多，进而与舞蹈作品独创性表达进行比对的对象就越多，法官则相对容易作出被诉图案是否来源于相关舞蹈作品的判断。若被诉使用行为仅使用了一张静态图案，在判断是否侵害舞蹈作品著作权时则须更加谨慎。

这一“数量”的考虑因素亦在杨某《月光》舞蹈案中有所体现。在多件关联案件中，其中个别案件的被诉装饰图案有十余幅之多，所体现的舞蹈动作均能与《月光》舞蹈作品的相应动作一一对应，且相同的这些舞蹈动作均为结合了各种服装、化妆、道具等形式元素的舞蹈动作，上述情节更加清楚地表明被诉装饰图案是摘取自《月光》舞蹈作品。因此，在静态使用场景下，运用“数量”因素辅助侵权判断，不仅符合舞蹈创作的规律，也有利于对静态图案使用行为的侵权定性作出准确判断。

三、结语

本案明确厘清了舞蹈作品受《著作权法》保护的具体范围，认定结合了服装、妆容、道具等元素的舞者动作、姿势和表情的整体画面，属于舞蹈作品的独创性表达，在此基础上认定静态图案因使用了舞蹈作品的独创性表达，构成侵害舞蹈作品著作权的行为。本案创新性地厘清了静态使用场景下舞蹈作品侵权纠纷的司法裁判规则，明确了经营主体商业化使用他人舞蹈作品的行为边界，充分体现出对具有极高民族文化价值的文艺作品的知识产权保护力度，为类似案件的审理提供了有益借鉴。

（**一审法院独任审判员**　闫永廉
二审法院合议庭成员　高曈辉　宋　鹏　李志峰
再审法院合议庭成员　杨绍煜　毛天鹏　刘君婕
编写人　北京市海淀区人民法院　王栖鸾　张筠曼
责任编辑　姚俊萍
审稿人　丁文严）

甲公司诉乙公司、丙公司不正当竞争纠纷案

——企业征信数据平台违反数据质量保证义务的认定

关键词：知识产权　企业征信数据　数据质量保证义务　不正当竞争

【裁判要旨】

1. 企业征信数据平台发布的数据出现质量问题，会造成数据来源者竞争权益的增加或减损，亦会损害数据消费者基于其合理信赖所产生的利益，影响互联网征信行业的正常市场竞争秩序，故数据处理者与数据来源者之间基于数据质量问题产生的权利义务关系应当被纳入《反不正当竞争法》的调整范围。

2. 在企业征信数据处理者构建和主导的征信大数据生态系统中，数据处理者在数据收集、加工和使用等环节中负有数据质量保证义务，具体包括数据完备性义务、数据准确性义务、合理纠错义务三大义务，即征信数据处理者应当采取合理措施展示完整的数据信息，并确保数据的准确性，在数据出现错误的情况下，应当及时予以更正。

3. 认定企业征信数据平台经营者是否尽到数据质量保证义务，应当综合考虑被诉行为发生时行业发展阶段、商业模式、技术现状等因素，正视海量数据处理的技术困境与可能的突破进路，进行个案判断；判断标准包括来源合法、校验机制适当、纠错机制合理，判断重心在于信息偏差所产生的主客观原因，不能仅以偏差本身认定构成义务违反。

【相关法条】

《中华人民共和国反不正当竞争法》

第二条　经营者在生产经营活动中，应当遵循自愿、平等、公平、诚信的原则，遵守法律和商业道德。

本法所称的不正当竞争行为，是指经营者在生产经营活动中，违反本法规定，扰乱市场竞争秩序，损害其他经营者或者消费者的合法权益的行为。

本法所称的经营者，是指从事商品生产、经营或者提供服务（以下所称

商品包括服务）的自然人、法人和非法人组织。

【案件索引】

一审：广东省深圳市罗湖区人民法院（2022）粤 0303 民初 12172 号（2022 年 9 月 8 日）

二审：广东省深圳市中级人民法院（2023）粤 03 民终 4897 号（2023 年 7 月 26 日）

【基本案情】

原告甲公司诉称：原告甲公司自 2012 年起至今一直为案外人丁公司的股东，在深圳联合产权交易所办理登记公示，其股东身份亦经法院已公开的生效判决确认。被告经营的某查询网站显示原告 2019 年 1 月 1 日参股丁公司，2021 年 1 月 20 日从丁公司退股。原告向被告发送律师函要求其提供认定上述参股和退股信息的依据材料及来源并更正错误信息，被告拒不回复也未作更正。请求法院判令：（1）被告提供其认定原告参股和退股的依据材料及来源；（2）被告将原告列入丁公司股东列表；（3）被告在相关网站、媒体刊登声明以消除影响；（4）被告承担原告因维权支出的合理费用 30880 元。

被告乙公司、丙公司辩称：被告展示的甲公司参股、退股的信息来源于国家官方网站发布的公开信息。被告系互联网征信机构，从事大数据征信行业，由于该行业仍处于发展起步阶段，相关行业规则、技术能力尚未成熟完善，不宜对互联网征信企业课以过重的注意义务。本案被告收到丁公司投诉及原告律师函后，均已第一时间进行处理，尽到了合理注意义务，不存在过错。此外，由于原告不存在合法权益被损害的事实，且与被告的行为没有因果关系，因此被告不应当承担侵权责任。

法院经审理查明：原告甲公司 2012 年起至今一直为案外人丁公司的股东，并在深圳联合产权交易所办理产权登记，其股东身份已被相关生效判决所确认。被告乙公司、丙公司共同经营的某查询网站是一家提供企业征信信息查询的大数据平台，主要功能在于运用信息技术手段对公共数据领域海量、分散的企业信息进行整合加工，形成企业征信信息的数据集合，并通过提供免费和付费查询功能，向用户开放，实现经济利益。

原告甲公司发现，某查询网站显示的其与丁公司之间的持股关系与实际情况不符。某查询网站关于丁公司的“历史工商信息、历史股东”载明：原告甲公司为该公司股东，参股时间为 2019 年 1 月 1 日，退股时间为 2021 年 1 月

20 日。2022 年 1 月 18 日，原告向被告发送律师函，认为某查询平台中甲公司与丁公司之间的持股信息存在错误，要求被告对某查询平台中的相关数据进行修正，随函附有丁公司股东名册及相关生效判决书。被告在收到甲公司的律师函及附件后，未对某查询平台中的数据进行修正。

【裁判结果】

广东省深圳市罗湖区人民法院于 2022 年 9 月 8 日作出（2022）粤 0303 民初 12172 号民事判决：驳回甲公司的全部诉讼请求。

宣判后，甲公司提出上诉。广东省深圳市中级人民法院于 2023 年 7 月 26 日作出（2023）粤 03 民终 4897 号民事判决：一、撤销广东省深圳市罗湖区人民法院（2022）粤 0303 民初 12172 号民事判决；二、乙公司、丙公司于判决生效之日起三日内在其经营的某查询网站将甲公司的持股信息列入案外人丁公司的股东信息页面；三、乙公司、丙公司于判决生效之日起三日内连续三日在其经营的某查询网站首页刊登声明以消除影响；四、乙公司、丙公司于判决生效之日起三日内赔偿甲公司合理维权开支 30880 元；五、驳回甲公司的其他诉讼请求。

【裁判理由】

法院生效判决认为：本案所涉纠纷系因某查询网站发布的数据是否真实、准确所引发。某查询网站运用信息技术手段对公共数据领域海量、分散的企业信息进行整合加工，形成企业征信信息的数据集合，向某查询网站用户开放，构建了一个具有征信功能的数据生态系统。甲公司为数据原始主体（数据来源者），乙公司、丙公司作为网站的共同运营者，系数据的使用主体（数据处理者）。本案的纠纷性质为，大数据生态系统中，数据来源者与数据处理者之间因数据使用质量引发的纠纷。

本案所涉数据为企业征信数据平台公示的商事主体的对外投资信息。对外投资信息系企业的重大经营信息，影响市场对企业商业价值、商誉的判断，进而影响数据消费主体对该企业及其投资的企业的交易决策，甲公司对于涉案数据具有竞争法意义上的竞争权益，应当受到法律保护。如企业征信数据平台发布的数据出现质量问题，不仅会造成甲公司竞争权益的增加或减损，也会损害数据消费者基于其合理信赖所产生的利益，影响互联网征信行业的正常市场竞争秩序。因此，本案中数据处理者与数据来源者之间基于数据质量问题产生的权利义务关系应当被纳入《反不正当竞争法》的调整范围。

本案中，甲公司指控的不正当竞争行为包括：（1）乙公司、丙公司在某查询网站上向公众公开的数据中未包含深圳联合产权交易所的股权信息；（2）乙公司、丙公司在某查询网站中所发布的甲公司与丁公司之间的持股关系与实际情况不符；（3）乙公司、丙公司在收到甲公司的律师函及判决书等材料后，未对某查询网站中的数据进行修正。该等行为均不在《反不正当竞争法》第二章所规定的具体的已经类型化的不正当竞争行为之列，应当适用《反不正当竞争法》第二条一般条款的规定对被诉行为进行正当性评判。

适用《反不正当竞争法》一般条款判断一项竞争行为是否具有正当性，应当从市场竞争秩序、商业道德、利益平衡等基本原则出发，结合相关行业准则、行为手段、损害后果等因素对其性质予以综合评判。具体到本案，认定被诉行为是否具有不正当性的核心在于认定数据使用者是否具有、在何种程度上具有确保数据准确的义务，以及数据使用者在何种程度上违反了该等义务。

数据来源者与数据处理者之间并不存在数据使用或者数据消费合同关系，目前也无法律明确规定征信数据处理者对于数据来源者具有何种法律义务。但是，数据处理者、数据来源者、数据消费者共处于数据使用主体构建的大数据征信生态系统中，数据质量对于各方均具有至关重要的影响，尤其是数据处理者作为该生态系统的构建者及主导者，其行为会直接影响其他各方的利益，由此，必须为数据处理者的行为设定必要的义务，以维护各方合法利益以及正常的市场竞争秩序。此外，基于公共数据与征信数据本身的特殊性，国家已经从行业自律层面对数据使用主体的义务进行了规范。通过合理措施保证数据质量是征信数据处理者的基本义务，也是大数据行业公认的商业道德。

基于此，法院认定，乙公司、丙公司对于其所使用的数据的原始来源者甲公司负有数据质量保证义务，即有义务采取合理措施保证数据质量，以确保数据原始主体的合法权益不受到不恰当的损害。在本案的语境下，数据质量保证义务涵盖数据完备性义务、数据准确性义务、合理纠错义务三个方面。

关于乙公司、丙公司是否违反数据完备性义务。法院认为，甲公司指控的第一个不正当竞争行为即为其对数据完备性的诉求。数据的完整性应当建立在数据的实际可获得性的基础之上，在具体的商业模式中，还应当对数据获得成本予以必要的考量。深圳联合产权交易所是一家交易市场，其掌握的数据系由经营主体进行产权交易过程中所提供，并非向社会公开的公共数据，大数据征信平台运营主体无法通过公共数据平台获得该等数据。乙公司、丙公司是否需要从深圳联合产权交易所处获取进一步的深度数据系自由选择的范围，其可以根据自身的商业模式和竞争定位来决定是否实施此种行为，而并不具有必须实施此种行为的强制性义务。因此二被告未在某查询网站中展示深圳联合产权交易所的相关企业数据并不违反数据完备性义务。

关于乙公司、丙公司是否违反数据准确性义务。法院认为，虽然被告公布的甲公司于2019年1月1日参股、于2021年1月20日退股丁公司的信息错误，但是数据准确性义务并不意味着不能出现信息偏差。从当前技术发展阶段来看，涉案信息系由被告从海量公共领域的数据中抓取，加以自身设定的算法和分析判断规则处理而来，在此过程中，囿于海量数据处理的技术难度，以及不同网站、系统、数据库之间的同步时间差等问题，在现有技术阶段下信息偏差在所难免。从主观上来看，本案亦无证据显示某查询网站的经营者主观上存在操纵数据、伪造数据、篡改数据等故意，或者存在采用明显落后于行业标准的技术手段等重大过失的情形，故而无法认定二被告违反了数据准确性义务。

关于乙公司、丙公司是否违反合理纠错义务。法院认为，大数据背景下，一般不宜轻易认定数据处理者违反其数据准确性义务，而应当重点考虑在出现数据错误的情况下，数据处理者是否采取了合理措施进行纠正。乙公司、丙公司在收到甲公司的投诉及所附证明材料后，有义务对相关数据进行核查并进行相应的数据更新，并在核实之后将相关信息尤其是生效裁判文书所载明的信息以客观的方式呈现在某查询网站。然而，乙公司、丙公司却以在先投诉、生效判决的作出时间为由未进行任何作为，既未审查投诉所附证明材料的真实性，更未采取合理措施纠正征信数据系统中的数据偏差，违反其合理纠错义务，应当认定为具有不正当性。

综上所述，乙公司、丙公司实施了《反不正当竞争法》所规制的不正当竞争行为，应当承担停止侵害、赔偿损失、消除影响等民事责任。

【案例注解】

一、问题提出：数据处理者是否对数据来源者负有法律义务

本案涉及数字经济领域重大问题——数据处理者与数据来源者的权利义务关系问题。①《中共中央 国务院关于构建数据基础制度更好发挥数据要素作用的意见》构建了数据处理者与数据来源者相区分的二元结构，并明确提出要建立健全数据要素各参与方合法权益保护制度。在二元区分结构下，如何准确、合理地界定数据来源者与数据处理者之间的权利义务关系具有极为重要的意义。一方面，广大数据来源者作为数据要素的供给端，如果其合法权益得不到充分保护，其参与数字经济活动的积极性将受到打击，必然影响优质数据要

① 数据来源者是指对数据的产生提供了原始信息的主体，数据处理者是指对原始信息进行收集、加工、使用、分析等处理活动从而形成新数据或数据衍生产品的主体。

素的供给；另一方面，数据处理者是数据要素市场上活跃的创造主体，如何为其合理设定义务，既能维护数据处理领域的正当秩序，又能避免数据要素的高效利用和流通受到不当阻碍，是需要进行充分考量和妥善平衡的重大问题。

就本案企业征信平台所涉及的公开数据而言，数据处理者与数据来源者并无合同关系，也非直接的同业竞争者，现行法律体系框架内尚无对这两类主体之间的权利义务进行规制的明确规定。但是，基于公共数据、征信数据的特有属性，两种主体所共处的数据生态系统的功能、运行模式与商业逻辑，企业征信数据平台经营者使用企业原始数据时出现质量问题，必然会造成数据来源者尤其是数据的原始主体的权益增加或减损。在此种情形之下，是否应当为数据处理者设定必要的法律义务，如何设定该等义务，以及如何评判数据处理者是否履行该等义务，是此类新型纠纷中值得探讨的根本性问题。

二、路径选择：适用《反不正当竞争法》一般条款调整数据来源者与数据处理者之间的权利义务关系

数据权益保护是当今数字经济发展中的重要课题。目前关于数据权益保护的立法仍然存在空白，司法实践中主要存在权利保护模式和行为规制模式两种保护模式。在权利保护模式下，主要通过知识产权法、民法中创设的排他性权利进行保护，如著作权、商业秘密、个人信息等。行为规制模式主要通过反不正当竞争法进行调整，这种模式将重点放在行为规制层面，从行为的社会危害性角度入手，通过维护数据市场竞争秩序来保护企业的有限法益。基于《反不正当竞争法》一般条款的灵活性，行为规制模式通过多元利益平衡思维在个案中对经营主体利用数据的行为进行正当性评价，契合当前数据市场发展中呈现的主体多元性、竞争业态复杂性、竞争效果延伸性等特性，在现阶段可以更好兼顾数据保护和数据流通，适应数字经济发展。

在现行法律体系框架内尚无对数据处理者与数据来源者之间的权利义务进行明文规制的情形之下，本案所涉纠纷是否具备适用《反不正当竞争法》一般条款进行调整的空间与必要性，是此类案件需要解决的首要问题。

首先，从数据来源者具有的竞争利益来看，本案的涉案数据为甲公司的对外持股信息数据，具有公开数据和原始数据的特性。在一般情况下，对于公开、原始数据，数据来源者所享有的数据权益范围有限，其既不能禁止他人未经授权获得和使用该数据，也不能主张其为该数据的产生付出了劳动或投入进而具有独占性权益。然而，本案涉案数据还具有公共数据和征信数据的属性，在企业征信数据平台经营者构建的具有征信功能的数据生态系统中，对于一个商事企业，尤其是对于一个经营业务为股权投资管理的企业而言，对外投资信息系其重大经营信息。企业对外投资目标、范围、规模、历史变更情况等均会

影响市场对于该企业的商业价值、商誉的判断，进而影响数据消费者对该企业及其投资的企业的交易决策，直接关系其市场竞争地位，数据来源者对于数据使用者对外公布的其持股信息，具有竞争法意义上的竞争权益。

其次，从数据来源者和数据处理者之间的竞争关系来看，《反不正当竞争法》所规制的竞争关系包括直接竞争关系与间接竞争关系，《反不正当竞争法》维护具有直接竞争关系的竞争者之间的正当竞争，也维护整个市场的竞争秩序。不同于传统经济模式，随着数字经济、互联网经济的兴起，行业界限区分日益模糊，对于市场资源尤其是注意力和信息的争夺也不再局限于具有直接竞争关系的经营者之间。即使经营者之间不存在直接的竞争关系，但若因一方的经营行为不当夺取了市场资源或破坏了其他经营者竞争优势，也会影响市场经济正常运行，此种意义上的竞争关系同样应当被纳入《反不正当竞争法》的规制范围。如果企业征信平台在发布企业数据时出现质量问题，则会造成数据来源者竞争权益的增加或减损，同时也会损害数据消费者基于其合理信赖所产生的利益。在这个层面上，数据处理者与数据来源者的权利义务关系应当被纳入《反不正当竞争法》的调整范围。

最后，从数据处理者实施的竞争行为性质来看，应当评判被诉行为是否构成《反不正当竞争法》第二章所规定的具体的不正当竞争行为类型，在不构成类型化的不正当竞争行为时，才能考虑适用《反不正当竞争法》第二条的一般条款。该条款既是对已经类型化的不正当竞争行为的认定提供的原则性规定，也是对可能存在的或者将来可能出现的尚不适宜类型化的不正当竞争行为作出的概括性规定，犹如法律的“孵化器”。本案被诉行为即属于尚未被“孵化”的类型，不属于《反不正当竞争法》规定的任何一种类型化的不正当竞争行为。被告未对某查询网站的数据服务进行虚假或者引人误解的商业宣传，故不属于虚假宣传行为；被告也未实施故意发布错误的投资信息损害原告商誉的商业诋毁行为。由此，本案存在适用一般条款对数据处理者的行为进行正当性评判的空间，也具有适用一般条款对数据来源者与数据处理者之间的权利义务关系进行调整的必要性与可行性。

三、评判标准：数据处理者对于数据来源者负有数据质量保证义务

适用《反不正当竞争法》一般条款来评判一项行为是否具有正当性，应当从市场竞争秩序、商业道德、利益平衡等基本原则出发，结合相关行业准则、行为手段、损害后果等因素对其性质予以综合评判。如何合理确定数据处理者对数据来源者所负有的义务，系对数据处理者行为进行正当性评判的前提。

在数据来源者、数据处理者、数据消费者所共处的数据处理者构建和主导

的大数据生态系统中，数据要素的使用、流通对于各方均具有至关重要的影响，尤其是数据处理者的行为会直接影响其他各方的利益，必须为数据处理者设定必要的义务，以维护各方合法利益以及正常的数据要素市场竞争秩序。目前，法律对于数据处理者义务的规定主要见于《民法典》《个人信息保护法》《数据安全法》等法律中。例如，《个人信息保护法》对个人信息处理者在个人信息处理活动中的义务作出了系统规定；《数据安全法》侧重于保障数据安全，对数据处理者的数据安全保护义务进行了规定。而对于其他场景下的数据处理活动，如何界定数据处理者的义务，法律并没有作出明确规定。

在本案中，涉案数据具有公共数据和征信数据的特殊属性，数据质量对于整个征信大数据生态系统来说具有非常重要的意义。在行业自律层面，国家标准化管理委员会先后于2017年和2018年出台了《信息技术大数据术语》（标准号：GB/T 35295—2017）与《信息技术数据质量评价指标》（标准号：GB/T 36344—2018）两部国家标准，均明确数据产品和服务提供中对于数据准确性和一致性的要求。国家网信办及各行业协会先后出台了《中国大数据行业自律公约》《数据流通行业自律公约》《大数据标准化白皮书》等行业自律性文件，进一步明确了数据准确性是大数据行业发展的商业道德；数据采集过程应严格控制数据质量，确保数据符合质量要求；数据提供者应注意对数据来源进行甄别和验证，保证数据的合法性、真实性和有效性等相关要求。由此可知，通过合理措施保证数据质量是征信数据处理者的基本义务，也是大数据行业公认的商业道德。

结合征信数据的特殊属性，数据质量保证义务应当包括三大具体义务：（1）数据完备性义务：征信数据处理者应当采取合理措施展示完整而非片面的数据信息；（2）数据准确性义务：征信数据处理者应恪守职业道德，采用不低于行业准则和规范要求的技术水平对数据进行处理，呈现与事实相符的数据信息；（3）合理纠错义务：征信数据处理者应建立和完善合理的纠错机制，在数据出现错误时及时予以更正，以确保数据的真实、及时、准确。

四、利益平衡：数据处理者是否违反数据质量保证义务的司法认定

在目前无法律明确规定的情况下，认定数据处理者是否违反数据质量保证义务，不宜设定一个“一刀切”的绝对标准，而应坚持利益平衡的原则，充分考虑被诉行为发生时征信大数据业态的发展阶段、数据处理者的商业模式、技术现状等进行个别判断。判断标准包括数据来源合法、校验机制适当、信息更新及时与纠错机制合理等，判断重心在于信息偏差所产生的主客观原因，而不能简单以信息偏差的存在认定被诉行为构成对数据质量保证义务的违反。

考虑到互联网征信行业仍处于发展起步阶段，相关行业规范尚未成熟，应

当以鼓励数据共享流通、兼顾各方利益为原则，合理确定各利益相关方的权利与义务。从征信大数据行业的商业模式来看，征信数据平台主要通过技术手段从公共领域获取原始数据，加以自身设定的算法和分析判断规则进行整合加工，从而形成具有经济价值的企业征信信息数据集合。该过程涉及海量数据的抓取与处理，只能通过技术手段实现，囿于海量数据处理的技术困境，在处理过程中出现技术偏差也在所难免。在没有明显主观过错的情况下，对于数据平台出现的普通信息偏差，一般应当允许其通过事后救济的方式进行修正。

基于此，在大数据背景下，一般不宜对数据处理者履行数据完备性义务和准确性义务课以过高标准，而应当重点考量数据质量问题出现的主客观原因，以及在出现数据错误的情况下，数据处理者是否采取了合理措施进行纠正。第一，本案所涉某查询网站所包含的企业征信信息数据来源于全国企业信用信息公示系统、中国裁判文书网、中国执行信息公开网等公开网站，被告也已经在其经营的某查询网站对外公示其获取数据的来源、渠道与方法，数据来源是否包含非向社会公众公开的深圳联合产权交易所的数据，系数据处理者可以根据自身的商业模式和竞争定位进行自主选择的范畴，而并不具有必须实施此种行为的强制性义务，因此不构成对数据完备性义务的违反。第二，客观上而言，某查询网站展示的甲公司错误持股信息系被告在全国企业信用信息公示系统的原始数据的基础上加以自身设定的算法和分析判断规则自动计算而来，数据抓取及处理步骤并非人工完成并逐一校验，囿于海量数据处理的技术难度，以及不同网站、系统、数据库之间的同步时间差等问题，在现有技术阶段下信息偏差在所难免。主观上而言，本案现有证据并未显示某查询网站的经营者主观上存在操纵数据、伪造数据、篡改数据等故意，或者存在采用明显落后于行业标准的技术手段等重大过失的情形。由此，不能以相关错误信息存在即认定数据处理者违反了数据准确性义务。第三，在不以存在数据错误本身作为衡量数据处理者是否违反数据质量保证义务的判断范式和路径下，纠错机制的合理性显得尤为重要。征信平台企业应当建立合理的信息纠错机制，确保数据的真实、及时、准确，才能为经营主体的投资行为提供可信赖的、具有公信力的企业信息。在数据来源者指出数据错误并且提供了依据的情况下，数据处理者有义务采取积极行为及时进行核实与纠正。本案被告在收到原告的投诉材料后，既未审查投诉所附证明材料的真实性，更未采取合理措施纠正征信数据系统中的数据偏差，违反其合理纠错义务，应当认定为具有不正当性，并就此承担侵权责任。

五、结语

在数据来源者和数据处理者二元区分结构下，厘清二者之间的权利义务关系，不仅有助于充分保护数据来源者的合法权益，解决广大数据来源主体的后顾之忧，激励其积极贡献原始数据材料，也有助于数据处理者明晰其行为边界，在法治轨道上规范开展数据处理活动，促进数据要素的高效利用和流通。在大数据行业迅速发展的现阶段，商业模式、技术手段复杂多样、迭代不穷，对于数据来源者和数据处理者之间的权利义务关系，不宜建立统一的认定标准，必须在个案中予以充分的利益衡量，既要充分保护数据来源者的合法权益，也要兼顾数据来源者和数据处理者之间的利益平衡，避免对数据来源者过度赋权而影响数据处理者的生产积极性。

（**一审法院独任审判员** 唐亦丽
二审法院合议庭成员 孙 虹 叶 艳 张 婷
编写人 广东省深圳市中级人民法院 叶 艳 刘 轩
责任编辑 姚俊萍
审稿人 丁文严）

行政与国家赔偿

郭某诉平邑县综合行政执法局行政处罚案

——对违反集体讨论决定程序作出的行政处罚效力认定

关键词：行政　行政处罚　集体讨论　违反法定程序认定

【裁判要旨】

行政机关作出行政处罚决定，应符合《行政处罚法》的规定。行政机关作出较大数额罚款属于《行政处罚法》第五十七条第二款规定的“情节复杂或者重大违法行为给予较重的行政处罚”，应当经集体讨论决定。未经集体讨论行政机关负责人径行作出处罚决定，且无法提供已进行负责人集体讨论程序的证据，应认定为“违反法定程序”情形，人民法院可作为撤销行政决定的理由。

【相关法条】

《中华人民共和国行政诉讼法》

第七十条　行政行为有下列情形之一的，人民法院判决撤销或者部分撤销，并可以判决被告重新作出行政行为：

（一）主要证据不足的；

（二）适用法律、法规错误的；

（三）违反法定程序的；

（四）超越职权的；

（五）滥用职权的；

（六）明显不当的。

《中华人民共和国行政处罚法》

第十八条 国家在城市管理、市场监管、生态环境、文化市场、交通运输、应急管理、农业等领域推行建立综合行政执法制度，相对集中行政处罚权。

国务院或者省、自治区、直辖市人民政府可以决定一个行政机关行使有关行政机关的行政处罚权。

限制人身自由的行政处罚权只能由公安机关和法律规定的其他机关行使。

第五十七条第二款 对情节复杂或者重大违法行为给予行政处罚，行政机关负责人应当集体讨论决定。

《山东省行政程序规定》

第六十一条 根据国务院的授权，省人民政府可以决定一个行政机关行使有关行政机关的行政处罚权。依法设立的集中行使行政处罚权的行政机关，是本级人民政府的行政执法部门，具有行政执法主体资格。

经国务院批准，省人民政府根据精简、统一、效能的原则，可以决定一个行政机关行使有关行政机关的行政许可权。

【案件索引】

一审：山东省蒙阴县人民法院（2023）鲁1328行初字第21号（2023年7月8日）

【基本案情】

原告郭某诉称：平邑县综合行政执法局作出的平综执罚字〔2021〕924号行政处罚决定与客观事实不符，适用法律错误，且违反法定程序，依法应予撤销。理由如下：（1）原告从孙某某处购买经营性苗木的行为属于合法民事行为。原告对于涉案苗木来源的合法性，已经尽到合理必要的注意义务，不构成行政违法行为。（2）被告的行政处罚适用法律错误。根据《国家林业和草原局关于规范林木采挖移植管理的通知》，苗圃中培育繁殖的苗木按《种子法》的相关规定处理。原告购买孙某某苗圃培育的苗木种子，按照法律规定不要求苗圃经营者办理采伐证，原告作为买方更无该项审查义务，现在被告对原告进行行政处罚属于认定事实错误，该行政行为严重违法。（3）被告的行政处罚违反法定程序。依据《行政处罚法》第十八条规定，被告作为平邑县区域内的综合执法部门，其应按照法定程序、依据法律规定作出行政处罚。但是本案涉案苗木系苗圃中培育的苗木，原告购买涉案苗木属于合法、正当的经营行为，被告却在事实不清、情节复杂的情况下，适用错误法律作出相对较重的处罚，且未经负责人集体讨论决定，违反法定程序，应当依法撤销被告的行政处罚决定。请求法院判令：（1）依法撤销被告平邑县综合行政执法局平综执罚字〔2021〕924号行政处罚决定；（2）本案诉讼费用由被告承担。

被告平邑县综合行政执法局辩称：（1）原告违法行为事实清楚，证据确凿。经查，原告的行为违反了《森林法》第六十五条之规定，属于收购非法来源的林木，收购价款为18860元。且当事人郭某曾因盗窃松树受过相关部门的处理，应予以从重处罚。原告称从孙某某处购买经营性苗木的行为属于合法民事行为是错误的。（2）被告作出平综执罚字〔2021〕924号《行政处罚决定书》程序正确。被告依法履行了《行政处罚法》规定的法定程序。（3）被告作出平综执罚字〔2021〕924号《行政处罚决定书》适用法律正确。对于原告的违法行为，应当按照《森林法》相关规定予以处理，因此平综执罚字〔2021〕924号《行政处罚决定书》适用法律正确。请求人民法院依法驳回原告诉讼请求。

法院经审理查明：2021年12月18日，平邑县公安局某派出所接到报警称在某村北山有人偷挖松树，民警到达现场发现，系原告郭某等人在孙某某承包的山地内挖松树。经审查，平邑县公安局认为根据案件管辖分工，该案属于平邑县自然资源和规划局管辖范围，遂于2021年12月28日将案件移送至平邑县自然资源和规划局，平邑县自然资源和规划局于当日以郭某收购无合法来源证明的林木为由进行立案。后被告平邑县综合行政执法局于2022年3月1日作出平综执罚字〔2021〕924号《行政处罚决定书》，认定原告郭某于2021年12月开始在平邑县某镇收购无采伐许可证的松树，价款18860元。其行为违反了《森林法》第六十五条"任何单位和个人不得收购、加工、运输明知是盗伐、滥伐等非法来源的林木"之规定，属收购非法来源的林木。依据《森林法》第七十八条之规定，对原告作出如下行政处罚：（1）责令停止违法行为；（2）处违法收购林木价款三倍的罚款，计人民币56580元（大写：伍万陆仟伍佰捌拾元整）。原告不服，诉至法院，要求撤销被告平邑县综合行政执法局平综执罚字〔2021〕924号《行政处罚决定书》。

【裁判结果】

山东省蒙阴县人民法院于2023年7月8日作出（2023）鲁1328行初字第21号行政判决：撤销被告平邑县综合行政执法局于2022年3月1日作出的平综执罚字〔2021〕924号《行政处罚决定书》。宣判后，原告郭某、被告平邑县综合行政执法局均未提出上诉，判决已发生法律效力。

【裁判理由】

法院生效裁判认为：行政机关应当依照法律、法规、规章，在法定权限内，按照法定程序实施行政行为。《行政处罚法》第十八条第二款、第三款规定："国务院或者省、自治区、直辖市人民政府可以决定一个行政机关行使有关行政机关的行政处罚权。限制人身自由的行政处罚权只能由公安机关和法律规定的其他机关行使。"《山东省行政程序规定》第六十一条第一款规定："根据国务院的授权，省人民政府可以决定一个行政机关行使有关行政机关的行政处罚权。依法设立的集中行使行政处罚权的行政机关，是本级人民政府的行政执法部门，具有行政执法主体资格。"本案中，被告平邑县综合行政执法局作为平邑县区域内集中行使行政处罚权的综合执法部门，具有对违反林业管理方面的违法行为作出行政处罚的权力，享有行政执法主体资格，其应按照法定程序、依据法律规定依法作出行政处罚。《行政处罚法》第五十七条第二款规定："对情节复杂或者重大违法行为给予行政处罚，行政机关负责人应当集体讨论决定。"本案中，被告平邑县综合行政执法局提供的证据显示，认定原告违法行为应作出处罚属于上述法律规定应当集体讨论的情形。庭审中，原告对被告提供的行政处罚立案审批表、案件调查终结报告中的案件承办人、法制机构审核人员、负责人等人身份及资格提出质疑，被告认可行政机关负责人、法制审核等人员不属于被告单位工作人员，应视为被告平邑县综合行政执法局作出的平综执罚字〔2021〕924号行政处罚决定，应经本单位负责人集体讨论而未讨论，属于违反法定程序，依法应予撤销。

【案例注解】

行政处罚通常情况下会对行政相对人的权利义务产生一定的影响，一般表现为在某种程度上限制权利的行使或课以一定的义务。出于维护公共利益、社会秩序，以及保护公民、法人或者其他组织的合法权益的考量，《行政处罚法》确立了包括行政处罚集体讨论决定程序在内的办理案件与决定处罚相分离的制度。本案主要涉及违反集体讨论决定程序的行政处罚依法应予撤销。以下，结合本案案情，以类案分析为方法，对当前行政处罚集体讨论制度相关的法律问题进行分析。

一、行政处罚集体讨论决定制度概述

1996年颁布的《行政处罚法》第三十八条第二款明确规定："对情节复杂

或者重大违法行为给予较重的行政处罚，行政机关的负责人应当集体讨论决定。”该规定确立了行政处罚程序中的行政机关负责人集体讨论决定程序，即根据法律的规定，对于“情节复杂”“重大违法行为”给予“较重处罚”的行政处罚案件，行政机关负责人应当在进行集体讨论、研究后，再作出行政处罚决定。2021 年修订的《行政处罚法》第五十七条第二款进一步规定：“对情节复杂或者重大违法行为给予行政处罚，行政机关负责人应当集体讨论决定。”该规定延续并完善了 1996 年《行政处罚法》确立的行政机关负责人集体讨论制度，修订前后的法律条款在集体讨论决定的规定上相差无几，只是删除了“较重的行政处罚”中“较重的”这一程度词，降低了集体讨论决定程序的适用门槛。按照原来的规定，对情节复杂或者重大违法行为给予一般行政处罚的，不需要集体讨论，按照新规定则必须进行集体讨论。①

《行政处罚法》的立法目的一方面在于保障、督促行政机关依法行使行政管理的权力，维护公共利益和社会秩序；另一方面在于保护公民、法人或者其他组织的合法权益不受公法意志的侵犯。在行政执法实践中，执法办案人员在某种程度上影响着案件走向和行政相对人的“命运”。在个案中，处罚与否、处罚种类、处罚多少等执法事项均存在自由裁量的空间。自由裁量权一旦被滥用，行政处罚极易沦为权力寻租的工具。为此，《行政处罚法》确立了办理案件与决定处罚相分离的制度，有学者称之为“职能分离制度”，其源于任何人不得做自己案件的法官这一原则，其用意在于避免职能集中致当事人不能得到公正对待的行政专制主义。重大、复杂行政处罚案件集体讨论程序，一方面，通过行政机关负责人对执法人员办案内容、程序等方面的监督，促使执法人员审慎行使行政处罚裁量权，进而发挥正向引导作用；另一方面，在日益复杂的执法环境下，通过让更多具有讨论和决定权限的角色参与案件决策，实质上构建起防止个案干涉的制度化体系，有利于从根本上维护公平正义。②

二、违反行政处罚集体讨论决定程序的法律后果

集体讨论决定是《行政处罚法》明确规定的法定程序，没有履行集体讨论程序，或者没有证据证明履行了集体讨论决定的程序，均属于程序违法。我国《行政诉讼法》将“违反法定程序”与“程序轻微违法”两种不同的情形进行了区分：违反法定程序的，法院判决撤销或者部分撤销，并可以判决重新

① 吕长城：《行政处罚集体讨论决定程序的反思与建构》，载《人民司法·应用》2022 年第 25 期。

② 代海军：《行政处罚集体讨论决定程序的理解与适用——基于〈行政处罚法〉第 57 条第 2 款的分析》，载《中国应急管理》2022 年第 6 期。

作出行政行为；行政行为程序轻微违法，但对原告权利不产生实际影响的，人民法院判决确认违法，但不撤销行政行为。《最高人民法院关于适用〈中华人民共和国行政诉讼法〉的解释》第九十六条规定，处理期限轻微违法；通知、送达等程序轻微违法，属于“程序轻微违法”的情形。鉴于集体讨论决定是规范行政机关行政处罚行为的内部程序，行政机关存在作出行政处罚决定前未进行集体讨论程序，或者在听取当事人陈述、申辩意见之前，行政机关负责人就进行了集体讨论决定等严重侵犯相对人的程序权利的情况的，其行为属于“违反法定程序”情形，应当判决撤销或者部分撤销，并可以判决重新作出行政行为。如果存在诸如集体讨论的记载形式、笔录内容不规范情形，那么对行政相对人权益影响有限，宜作为“程序轻微违法”对待，人民法院判决确认违法，但不撤销行政行为即可。①

三、行政处罚集体讨论决定制度的适用困境

自1996年《行政处罚法》颁布至今，行政处罚集体讨论决定制度已历经近三十年的实践考验。事实证明，这项程序兼具工具价值和程序价值，促使行政机关在作出重大、复杂处罚决定时秉持审慎态度、集思广益，确保作出的处罚在最大程度上兼具法律效果与社会效果。但这一制度在运行当中也存在着问题：

（一）适用范围不明确

集体讨论程序只有在法定情形下才有适用的必要性。《行政处罚法》规定的“情节复杂”或者“重大”违法行为均属于不明确之法律概念。② 对于何为“情节复杂”或者“重大”违法行为这一问题，现有法律规范没有明确规定，这导致不同的行政主体、执法人员以及司法机关之间对于适用情形存在不同理解。一些地方行政机关通过出台规范性文件对此进行界定，明确适用标准；也有一些地方并未对此进行界定，而是以自由裁量的形式来研判案件是否需要进行集体讨论，一旦案件进入复议或诉讼程序，就存在很大的法律风险。此外，在行政执法及司法实践中，有不少行政部门在界定时将“情节复杂或者重大违法行为”案件等同于当事人有权要求听证案件，例如《农业行政处罚程序规定》第五十五条之规定。③

---

① 代海军：《行政处罚集体讨论决定程序的理解与适用——基于〈行政处罚法〉第57条第2款的分析》，载《中国应急管理》2022年第6期。

② 吕长城：《行政处罚集体讨论决定程序的反思与建构》，载《人民司法·应用》2022年第25期。

③《农业行政处罚程序规定》第五十五条规定：“下列行政处罚案件，应当由农业行政处罚机关负责人集体讨论决定：（一）符合本规定第五十九条所规定的听证条件，且申请人申请听证的案件；（二）案情复杂或者有重大社会影响的案件；（三）有重大违法行为需要给予较重行政处罚的案件；（四）农业行政处罚机关负责人认为应当提交集体讨论的其他案件。”

（二）负责人范围不具体

对于行政机关负责人的范围这一问题，《行政处罚法》未作具体规定。《行政诉讼法》等法律规范虽然也有“行政机关负责人”的概念，但均未界定其内涵与外延。行政机关负责人范围能否参照适用《最高人民法院关于适用〈中华人民共和国行政诉讼法〉的解释》所确定的行政机关负责人范围，① 该司法解释第一百二十八条第一款规定，“行政诉讼法第三条第三款规定的行政机关负责人，包括行政机关的正职、副职负责人以及其他参与分管的负责人”；《最高人民法院关于行政机关负责人出庭应诉若干问题的规定》第二条规定：“行政诉讼法第三条第三款规定的被诉行政机关负责人，包括行政机关的正职、副职负责人、参与分管被诉行政行为实施工作的副职级别的负责人以及其他参与分管的负责人。被诉行政机关委托的组织或者下级行政机关的负责人，不能作为被诉行政机关负责人出庭。”

实践中，存在以行政机关下属职能部门负责人代替行政机关负责人进行集体讨论的情况，这存在程序违法的风险。在（2019）最高法行再22号行政判决书中，最高人民法院认为，行政机关下属职能部门负责人不能等同于行政机关负责人。从法律解释的角度来看，较重的行政处罚应当经过行政机关的负责人集体讨论；从机构建制的角度来看，行政机关下属职能部门的负责人不能替代行政机关的负责人在行政处罚的过程中进行集体讨论；从立法目的角度来看，负责人集体讨论可能会对处罚结论造成直接的影响，不同的主体进行讨论，得出的处罚结果可能不同，处罚结果的不同势必会对当事人权利和义务产生影响。②

（三）讨论程序的时点不统一

实践中的主要做法有：一种是“先事先告知、后集体讨论”，即在听取了行政相对人的陈述申辩或听证之后再行集体讨论。行政机关通过前期的“调查取证”环节，已经充分掌握了行政相对人的违法事实及其陈述或申辩、听证意见以及法制审核意见，可以作为集体讨论的参考依据，这样作出行政处罚决定就具备了扎实而完整的证据基础。另一种是“先集体讨论、后事先告知、再集体讨论”，在事先告知之前由行政机关先进行一次集体讨论，使得事先告知更加谨慎，并降低法律风险。

此外，还有一种做法是“先集体讨论、后事先告知”，即在下达事先告知

---

① 林华东、杨春志：《档案行政处罚集体讨论决定制度的现实困境及完善路径》，载《档案与建设》2013年第10期。

② 李加祥：《“情节复杂或重大违法行为”案件集体讨论制度的规范研究》，载《环境保护》2023年第4期。

书之前进行集体讨论。《行政处罚法》第四十四条、第四十五条规定，在行政处罚决定作出之前，行政机关应当告知相对人相关处罚事项及应有权利，相对人有权进行陈述和申辩，并且行政机关不得因相对人的陈述申辩而给予更重的行政处罚。第六十三条及第六十五条规定，行政机关拟作出特定行政处罚决定的，应当告知当事人有要求听证的权利，当事人要求听证的，行政机关应当组织听证，听证结束后，行政机关应当根据听证笔录，依照第五十七条的规定，作出决定。这种“先集体讨论、后事先告知”的做法剥夺了行政相对人陈述、申辩及申请听证的权利，会消磨相对人对行政机关的信赖，损害其预期的合法性利益。同时，由于集体讨论时并没有相对人的陈述、申辩及听证意见作为参考，使得最终作出的处罚决定没有纠正错误的机会，进而使工作陷入被动。

四、行政处罚集体讨论决定制度的完善

（一）明确适用范围

明确集体讨论案件的范围，能够使行政机关厘清“情节复杂”或者“重大”的具体情形，准确适用。可以由国务院各部门通过制定规章或者规范性文件的形式对此加以统一；同时赋予地方一定的立法空间，可以就重大罚款的金额等部分适用情形进行调整或作进一步细化。具体可参照《行政处罚法》第六十四条关于听证程序的规定。《最高人民法院印发〈关于进一步完善“四类案件”监督管理工作机制的指导意见〉的通知》中关于“重大、疑难、复杂、敏感”四类案件的范围界定，[①] 以及借鉴诸如《农业行政处罚程序规定》等其他已经作出明晰界定的部门规章，[②] 将“情节复杂或者重大违法行为”细化为以下几种：一是涉及重大公共利益、可能造成重大社会影响或引发社会风险的。二是涉及人身自由的行政处罚，如行政拘留，因其属于对人身权的限制或剥夺，而人身权是公民重要的宪法性权利，因此将其纳入集体讨论决定的情形范围内。三是直接关系当事人或者第三人重大权益，符合听证程序适用条件的，包括较大数额罚款、没收较大数额违法所得、没收较大价值非法财物、降低资质等级、吊销许可证件、责令停产停业、责令关闭、限制从业以及其他较重的行政处罚。较大数额的罚款或者没收违法所得、没收非法财物，具体数额

① “重大、疑难、复杂、敏感”的案件主要包括下列案件：涉及国家利益、社会公共利益的；对事实认定或者法律适用存在较大争议的；具有首案效应的新类型案件；具有普遍法律适用指导意义的；涉及国家安全、外交、民族、宗教等敏感案件。

② 《农业行政处罚程序规定》第五十五条规定：“下列行政处罚案件，应当由农业行政处罚机关负责人集体讨论决定：（一）符合本规定第五十九条所规定的听证条件，且申请人申请听证的案件；（二）案情复杂或者有重大社会影响的案件；（三）有重大违法行为需要给予较重行政处罚的案件；（四）农业行政处罚机关负责人认为应当提交集体讨论的其他案件。”

可以由各省级人民政府或省级司法行政机关根据当地的经济、社会、法治发展水平，通过制定规章或规范性文件的形式予以确定。四是可能涉嫌犯罪需要在作出行政处罚后移送司法机关的。五是案件情况疑难复杂、涉及多个法律关系且行政执法机关内部存在重大分歧。六是经过行政复议或行政诉讼需要重新作出行政处罚的。等等。

如果单行法律、法规、规章对集体讨论决定的适用情形或范围有明确规定的，应当按规定执行。但没有规定适用情形的，建议行政机关可以参照《行政处罚法》或者单行法律规范中关于听证或者法制审核程序的适用情形加以适用。集体讨论决定属于行政处罚实施的法定程序，不能因为下位法的长期缺位就被完全架空。

（二）界定负责人范围

集体讨论程序设置的初衷，是为了通过负责人的集体讨论，集思广益，更好地处理情况复杂、案情重大的处罚案件，以维护相对人的合法权益。法律规定进行集体讨论的必须是行政机关的负责人，可以参照适用《最高人民法院关于适用〈中华人民共和国行政诉讼法〉的解释》确定“负责人”的范围，其应包括行政机关的正职、副职负责人以及其他参与分管的负责人，而科室负责人、参与办案的其他工作人员等则不应认定为行政机关负责人。要特别注意的是，在委托执法的情形中，进行集体讨论的必须是委托机关的负责人，而非受托执法组织的负责人。负责人集体讨论，应当是负责人之间的集体讨论，而不是有个别负责人参加的集体讨论。因此，必须保证参与集体讨论决定的负责人人数达到一定数量，比如本单位负责人人数的一半以上。①

（三）统一时间节点

保障当事人在行政处罚过程中的知情权、参与权和监督权，是包括行政处罚程序在内的现代行政法治的基本原则。应当明确只有在行政机关对违法事实调查终结的前提下，才能启动行政处罚的决定程序，也才能由行政机关负责人对符合法定情形的行政处罚案件进行集体讨论。所谓调查终结，应理解为当事人在事先告知后提出了有实质意义的陈述申辩意见，或者参加了听证程序。在这种情况下，不管在此之前有无执法机构、派出机构乃至行政机关以各种形式组织的“集体讨论”，在决定作出前行政机关负责人必须进行集体讨论。

---

① 章琼麟：《行政处罚中的行政机关负责人集体讨论程序研究》，华东政法大学2018年硕士学位论文。

（四）防止程序空转

集体讨论决定程序经过反复适用，在事实上使行政主体及其工作人员的行为受到了程序性的约束，对于其他相同或者具有同一性的事项，必须按照相同的程序作出处理，否则将对行政相对人产生不利的法律后果，造成其对具体行政行为效力的质疑。实践中，大部分法院认为处罚决定未经负责人集体讨论而作出，属严重程序违法，应予撤销。而对于程序瑕疵和违反法定程序的界线，法律上并没有具体标准和明确的规定，法官往往具有较大的自由裁量权，但该自由裁量权必须受合理性标准的指导和约束。根据《行政诉讼法》的规定，违反法定程序的行政行为将产生撤销或部分撤销的法律后果，《行政复议法》作出了程序不足进行补正的规定。对内部程序的违反是否必然认定为违反法定程序，理论上程序瑕疵问题的探讨能否作为法官裁判案件的指导，还需结合具体案件情况进行分析。但由于判决撤销或重新作出行政行为容易造成程序空转，对于能够查明事实、明确法律适用、对原告权利不产生实际影响的行政处罚，若行政机关可补正已进行了集体讨论程序的证据，判决确认违法也不失为一种具有可行性的考量。

五、结语

本案中，原告郭某在他人承包的山地内挖松树，被告平邑县综合行政执法局认定其行为违反了《森林法》第六十五条“任何单位和个人不得收购、加工、运输明知是盗伐、滥伐等非法来源的林木”之规定，属收购非法来源的林木，依据《森林法》第七十八条之规定，对原告作出平综执罚字〔2021〕924号行政处罚，处违法收购林木价款三倍的罚款，共计人民币56580元。本案证据表明，被告平邑县综合行政执法局在案件调查阶段已认定针对原告违法行为应作出的行政处罚属于法律规定应当适用集体讨论决定程序的情形。同时，参照《山东省行政处罚听证程序实施办法》，“较大数额罚款”是指对公民处以5000以上罚款，对法人或者其他组织处以50000元以上罚款。涉案罚款为56580元，该案件应属于重大处罚案件，于此也应适用集体讨论决定程序。

在这种情况下，被告未经本单位负责人集体讨论，便直接作出行政处罚决定。《行政处罚法》第五十七条第二款规定：“对情节复杂或者重大违法行为给予行政处罚，行政机关负责人应当集体讨论决定。”鉴于集体讨论程序是《行政处罚法》规范行政机关行政处罚行为的法定程序，被告在作出行政处罚决定时应进行而未进行集体讨论程序，侵犯了相对人的程序权利，其行为属于“违反法定程序”情形。原告的陈述、申辩权等权利具有进行司法救济的必要性，应当依法予以支持。根据《行政诉讼法》第七十条，应当判决撤销或者部分撤销，并可以判决重新作出行政行为。综上，本案原告关于依法撤销被告平邑县综合行政执法局平综执罚字〔2021〕924号《行政处罚决定书》的诉讼请求，具有事实和法律依据，法院应予支持。

（一审法院合议庭成员 张宗忠 王泽江 刘发全
编写人 山东省蒙阴县人民法院 裴振华 张宗忠
责任编辑 李 晶
审稿人 韩德强）

林某某诉湛江市霞山区人民政府房屋征收补偿行政协议纠纷案

——征收补偿协议中约定由第三方代为履行协议约定义务的必要条件

关键词：行政　行政协议　房屋征收补偿　给付义务履行主体

【裁判要旨】

征收机关及其委托机构与被征收人就征收补偿安置问题达成的协议及补充协议属于整体性行政协议，双方应依法全面履行各自义务。协议约定由第三方代为履行给付义务但该第三方未在协议文书中明确承诺的，征收机关应当及时全面履行协议约定的给付义务。

【相关法条】

《中华人民共和国土地管理法》

第四十八条第一款　征收土地应当给予公平、合理的补偿，保障被征地农民原有生活水平不降低、长远生计有保障。

《最高人民法院关于审理行政协议案件若干问题的规定》

第四条第二款　因行政机关委托的组织订立的行政协议发生纠纷的，委托的行政机关是被告。

第十九条第一款　被告未依法履行、未按照约定履行行政协议，人民法院可以依据行政诉讼法第七十八条的规定，结合原告诉讼请求，判决被告继续履行，并明确继续履行的具体内容；被告无法履行或者继续履行无实际意义的，人民法院可以判决被告采取相应的补救措施；给原告造成损失的，判决被告予以赔偿。

【案件索引】

一审：广东省湛江市中级人民法院（2020）粤08行初114号（2020年12月25日）

二审：广东省高级人民法院（2021）粤行终950号（2022年8月18日）

【基本案情】

原告林某某诉称：涉案房屋系其于20世纪80年代取得，由村委会和原湛江市海头区海滨乡人民政府批准的《划地作屋书》以及原湛江市霞山区国土局下发的《土地使用证》作为依据建造完成的，并依法办理了《国有土地使用证》，且无任何翻建房屋行为。2016年10月28日，霞山区人民政府（以下简称霞山区政府）将涉案房屋纳入项目征收范围内。2020年3月9日，其与霞山区人民政府就补偿安置事宜达成一致意见并签署相关《宅基地补偿协议书》《上坡西路段建设工程地上附着物补偿协议》（以下简称《补偿协议》）及《补充协议》。其已依约履行安置补偿协议，涉案房屋亦已被拆除，但霞山区人民政府却未依据协议的内容履行合同义务，致使其依征地补偿协议的约定所应获得合法权益受损。请求：（1）判决被告霞山区人民政府限期依《补充协议》约定一次性向原告支付困难补助款775129.52元（大写：柒拾柒万伍仟壹佰贰拾玖元伍角贰分）；（2）被告赔偿因其延迟履行给原告造成的损失的利息，以协议约定困难补助款775129.52元为基数，自2020年5月10日起至实际支付之日止，按照全国银行间同业拆借中心公布的贷款市场报价利率计算；（3）本案诉讼费用由被告承担。

被告霞山区人民政府辩称：（1）区政府已经依法履行拆迁安置补偿义务，对林某某的地上附着物一次性补偿524849.48元；（2）涉案《补充协议》的性质不属于行政协议，《补充协议》的内容表明区政府仅仅是“协调”相关企业捐赠或赞助，“协调”行为相当于调解，不具有行政行为的效力，对公民不产生实际影响，故依法不属于行政诉讼的受案范围，且约定的付款主体并非区政府，区政府没有付款的责任或义务；（3）区政府一直在积极协调企业及相关单位，帮助林某某解决困难补助款问题。综上，林某某的诉求没有事实及法律依据，应予驳回。

法院经审理查明：2016年，霞山区政府因公共利益需要征收林某某位于湛江市霞山区某路的涉案房屋。2020年3月9日，霞山区政府委托甲方湛江市霞山区新园街道办事处（以下简称新园街道办）分别与乙方林某某签署了

《补偿协议》及《补充协议》，其中《补偿协议》约定区政府给予林某某地上附着物补偿524849.48元。《补充协议》的具体内容为："乙方在上坡塘西段道路建设过程中，认为房屋补偿标准低，不同意签订相关补偿协议，考虑到其家庭实际困难，现经甲方协调政府，拟通过企业捐赠或赞助的方式一次性给予乙方困难补助，甲乙双方在自愿前提下签订如下协议：一、甲方负责协调区政府落实企业给予一次性困难补助款人民币775129.52元……三、乙方在签订本补充协议同时须同步签订《补偿协议》和《宅基地补偿协议书》《保密协议》，保证并配合政府的拆迁工作，不得以任何理由阻挠施工。"霞山区政府办公室作为见证单位在该协议文本上盖章确认。霞山区新园街道篆塘村民委员会与林某某签订了《宅基地补偿协议》，并按协议约定向林某某支付了补偿款30万元。之后，林某某向霞山区政府交付被征收的涉案房屋，其中混合结构（一楼）面积127.71平方米、混合结构（二楼）面积126.27平方米，另外还有简易板房、阳台等附属设施。新园街道办向林某某支付了《补偿协议》中所约定的524849.48元补偿款，但对《补充协议》中约定的困难补助款775129.52元一直未支付。林某某诉至法院，请求判令霞山区政府限期依《补充协议》约定一次性向林某某支付困难补助款775129.52元并赔偿因延迟履行给其造成的利息损失。

【裁判结果】

广东省湛江市中级人民法院于2020年12月25日作出（2020）粤08行初114号行政判决：一、限霞山区政府在本判决发生效力后三十日内向原告林某某支付困难补助款775129.52元；二、限霞山区政府在本判决发生效力后三十日向原告支付延迟给付的利息（以775129.52元为本金基数，自2020年5月10日起至实际支付之日止，按照中国人民银行公布的人民币整存整取定期存款一年期基准利率计算）；三、驳回原告的其他诉讼请求。

宣判后，霞山区政府不服，提起上诉。广东省高级人民法院于2022年8月18日作出（2021）粤行终950号行政判决：驳回上诉，维持原判。

【裁判理由】

法院生效裁判认为：霞山区政府委托新园街道办于2020年3月9日与林某某签订了《补偿协议》及《补充协议》，上述两份协议约定的安置补偿（助）款总计1299979元，加上由村集体支付的涉案房屋土地使用权收回补偿款300000元，共计1599979元。按照《上坡西路段新建工程地上附着物补偿表》中林某某被征收的涉案房屋（两层）面积253.98平方米计算，涉案房屋补偿单价为6299.63元/平方米，与附近地段2016年两层混合结构房屋的房地产市场价格比较接近，能基本保障被征收村民的原有生活水平。上述协议条款是各方真实意思表示，符合《土地管理法》第四十八条第一款规定和相关法律规定，各方应当遵守履行。根据《补充协议》第三条约定内容，该补充协议与《补偿协议》和《宅基地补偿协议书》《保密协议》须同步签订，在各方履行上述协议的情况下，林某某一方应保证并配合政府的拆迁工作，不得以任何理由阻挠施工。因此，上述协议是解决林某某涉案房屋征收安置补偿问题的整体性约定，符合行政协议的基本特征。新园街道办受霞山区政府委托与林某某签订《补充协议》，其法律后果依法应归于霞山区政府，而非霞山区政府所主张的不明确的"有关企业"，且协议条文中提及的"有关企业"并未参与该《补充协议》的签订并在《补充协议》上确认承诺由其履行义务的内容；另外，根据协议相对性原则，霞山区政府及其职能部门依法亦不能单方替不明确的"有关企业"向林某某作出承诺，为"有关企业"设定义务。《补充协议》中"经甲方协调政府，拟通过企业捐赠或赞助的方式一次性给予乙方困难补助"以及"甲方负责协调区政府落实企业给予一次性困难补助款"的文字表述应理解为征收机构筹集补助款资金的一种方式，不影响该协议给付义务主体的认定。

在土地房屋征收补偿程序中，征收机构与被征收方达成补偿安置协议后由被征收方自愿搬迁或交付标的物，是各地政府征收机构实施征收方案时优先选择的征收方式，这也是征收机构柔性征收的一种文明执法方式，值得肯定和倡导。但在无法与被征收方协商达成一致的情况下，征收机构及其工作人员应当报请有权机关及时作出安置补偿决定，依法解决征收安置补偿问题，而不宜随意采用"模糊"约定方式先动员被征收方自愿搬迁或交付标的物，之后又以各种理由拖延、拒绝履行与被征收方此前达成的安置补偿约定，损害当地政府机关守诺、诚信的法治形象。本案上述《补偿协议》及《补充协议》签订后，林某某一方履行了上述协议约定的义务，已将涉案房屋交付霞山区政府处理，霞山区政府虽按《补偿协议》约定向林某某支付了524849.48元补偿款，但一直未按《补充协议》约定的期限向林某某一次性支付775129.52元补助款项，构成违约。霞山区政府上诉主张，《补充协议》非行政协议，其没有义务向林某某支付困难补助款等，理据不足。

【案例注解】

征收补偿协议属于典型的行政协议，征收机关是补偿义务主体。该案上述情形在征收实践中较少出现，也是引发该案行政争议的主要原因，具有一定的实践性和典型性。案件的审判结果对类案审理具有一定的启示意义。

一、生效判决对征收机关守信践诺提出明确的要求

对于行政协议，《中共中央、国务院关于完善产权保护制度依法保护产权的意见》突出强调了要“完善政府守信践诺机制”，政府守信践诺机制是社会诚信建设的重要基石，也是《最高人民法院关于审理行政协议案件若干问题的规定》的重要指导思想。行政协议制度要求各级行政机关不但要像平等民事主体那样守信践诺，而且要从更高标准更严要求上维护政府诚信，从而维护政府良好的法治形象，做到官为民之表率。特别是《民法典》颁布实施后，各级行政机关能否依法履行职责，能否依约履行行政协议，能否保障人民群众的人身权利和财产权利，成为衡量各级行政机关法治政府建设水平和践行为人民服务宗旨的重要尺度，也是衡量各地构建良好营商环境水平的重要评判标准。从这个意义上讲，人民法院审理行政协议案件时，尤其要重视督促各级行政机关依法依约履行行政协议，力争做到案件审理的政治效果、法律效果和社会效果的统一。

二、生效判决对涉案协议有效性以及是否应当全面履行约定义务问题的审查

该案征收机构与被征收人就被征收房屋的补偿安置总价款问题主要通过在同一天签订两份补偿协议的方式体现，且补充协议的一些条款文字表述存在模糊之处，导致在如何依约履行时各方存在争议。

关于涉案协议的有效性问题。《土地管理法》第四十八条第一款规定：“征收土地应当给予公平、合理的补偿，保障被征地农民原有生活水平不降低、长远生计有保障。”本案霞山区政府因公共利益需要征收涉案城中村集体土地，林某某的涉案房屋及地上附着物在被征地红线的范围内。霞山区政府委托新园街道办于2020年3月9日与林某某签订了《补偿协议》及《补充协议》，上述两份协议约定的安置补偿（助）款总计1299979元，加上由村集体支付的涉案房屋土地使用权收回补偿款300000元，共计1599979元。按照林某某被征收的涉案房屋（两层）面积253.98平方米计算，涉案房屋补偿单价为6299.63元/平方米，与附近地段2016年两层混合结构房屋的房地产市场价格比较接近，能基本保障被征收村民的原有生活水平。上述协议条款经各方当事人于2020年3月9日协商一致达成，是各方真实意思表示，符合相关法律规定，各方应当遵守履行。一、二审法院根据在案证据经审理认定，征收机关是涉案安置《补偿协议》及《补充协议》的义务履行主体，涉案《补偿协议》及《补充协议》等协议是解决林某某涉案房屋征收安置补偿问题的整体

性约定，符合行政协议的基本特征，合法有效。

关于涉案《补充协议》是否属于行政协议以及给付义务主体的问题。首先，新园街道办受霞山区政府委托就涉案房屋的征收补偿问题与林某某协商一致后签订了该《补充协议》，霞山区政府办公室作为见证单位在该协议上盖章确认。根据该《补充协议》第三条，该《补充协议》与《补偿协议》和《宅基地补偿协议书》《保密协议》须同步签订，在各方履行上述协议的情况下，林某某一方应保证并配合政府的拆迁工作，不得以任何理由阻挠施工。因此，上述协议是解决林某某涉案房屋征收安置补偿问题的整体性约定，符合行政协议的基本特征。其次，霞山区政府在诉讼中主张，其非《补充协议》的给付义务人，只是负责协调落实企业一次性给予林某某困难补助款 775129.52 元，有关企业才是支付该困难补助款的义务主体。经审查，因与林某某签订《补充协议》的新园街道办是受霞山区政府委托的，其法律后果依法应归于霞山区政府，而非霞山区政府所主张的不明确的“有关企业”，且协议条文中提及的“有关企业”并未参与该《补充协议》的签订并在《补充协议》上确认承诺由其履行义务的内容；另外，根据协议相对性原则，霞山区政府及其职能部门依法亦不能单方替不明确的“有关企业”向林某某作出承诺，为“有关企业”设定义务。《补充协议》中“经甲方协调政府，拟通过企业捐赠或赞助的方式一次性给予乙方困难补助”以及“甲方负责协调区政府落实企业给予一次性困难补助款”的文字表述应理解为征收机构筹集补助款资金的一种方式，不影响该协议给付义务主体的认定。根据上述分析，霞山区政府在诉讼中主张涉案《补充协议》不是行政协议，区政府并非给付义务人，理由不足，法院不予采纳。

上述协议签订后，林某某一方履行了上述协议约定的义务，已将涉案房屋交付霞山区政府处理，霞山区政府虽按《补偿协议》约定向林某某支付了 524849.48 元补偿款，但一直未按《补充协议》约定的期限向林某某一次性支付 775129.52 元补助款项，构成违约。霞山区政府在诉讼中主张，《补充协议》不是行政协议，该案不属于行政诉讼的受理范围，区政府已依法履行了拆迁安置义务，区政府没有义务向林某某支付困难补助款等，请求判决驳回林某某的诉讼请求，因理据不足，法院不予采纳。一、二审法院据此判令霞山区政府限期全面履行协议约定的给付义务并赔偿延迟给付的利息，依法保护被征收人的合法权益。

三、生效判决对征收实践中出现的个别征收机构经办人员的不当做法予以明确指正

该案案情反映出，一些基层征收机关工作人员守信践诺意识不强，签订行

政协议时随意性较大，实施征收之后又试图毁约、违约可能性较高。针对这一问题，二审判决给予明确的指引，即在土地房屋征收补偿程序中，征收机构与被征收方达成补偿安置协议后由被征收方自愿搬迁或交付标的物，是各地政府征收机构实施征收方案时优先选择的征收方式，这也是征收机构柔性征收的一种文明执法方式，值得肯定和倡导。但在无法与被征收方协商达成一致的情况下，征收机构及其工作人员应当报请有权机关及时作出安置补偿决定，依法解决征收安置补偿问题，而不宜随意采用“模糊”约定方式先动员被征收方自愿搬迁或交付标的物，之后又以各种理由拖延、拒绝履行与被征收方此前达成的安置补偿约定，损害当地政府机关守诺、诚信的法治形象。

（**一审法院合议庭成员**　麦江梅　李常红　吴有文
二审法院合议庭成员　林俊盛　杨雪清　窦家应
编写人　广东省高级人民法院　林俊盛　李穗珍
责任编辑　李　晶
审稿人　韩德强）

张某甲诉阿克苏地区人力资源和社会保障局工伤保险资格认定案

——工伤认定中工作原因的认定规则

关键词：行政　工伤认定　工作原因　客观受益　主观目的　主观过错

【裁判要旨】

1. 工作时间、工作场所、工作原因是认定工伤的“三要素”，三者之间互为前提，互相佐证。其中，工作原因既是认定工伤的充分条件，也是认定工作时间和工作场所的核心标准。职工因工作原因遭受事故伤害，即使发生事故的时间并非严格意义上的工作时间，也应视为为单位提供劳务的时间，认定属于工作时间。

2. 认定工作原因应着重结合用人单位是否因职工行为而受益进行合理判断。职工实施的行为客观上使单位受益，且无有效证据证实事故发生非因工作所致，则职工实施该行为遭受事故伤害属于因工作原因遭受事故伤害。

3. 工伤保险是分担事故风险、提供劳动保障的重要制度。工伤认定中对职工主观过错的判断，采用重大过错排除规则的形式予以规定，职工因对行为危险性判断有误或对客观事物的认知、工作经验、专业能力等个体差异产生的主观过错或过失不属于排除范围。

【相关法条】

《工伤保险条例》

第十四条　职工有下列情形之一的，应当认定为工伤：

（一）在工作时间和工作场所内，因工作原因受到事故伤害的；

（二）工作时间前后在工作场所内，从事与工作有关的预备性或者收尾性工作受到事故伤害的；

（三）在工作时间和工作场所内，因履行工作职责受到暴力等意外伤害的；

（四）患职业病的；

（五）因工外出期间，由于工作原因受到伤害或者发生事故下落不明的；

（六）在上下班途中，受到非本人主要责任的交通事故或者城市轨道交通、客运轮渡、火车事故伤害的；

（七）法律、行政法规规定应当认定为工伤的其他情形。

第十五条 职工有下列情形之一的，视同工伤：

（一）在工作时间和工作岗位，突发疾病死亡或者在48小时之内经抢救无效死亡的；

（二）在抢险救灾等维护国家利益、公共利益活动中受到伤害的；

（三）职工原在军队服役，因战、因公负伤致残，已取得革命伤残军人证，到用人单位后旧伤复发的。

职工有前款第（一）项、第（二）项情形的，按照本条例的有关规定享受工伤保险待遇；职工有前款第（三）项情形的，按照本条例的有关规定享受除一次性伤残补助金以外的工伤保险待遇。

第十六条 职工符合本条例第十四条、第十五条的规定，但是有下列情形之一的，不得认定为工伤或者视同工伤：

（一）故意犯罪的；

（二）醉酒或者吸毒的；

（三）自残或者自杀的。

《最高人民法院关于审理工伤保险行政案件若干问题的规定》

第四条第一项 社会保险行政部门认定下列情形为工伤的，人民法院应予支持：

（一）职工在工作时间和工作场所内受到伤害，用人单位或者社会保险行政部门没有证据证明是非工作原因导致的；

【案件索引】

一审：新疆维吾尔自治区阿克苏市人民法院（2022）新2901行初2号（2023年1月30日）

二审：新疆维吾尔自治区阿克苏地区中级人民法院（2023）新29行终32号（2023年12月1日）

再审审查：新疆维吾尔自治区高级人民法院（2024）新行申113号（2024年6月24日）

【基本案情】

张某甲诉称：陶某甲从事量油井、抄表工作，单位并没有安排其去打捞手机，也没有岗位要求其去打捞手机。陶某甲因私事打捞自己亲戚的手机，专业人士分析手机掉入储油罐底不会发生火灾，陶某甲没有在工作时间从事工作岗位工作，此起事故为非工伤事故，阿克苏地区人力资源和社会保障局认定为工亡事故错误。请求法院判令：撤销地区人社局作出的认定工伤决定。

阿克苏地区人力资源和社会保障局辩称：阿克苏市人民法院（2020）新2901行初27号行政判决书庭审查明的事实，可以证明陶某甲所受伤害是在工作时间和工作场所内，因工作原因受到事故伤害。陶某甲捞手机是维护公司利益的行为。根据中国石油公司专业人士对“手机掉入原油储罐危险性分析说明”出具的报告，在手机内电能未完全释放的情况下，原油不导电，经过罐内原油腐蚀后，很难判断手机电能是否可以随储罐接地系统导出，故视为点火源未消除，还存在一定的风险。虽然手机是陶某甲亲戚的，但是陶某甲打捞手机是出于维护公司利益，为排除潜在危险而采取的行为，陶某甲打捞手机属于履行工作职责的行为，请求驳回张某甲的诉讼请求。

法院经审理查明：陶某甲于2018年3月16日起在巴州某石油公司某地作业区工作。法院生效判决确认陶某甲与巴州某石油公司（张某甲系该公司股东，该公司已注销）之间存在劳动关系。陶某甲系实习生，跟随师傅（老员工）学习，工作时间与师傅一致，案涉作业区的老员工实行三班倒工作制，无固定工作时间。2018年3月24日，陶某甲亲戚张某乙的手机掉入储油罐中，巴州某石油公司组织员工打捞。2018年3月25日，陶某甲在午餐后休息时间进入储油罐内打捞手机时，吸入有害气体窒息死亡。事故发生后，阿克苏地区人力资源和社会保障局调查过程中，中国石油公司专业技术人员对“手机掉入原油储罐危险性分析”出具报告，载明：在手机内电能未完全释放的情况下，原油不导电，经过罐内原油腐蚀后，很难判断手机电能是否可以随储罐接地系统导出，故视为点火源未消除，还存在一定的风险。调查过程中，巴州某石油公司部分员工称其知道手机在油罐里碰撞摩擦，不打捞出来有可能发生事故。

【裁判结果】

新疆维吾尔自治区阿克苏市人民法院于2023年1月30日作出（2022）新2901行初2号行政判决：驳回张某甲的诉讼请求。

一审宣判后，张某甲不服，提出上诉。新疆维吾尔自治区阿克苏地区中级人民法院于2023年12月1日作出（2023）新29行终32号行政判决：驳回上诉，维持原判。

二审宣判后，张某某仍不服，申请再审。新疆维吾尔自治区高级人民法院于2024年6月24日作出（2024）新行申113号行政裁定：驳回张某甲的再审申请。

【裁判理由】

法院生效裁判认为：手机掉入油罐存在一定风险，陶某甲进入油罐前用人单位已组织过两次打捞，且参与打捞人员的询问笔录载明，“不捞出来手机在油罐里面比较危险”“害怕手机电器炸了”等亦可证实陶某甲系为避免发生安全事故而进入油罐内打捞手机，故陶某甲为公司排除安全隐患进入油罐内打捞手机窒息死亡，属于因工作原因遭受事故伤害。因陶某甲打捞手机的行为系基于工作原因，故打捞手机的时间应视为其为公司提供劳务的时间，属于工作时间。在认定工作原因时，应着重结合用人单位是否因职工行为而客观受益进行合理判断。陶某甲进入油罐前公司已组织了两次打捞，且陶某甲进入油罐系于手机掉落次日，将打捞手机行为狭义理解为保护私有财产的行为，有违生活常理，亦与社会主义核心价值观倡导的敬业精神相悖。工伤认定中对职工主观过错的宽容度较高，采用重大过错排除的形式予以规定。陶某甲作为实习生对油罐内有毒有害气体性质及对进入油罐内的危险性缺乏专业判断，对其自身死亡结果确有过错，但并不影响其系“因工作原因”死亡的认定结论。工伤保险是分担事故风险、提供劳动保障的重要制度，将职工因认知、工作经验、专业能力等个体差异产生的主观过错作为认定工伤的排除条件，不符合《工伤保险条例》保障劳动者合法权益的立法目的。综上，陶某甲在工作时间、工作场所因工作原因受到事故伤害，符合工伤认定条件。

【案例注解】

工伤保险作为我国社会保险体系中的重要组成部分，对保障劳动者权益和分散企业用工风险具有积极作用。工伤保险资格认定是工伤保险制度中关键的一环。伴随生产方式及社会关系的复杂性、多样性，工伤发生的普遍性、特殊性，造成工伤类型的多元化与法律法规规定的原则性之间产生不协调，以致无论在人社部门作出行政决定阶段，还是人民法院司法审查阶段，对是否属于工伤的认定，疑难点问题较多，同案不同判的情况时有发生。本案属于特殊情况下的工伤认定案件，涉及的关于工作原因的认定这一焦点问题具有代表性和典型性，值得探究。

一、“三要素”内在关系解读

从《工伤保险条例》第十四条规定抽象而来的工伤认定“三要素”标准，是当前理论界及司法实践中较为统一的关于工伤认定标准的认识。工作时间、工作场所、工作原因是判断是否属于工伤的基本“三要素”。“三要素”的内涵及外延的确定，始终随着社会发展、用工模式的变化以及新问题的出现而修正和完善。在具体案件中，工伤认定的主要难点在于准确适用法律法规的规定，并运用适当的解释方法，正确判断是否符合工伤认定条件。“三要素”内涵外延的不周延性，有其必然性和必要性。相较执着于“三要素”内涵与外延的明确界定，明晰三者的内在关系及对工伤认定结果的影响，更具现实意义。

（一）司法解释确认

《工伤保险条例》第十四条第一项对于一般工伤认定标准的规定，表述为：在工作时间和工作场所内，因工作原因受到事故伤害的，应当认定为工伤。从其文义理解，应为“三要素”同时满足，即对工伤认定起同等作用。《最高人民法院关于审理工伤保险行政案件若干问题的规定》第四条第一项规定，职工在工作时间和工作场所内受到伤害，用人单位或者社会保险行政部门没有证据证明是非工作原因导致的，社保行政部门认定为工伤的，人民法院应予支持。此条规定以排除规则的形式确认工作原因是“三要素”中的核心要素，在《工伤保险条例》规定的基础上进一步明确“三要素”的内在关系。

（二）司法实践回应

司法实践对工伤的判断标准，普遍采用三者兼具，以工作原因为基础判断和解释工作时间、工作场所的内涵与外延。比较典型的做法是，当职工受伤的时间和地点并非严格意义上的工作时间和工作场所，但职工是基于工作原因实施某行为，则将其履行工作职责的时间认定为工作时间，履行工作职责的地点认定为工作场所。比如，职工在宿舍加班期间受伤，因完成工作任务而具有工作原因，则加班时间为工作时间的延伸，宿舍为工作场所的延伸，此种延伸的前提是符合工作原因要素。反例，职工上班时间在宿舍休息、睡觉时遭受事故伤害，即使从空间上看，宿舍与办公场所接近，从时间上看是工作时间，但因休息、睡觉并非工作原因，则不能认定为工伤。本案中，因陶某甲打捞手机的行为系基于工作原因，即使其打捞手机的时间在午休期间，因该时间为陶某甲为单位提供劳务的时间，故而认定为工作时间。以工作原因为核心标准，界定和解释工作时间、工作场所，既符合法律法规规定，也与公众对工伤的朴素理解相契合。

（三）工伤共性规则要求

将工作原因作为认定工伤的核心要素，能够成为工伤认定标准中相对统一的基本原则，符合不同工伤情形的共性规则要求。在一般工伤情形中，遭受事故、意外伤害等伤害结果或下落不明的情况，对工作时间、空间的要求虽有所区别，但工作原因这一核心标准不变。即使是对看似与工作原因黏合度较低的“上下班途中”或“预备性或者收尾性工作”的界定，其核心要素仍然是去工作的通勤途中，以及为完成工作所需的预备或收尾工作。在视同工伤情形中，《工伤保险条例》第十五条规定中争议较大的48小时内突发疾病死亡的情形，对突发疾病的时间、空间要素的认定，其核心依据仍然是工作原因。最典型的情况为职工在家加班期间，突发疾病死亡，因为具备工作原因而将家及加班期间认定为工作岗位和工作时间。由此可见，大部分工伤情形的认定，以工作原因作为核心标准，具有普遍适用性。

二、关于“工作”的界定

认定工作原因的首要相关因素就是对“工作”的准确界定。通常意义上的工作是指职工的本职工作。实践中，结合工作职责、劳动合同约定的工作内容、公司章程以及生活常理等对本职工作予以认定即可，难度较小。存在较多问题的是超出本职工作的特殊情形认定，如领导指派的工作、临时增加的工作、主动帮助完成他人的工作、以及自愿承担的其他非本职工作等，亦包括用人单位强制要求或鼓励职工参加的集体活动等。当前司法实践中，对于“工作”的理解虽看似趋于宽泛，但围绕的核心主要包括两方面：一是职工行为是用人单位安排、指派、组织、要求、鼓励的行为，体现了单位意志。比如参加单位组织并强制要求参加的体育活动、团建活动等。二是职工行为的受益主体为单位。此种情形可以理解为单位意志的例外情形，也可以理解为广义上的单位意志，笔者倾向理解为广义的单位意志。因为单位运行和生产的根本目的就是单位整体工作任务及时完成，职工不论是帮助同事完成其工作，还是为了尽快完成整体工作而分担的不属于本职工作的内容，都属于单位这一整体的工作内容，与单位意志一致。从宏观上看，工作任务的分配仅是单位规章制度层面的问题。另外，从价值观念层面来看，为单位利益而实施的超出本职工作范畴的行为，是敬业和互助、合作精神的体现。敬业精神、互帮互助精神、合作精神都是单位所鼓励和倡导的，实际就是另一维度上的单位意志。因此，“工作”的核心就是广义上单位意志的体现。本案中，陶某甲打捞手机的行为虽然并非其原本的本职工作范围，但因单位组织实施打捞时，被组织的打捞团队里有陶某甲，陶某甲打捞手机就是受单位指派从事的行为，即使发生事故的此次打捞系陶某甲在午休期间自行实施，但因客观上单位就是要将手机打捞上来，打捞手机本身亦是为单位排除风险，该行为的受益主体归于单位。据此，陶某甲实施的打捞行为属于“工作”范畴。

三、关于因果关系的分析

工伤起源于侵权关系，在工伤认定中引入因果关系概念，分析工作与受到伤害之间的因果关系，判断是否“因工”受伤，既符合工伤认定的基本法律逻辑，也有利于统一行政、司法关于工作原因的认定标准，减小工伤认定案件办事、办案人员主观判断能力差距产生的裁量尺度差异。工伤认定中的因果关系有两对，一是工作与受到伤害之间的因果关系，二是受到伤害与损害结果之间的因果关系。受到伤害与损害结果之间的因果关系更多涉及技术鉴定、专家意见等专业技术性判断，在认定工作原因时，主要难点和焦点在于对工作与受到伤害之间因果关系的判断。

（一）“工”与“伤”之间的因果关系

“工”与“伤”之间因果关系成立的要件是“工”为“伤”的条件，即事故或伤害的发生，是因为有工作这个前提条件的参与。有条件则有因果，无条件则无因果，而该条件应当达到重要条件的程度。这种重要条件下的因果关系判断与一般民事侵权的因果关系略有不同。一般民事侵权的因果关系主要是对“相当性”进行判断，即如无此行为，必不生此种损害，有此行为通常亦不生此种损害者，即无因果关系。① 二者区别在于，一般民事侵权强调此因致此果的概率，只要概率够高则具有因果；而工伤中判断“工”与“伤”的因果关系，则强调此因对此果的出现产生了作用，此因是此果产生的因素或与此果关系密切。本案中，“工”为从油罐中打捞手机，“伤”为进入油罐吸入有害气体，窒息死亡是伤害结果。这一事故伤害的产生，是因为具有打捞手机这一工作前提，此项工作是进入油罐并吸入有害气体这一事故伤害发生的重要条件。如果没有此项工作安排，未实施从油罐中打捞手机的行为，则不会发生事故，故因果关系成立。

（二）单位受益的司法判断方法

在实践中，由于工伤事故的突发性、短暂性及主观目的的隐秘性，能够佐证职工行为目的的客观证据相对较少，准确判断的难度较大。相较于主观目的，职工行为对单位利益产生的客观影响比较容易判断和衡量。此外，“工作”的界定重点考察单位意志和单位受益两个核心要素，是否为“工作”内容可以以单位客观受益作为主要判断依据。相反，职工主观目的通常既不能单

---

① 王泽鉴：《侵权行为》，北京大学出版社2009年版，第196页。

独决定行为属于工作，亦不能直接据此认定单位受益的必然性。相较于客观要素，主观目的对工作原因中因果关系产生的作用力较小。因此，判断因果关系成立与否，实践中比较现实的做法是结合在案旁证，着重审查单位是否因职工行为而客观受益，并将行为人主观目的的审查作为推翻单位客观受益的补强内容。

立足本案，因行为人已因事故伤害死亡，核实其主观意图失去可能性，仅根据参与打捞人员的证人证言推断行为人进入油罐的主观目的，客观性较差。此种情况下，着重从客观方面，结合在案证据判断行为本身是否使单位受益，更具有现实操作性，且能最大限度还原客观事实。具体而言，在陶某甲进入油罐之前，单位已经组织人员实施了两次打捞行为，由此判断打捞手机系单位的一项工作任务，体现了单位意志。客观上来看，手机掉入油罐存在安全隐患，从单位不允许带手机进入操作区，以及相关专家意见均能够佐证，确定陶某甲打捞手机行为的利他性，单位客观上因陶某甲的打捞行为而受益。关于主观目的的审查，陶某甲进入油罐打捞手机是在手机掉入后次日，以正常理性人的常识判断，手机打捞出来后仍然能够正常使用的概率极低。由此判断，陶某甲进入油罐打捞手机除了排除风险外，并无挽回私人财产损失的主观目的，故主观目的无法推翻单位受益的客观性。由此，单位受益加主观私利目的不成立，得出工作与事故发生之间的因果链接的结论。

（三）因果关系的切断因素

因果关系的切断因素，即因其他因素介入切断“工”因。主要表现为其他介入因素切断“工”与“伤”之间的因果链接。如上下班途中单方全责事故，上下班途中购物或参加朋友聚餐等。介入因素能否切断因果关系，需结合具体情况作合理判断。比如，上下班途中发生交通事故，如非正常回家途中，则需要结合具体原因对路线及时间的合理性进行判断，如回家路上去超市购物，则根据使用的交通工具、到超市需要的行进时间、超市的位置、购买的商品属性，结合事故发生的时间和位置，判断时间及路线的合理性，认定购物是否切断“工”与“伤”关系的密切性，从而认定是否成立正常通勤需要这一工作原因。通常，去离家较近的超市买菜，时间合理的情况下，并未切断因工作通勤这一工作原因，可以认定为工伤；相反，去离家较远的超市购买非生活必需品，或超出正常购物时间，突破时间、路线的合理性，则购物这一因素切断了因工作通勤的“工”因，不具有工作原因而不认定为工伤。

四、重大过错排除规则的适用

《工伤保险条例》第十六条规定了工伤认定重大过错排除情形，以列举式规定的方式予以明确。重大过错排除实质系对因果关系的切断，即职工个人重大过错因素的介入，切断了“工”与“伤”的因果关系，同时也否定了单位客观受益要素。重大过错情形包括故意犯罪、醉酒或吸毒、自残或自杀，除以上情形之外，职工违反单位规章制度的过错，因个人工作经验不足导致事故发生的过错，或者因过失造成意外发生等，均不属于工伤排除情形。本案中，陶某甲作为实习生，因缺乏工作经验和基本常识，对油罐中存在有害气体的情况没有正确的认识，在误以为安全的情况下下井打捞手机，肯定有过错，但此种过错并不属于上述规定中的重大过错情形，不能据此排除其工作原因的认定，因而仍应认定为工伤。

（**一审法院合议庭成员** 陈彬祖 力皮亚木·艾合买提 朱洪运
二审法院合议庭成员 万 雯 赵培培 许 平
再审法院合议庭成员 倪 敏 马小燕 王东东
编写人 新疆维吾尔自治区高级人民法院 马小燕 张佳佳
责任编辑 李 晶
审稿人 韩德强）

《人民法院案例选》征稿启事

《人民法院案例选》是最高人民法院最早创办的案例研究出版物，也是我国改革开放以后出版时间最早、延续时间最长、出版册数最多的案例研究书籍，至今已出版201辑。书籍出版三十多年来，始终坚持“反映审判面貌，总结审判经验，研究审判理论，服务审判实践”的编选方针，突出“真实、典型、说理、及时”的编辑特色，以深入浅出的法理论证、规范流畅的法律语言，将最具时效性、典型性、新颖性的案件及裁判情况，办案法官的分析逻辑、法理运用、经验智慧，以及办案体悟，清晰完整地呈现给广大读者，是法官们做好审判执行工作的重要参考，也是社会各界认识了解人民法院工作的一个窗口。自出版以来，一直受到业内和社会各界的关注和欢迎。

为进一步提高该书质量，丰富稿件来源，增进该书与作者的互动交流，现面向广大法官和法律工作者以及喜好案例研究的各界人士公开征集稿件。

一、稿件范围

稿件应是对人民法院已生效裁判的深入分析，包括民事、刑事、商事、知识产权、行政、国家赔偿、仲裁、执行等方面案例的分析。具体体例格式请参见微信公众号“中国应用法学研究所”登载的《〈人民法院案例选〉编写体例及报送规范》一文，或咨询《人民法院案例选》编辑部（电话：010－67555922，010－67555919）。

二、来稿要求

1. 每篇来稿字数应不少于6000字（含图表），案例注解（分析）部分不少于4000字。

2. 来稿所涉案件应为裁判已生效案件，关于未生效案件的稿件一律不予采用。

3. 来稿内容应遵守法律法规，不得泄露党和国家机密、审判执行工作秘密，不得侵犯当事人隐私，符合公开出版要求。

4. 来稿应采用WORD文档形式，案例注解（分析）部分请采用一级、二级、三级标题的格式，比如，一、(一)、1.，以此类推。

5. 来稿应确保引用资料文献的准确性；来稿中有图表、图片的，要确保图表、图片的清晰性和客观性。

6. 来稿所涉人民法院名称、裁判文书号、裁判作出日期、审判人员姓名等必须与相关裁判文书完全一致，并应附相关裁判文书。

7. 来稿文责自负。作者应保证稿件的原创性，不侵犯他人的著作权，不得一稿多投。本刊对拟用稿件有删改权，如不同意，请在来稿中注明。

8. 来稿请附作者简介，包括真实姓名、性别、职务、职称、工作单位、联系电话（手机号码）、邮寄地址。

9. 来稿不退，请自留备稿。来稿一经刊用，稿件的复制权、发行权、汇编权及信息网络传播权等著作权属于中国应用法学研究所。

来稿请以电子版形式发送至邮箱：rmfyalx@126.com，或将纸质稿件邮寄至最高人民法院中国应用法学研究所《人民法院案例选》编辑部（北京市东城区北花市大街9号，邮编：100062）。

期待您的来稿！

《人民法院案例选》通讯编辑

北京市高级人民法院　胡嘉荣　刘晓虹　何　琴
天津市高级人民法院　王　婧　孙　伟
河北省高级人民法院　王　佳
山西省高级人民法院　马云跃
内蒙古自治区高级人民法院　梁　宏　焦日清　杨智勇
辽宁省高级人民法院　周文政
吉林省高级人民法院　刘国春　敬晓清
黑龙江省高级人民法院　周　怡
上海市高级人民法院　牛晨光
江苏省高级人民法院　曹美娟　缪　芳
浙江省高级人民法院　杨　治
安徽省高级人民法院　吴　婧
福建省高级人民法院　刘　光
江西省高级人民法院　章光园
山东省高级人民法院　徐清霜　芦　强
河南省高级人民法院　郭宇凌
湖北省高级人民法院　宋森军
湖南省高级人民法院　唐　竞
广东省高级人民法院　文靖之
广西壮族自治区高级人民法院　赵元松
海南省高级人民法院　李周伟
重庆市高级人民法院　游中川　吴雨亭
四川省高级人民法院　杜玉兰　金　晶
贵州省高级人民法院　尤　媛
云南省高级人民法院　郑天柱
西藏自治区高级人民法院　杨庭轶
陕西省高级人民法院　常媛媛　杨新斌

甘肃省高级人民法院　张文强
青海省高级人民法院　孙启英
宁夏回族自治区高级人民法院　吴培渊　杨　莹
新疆维吾尔自治区高级人民法院　马小菊
解放军军事法院　徐占峰
新疆维吾尔自治区高级人民法院生产建设兵团分院　王　琼
石家庄市中级人民法院　王红岩
太原市中级人民法院　张玉森
沈阳市中级人民法院　田　震
大连市中级人民法院　侯德强
长春市中级人民法院　赵　璐
哈尔滨市中级人民法院　周　磊
南京市中级人民法院　羊　震
南通市中级人民法院　谷昔伟
无锡市中级人民法院　宋婉龄
徐州市中级人民法院　葛　文
淮安市中级人民法院　解思辛
杭州市中级人民法院　邓兴广
宁波市中级人民法院　袁玮玮
合肥市中级人民法院　张小春
福州市中级人民法院　陈学凯
厦门市中级人民法院　陈荣炜
南昌市中级人民法院　陈　健
济南市中级人民法院　赵　雯
青岛市中级人民法院　傅庆涛
东营市中级人民法院　延　颜
郑州市中级人民法院　朱世鹏
武汉市中级人民法院　柯昌洁
宜昌市中级人民法院　黄金波
长沙市中级人民法院　张　明
广州市中级人民法院　王龙飞　林健涛
深圳市中级人民法院　丁业强
南宁市中级人民法院　周传明
海口市中级人民法院　崔玉坤
成都市中级人民法院　郝廷婷

泸州市中级人民法院　胡　艳
贵阳市中级人民法院　余长智
昆明市中级人民法院　冯丽萍
拉萨市中级人民法院　王　静
西安市中级人民法院　高　伟
兰州市中级人民法院　鲁千晓
西宁市中级人民法院　潘　伟
银川市中级人民法院　周志胜
天津海事法院　董丽娟
上海海事法院　英振坤
广州海事法院　付俊洋
宁波海事法院　孔　昱
青岛海事法院　张　静
厦门海事法院　吴海燕
武汉海事法院　王建新
大连海事法院　刘铁男
北海海事法院　邱德平
海口海事法院　刘本荣

（各法院通讯编辑若有变动，请及时告知中国应用法学研究所，电话：010－67555922 韩笑冬，邮箱：rmfyalx@126.com）